KB190549

성경원문 새번역 노트 vol. 1

창세기

저자 김하연

건국대학교 축산학과(B.A.)와 고려신학대학원(M. Div.)을 졸업하고 이스라엘의 American Institute of Holy Land Studies(현. Jerusalem University College)에서 성경의 언어, 배경 및 번역을 전공했다(M.A.). 예루살렘 히브리대학교(The Hebrew University of Jerusalem)에서 히브리어 성경 본문비평, 사해사본과 칠십인역의 분야에서 세계적인 거장인 Emanuel Tov 교수의 지도로 본격적인 학문적 훈련을 받았다(Ph. D.). 현재 대구 삼승교회(예장 고신)에서 목회하며 하나님의 말씀을 연구하고, 그분의 뜻대로 설교하고, 바른 교회 세우기를 위해 노력하고 있다.

저서로는 『유대배경을 알면 성경이 보인다』(SFC, 2016)와 *Multiple Authorship of the Septuagint Pentateuch*(Leiden-Boston: Brill, 2020)가 있고, 다수의 연구 논문들이 있다.

성경원문 새번역 노트 vol. 1
창세기

초판 2쇄 인쇄 2020년 9월 25일
초판 2쇄 발행 2020년 10월 5일

지은이 총회성경연구소 김하연
책임감수 김하연 송영목
펴낸이 유동휘
펴낸곳 SFC출판부
등록 제104-95-65000
주소 (06593) 서울특별시 서초구 고무래로 10-5 2층 SFC출판부
Tel (02)596-8493
Fax 0505-300-5437
홈페이지 www.sfcbooks.com
이메일 sfcbooks@sfcbooks.com
기획·편집 편집부
디자인편집 최건호
ISBN 979-11-87942-45-0 (03230)
값 18,000원

성경원문 새번역 노트 vol. 1

בראשית
———————
창세기

총회성경연구소 김하연

책임감수 김하연(Ph.D., 구약), 송영목(Ph.D., 신약)

SFC

성경원문 새번역 노트 vol. 1

목차

『성경원문 새번역 노트』를 출간하면서

1887년 존 로스John Ross가 신약성경을 한국어로 번역한 『예수성교젼셔』로부터 1998년 대한성서공회가 『개역개정』을, 2009년 한국성경공회가 『바른성경』을 출판하기까지 우리말 성경번역의 역사는 제법 오래되었다. 특히 1956/1961년에 번역된 개역한글판은 오랜 세월 동안 한국교회의 예배와 설교에서 중심적인 역할을 해 왔다. 그러나 늘 그렇듯이 원어에 좀 더 가까운 의미의 추구와 현대어와 거리감이 적은 언어에 대한 필요성은 계속해서 새로운 번역 개정을 요구하였다. 그리하여 여러 가지 사역을 통해 단편성경들이 번역되었고, 급기야 대한성서공회가 1995년에 『표준새번역』을 출판하게 되었다.

그러나 여전히 한국교회는 또 다른 문제에 봉착하게 되었다. 그것은 『표준새번역』이 원어에 충실하면서도 현대어로 번역되었다고 많이 강조되기는 했지만, 정작 의역이 너무 많은데다가 일부 내용에서는 정통 교단의 교리에 악영향을 줄 수 있는 요소들까지 포함한다는 것이었다. 상황이 이렇게 되자 대부분의 교단들은 『표준새번역』을 받아들이기를 거부하였다. 그래서 『개역개정』과 『바른성경』이 빛을 보게 된 것이다. 이 번역들에서는 매우 많은 발전들이 있었다. 원전의 의미를 충실히 반영하고 어투를 현대화했을 뿐만 아니라 정통교리와도 크게 모순되지 않았다는 점에서 그러했다.

그러나 번역은 계속 발전되어야만 한다. 신학과 성경 원문에 대한 연구가 점점 발전하면서 기존의 번역들 또한 끊임없이 개정되어야만 한다. 게다가 기존의 번역들이 지닌 한계점들이 점점 드러나기 때문에 새로운 번역, 더 정확한 번역이 항상 요구된다. 따라서 오고 오는 세대에 더욱 정확한 번역본을 전수해 주기 위해서는 끊임없이 원어와 본문이 연구되어야만 하고 또한 이런 것들이 새로운 번역에 적용되어야만 한다.

이런 이유로 대한예수교 장로회고신 총회성경연구소KBI는 지금까지 진행되어온 한글번역들과는 확연히 차이가 나는 성경번역 프로젝트를 세우게 되었다. 이 프로젝트에 적용된 몇 가지 중점사항들을 간략하게 기술하자면 아래와 같다.

1. 사본 비평을 통한 본문의 확정 작업

많은 번역들이 '원어에 충실한 번역'이라고 말하지만, 좀 더 엄격하게 말하자면, 어떤 사본에 충실했다고 표현해야만 할 것이다. 왜냐하면 안타깝게도 성경의 원전은 지구상에 보관되어 있지 않기 때문이다. 모세가 모세오경을 기원전 15~14세기에 기록했어도 그가 직접 기록한 말씀은 우리에게 보존되어 있지 않다. 현재 발견된 문서나 고고학적 유물 가운데 히브리어 성경의 가장 오래된 조각은 기원전 7~6세기경에 만들어진 케텝 힌놈Ketef Hinnom에서 발견된 은편자이다. 거기에는 민수기 6장 24~26절의 말씀이 기록되어 있다. 본격적인 구약성경의 사본은 기원전 3세기쯤에 필사된 쿰란 사본들이라고 할 수 있다. 거기서 작게는 가로세로 6센티미터에서 긴 것은 7미터가 넘는 이사야서 사본1QIsª이 발견되었지만, 이것이 처음 모세나 이사야에게서 기록된 바로 그 문서라고 보기는 힘들다. 그보다 이것은 오랜 세월의 전수 과정을 지나온 결과물들이다.

구약성경 사본은 6,000개쯤 되고 신약성경의 사본은 5,000개쯤 되는데, 보존되어 온 모든 사본들에서 서로 조금씩 차이가 있다. 심지어 많은 사본들에서 필사자들의 실수도 발견된다. 안타깝지만 이는 부인할 수 없는 사실이다. 그러므로 성경연구자들은 부득이 다음 두 가지 중 한 가지 방법을 선택할 수밖에 없다. 하나는 전통으로 내려오는 사본들 가운데 하나를 선택하여 그것을 정경으로 인정하고 권위를 부여하는 것이다. 소위 'Textus Receptus'가 되는 것이다. 이는 정치적인 방법으로 받아들이게 된 것이기 때문에 전문용어로는 'political version'이라고도 한다. 유대교와 기독교에서는 구약의 본문에 대해 이런 방법을 써 왔다. 오늘날 대부분의 신학자들과 목회자들에 의해 사용되는 구약 히브리어 성경본문은 BHK나 BHS에 채택된 본문인 소위 '마소라 본문' Codex Leningrad B19a 사본이다.

그러나 이 정치적 본문이 완전한 본문이라거나 오류가 없는 본문이라는 말은 아니다. 실제로 기원전 3~2세기에 히브리어와 아람어에서 헬라어로 번역된 칠십인역the Septuagint은 그 내용이 마소라 본문MT(Masoratic Text)과 많은 곳에서 차이를 보이고 있다. 쿰란에서 발견된 구약사본들과 사마리아 오경 등에는 또 다른 차이점들이 있다. 심지어 마소라 본문 자체에서도 서로 모순되는 부분들이 여러 곳에서 발견된다. 예를 들면, 열왕기하 9장 15절에서, 기록된 본문Kᵉtib(크티브)은 לגיד레기드라고 읽지만, 여백에 기록된 마소라 학자들의 교정 부호인 '읽어야 할 본문Qᵉre(커리)'은 להגיד레하기드로 읽는다. 이외에도 구약성경에는 1300회에 이르는 커리가 있다. 사무엘상 13장 1절을 마소라 본문에 따라 읽으면, 사울은 한 살에 통치한 것이 되는데, 이는 분명 문제가 있는 부분이다. 그러므로 좋은 번역을 위해서는 반드시 본문비평과 정확한 본문선택이라는 과정이 필요하다.

2. 원어에 대한 문법적이고 정확한 직역

번역은 일단 원문에 충실한 문자적인 직역이어야 한다. 그렇지 않으면 번역자의 이해에 따른 자유로운 해석이 반영될 것이고, 그럴 경우 자연스럽게 원저자의 의도와는 다른 것이 전달될 수 있기 때문이다. 예를 들어, 『한글개역』, 『개역개정』, 『바른성경』은 창세기 1장 26절을 "우리의 형상대로, 우리의 모양대로"라고 번역한다. 그런데 이는 단어만 다를 뿐 그 내용에서는 별 차이가 없는 번역이다. 그러나 히브리어 본문의 בצלמנו כדמותנו베짤메누 키드무테누는 그 의미에서 차이가 있다. 즉, 앞의 단어 '쩰렘'은 분명 '형상', 또는 '모양'을 뜻하지만, 두 번째 단어 '드무트'는 직역하면 '닮음likeness'이라는 뜻이다. 즉 본문은 "우리의 형상대로, 곧 우리와 닮게"로 번역되어야 한다. 이렇듯 원문을 따라 직역해 놓으면 그 다음 해석의 단계에서도 많은 차이가 있게 된다.

또 다른 예로, 『개역개정』과 『바른성경』의 경우, 여러 곳에서 히브리어 감탄사 'הנה히네, 보라'를 생략하는데, 그럴 경우 본문의 어감을 확실하게 살리지 못하게 된다. 마태복음 16장 19절의 "천국 열쇠를 네게 주노니"에서도 일반 한국어 번역은 '열쇠'를 한 개singular, 즉 단수로 번역한다. 그래서 자칫 이 열쇠를 천국문을 여는 열쇠로 오해하거나, 이를 받은 베드로의 수장권을 주장하는 근거로 사용할 수 있지만, 사실 헬라어 본문은 복수 단어 'τὰς κλεῖδας타스 클레이다스, 열쇠들'를 사용한다.

3. 문맥과 관용어구의 이해는 물론 원어의 문학적 특성들을 살림

성경은 문학적 특성을 가지고 기록되었다. 그러므로 원어 성경이 가지는 문학적 특성이나 관용어구, 문맥적 이해, 나아가 원어의 문학적 기법에 나타난 묘미를 이해하고 살릴 수 있어야 원저자의 의도를 분명히 전할 수 있다. 예컨대, 원어 본문에 나오는 워드 플레이, 시가서의 아크로스틱acrostic, 대구對句, 그리고 문장의 구조들과 마소라 본문의 엑센트 등을 번역에 반영하면 훨씬 생동감 넘치게 될 것이다. 예를 들면, 예레미야 1장 11~12절의 "예레미야야 네가 무엇을 보느냐 하시매, 내가 대답하되 내가 살구나무 가지를 보나이다"에서 『개역개정』은 원어를 제대로 번역하지 못했다. 여기서 '살구나무'로 번역한 것은 명백한 오역이다. 원어는 『바른성경』에서 바르게 번역했듯이, '솨케드아몬드나무'이기 때문이다. 그러나 이 본문은 그렇게 히브리어 낱말을 직역하는 것만으로는 충분하지 않다. 하나님의 말씀은 이 '솨케드'란 단어와 12절에 '지켜보고'『바른성경』라는, 같은 어근을 지닌 단어를 사용함으로써 일종의 워드 플레이 기법을 이용해 메시지를 더욱 명백하게 하고 있기 때문이다. 성경에는 이와 유사한 워드 플레이가 500여개나 있다.

4. 원어에 대한 보다 깊은 연구들을 바탕

성경에는 많은 *hapax legomenon*한 번만 출현하는 단어이 있다. 그런 단어를 번역하기란 결코 쉽지 않다. 또한 조금만 깊은 관심을 가진 분들이라면 BDBF. Brown, S. R. Driver, C. A. Briggs eds 사전에 수많은 물음표들이 있음을 발견하게 될 것이다. 이는 사전 편집자로서도 모른다는 말이다. 나아가 번역자는 하나님의 이름인 Tetragrammaton신성 4문자, יהוה, 보통 '여호와'라고 번역됨을 어떻게 번역해야 할지도 고민해야 한다. '여호와', '야훼' 등은 모두 옳은 음역이 아니다.

본 프로젝트는 위에서 다룬 고려해야 할 부분들을 최대한 적용하고 연구하면서 진행되었다. 일차적으로 본문비평작업을 통해서 본문 확정의 단계를 거친 후, 원문을 철저히 연구하고 직역했을 뿐 아니라 꼭 필요한 부분에는 번역 노트를 첨부해서 성경본문을 풍성하게 이해할 수 있도록 원문연구자료를 보충하고 가능한 관련된 참고문헌까지 연결하는 일을 감당하였다. 실로 큰 작업이며 또한 시간이 많이 요구되는 일이 아닐 수 없다. 그리하여 긴 성경은 단행본으로 그리고 짧은 성경들은 여러 권을 묶어서 한 권으로 출판하기로 하고,

성경 66권 전체를 24권에 나누어 담기로 했다. 이러한 프로젝트는 지금껏 한국어 성경번역에서 전혀 시도된 바가 없으며, 실제로 세계에서도 찾아볼 수 없는 기획이다. 이를 위해서 보배로운 연구와 산고를 치르며 참여하시는 모든 성경학자들께 미리 감사드린다. 또한 예리한 관찰력과 뛰어난 전문 편집자의 능력으로 한글과 원문을 넘나들며 세심하게 교정 작업을 감당해 준 SFC출판부 이의현 목사에게도 감사한다.

이 『성경원문 새번역 노트』 프로젝트로 인해서 신학자들, 목회자들, 신학생들 그리고 진지한 성경연구자들에게 더 정확하고 확고한 성경번역과 연구 자료를 제공하고자 한다. 그러나 이 또한 완전할 수는 없을 것이다. 다만 이 세대가 이룬 충분한 연구를 통해서 준비하고, 미비한 부분은 다음 세대에 또 의탁할 수밖에 없다.

대한예수교 장로회(고신)

총회성경연구소장 김하연 목사(Ph. D.)

『성경원문 새번역 노트』 vols. (24권)

<구약>

vol. 1. 창세기

vol. 2. 출애굽기

vol. 3. 레위기

vol. 4. 민수기

vol. 5. 신명기

vol. 6. 여호수아/사사기/룻기

vol. 7. 사무엘상하

vol. 8. 열왕기상하

vol. 9. 역대상하

vol. 10. 에스라/느헤미야/에스더

vol. 11 욥기

vol. 12. 시편

vol. 13 잠언/전도서/아가

vol. 14. 이사야

vol. 15. 예레미야/애가

vol. 16. 에스겔/다니엘

vol. 17. 12소선지서

<신약>

vol. 18. 마태복음/마가복음

vol. 19. 누가복음/요한복음

vol. 20. 사도행전/로마서

vol. 21. 고린도전후서/갈라디아서

vol. 22. 에베소서/빌립보서/골로새서/데살로니가전후서/디모데전후서/디도서/
빌레몬서

vol. 23. 히브리서/야고보서/베드로전후서/요한1, 2, 3서/유다서

vol. 24. 요한계시록

『성경원문 새번역 노트』 번역 및 편집 원칙

1. 번역 대본으로 구약성경은 Biblia Hebraica Stuttgartensia의 마소라 본
   문인 Codex Leningrad B19a을, 그리고 신약은 Nestle-Aland, Novum
   Testamentum Graece 28을 사용한다. 필요시 본문 확정을 위해서 본문비
   평에 관한 사항을 난하 <번역 노트>에서 다룬다.

2. 번역은 가능한 성경 원문의 구문, 문법, 문체를 충실히 따른다. '형식일치의
   번역이론'에 따라 가능하면 성경 저자의 의도를 살리면서 성경의 의미를 쉽
   게 이해할 수 있게 한다. '형식일치의 번역'은 성경원문의 언어나 문장구조
   뿐만 아니라 수사학적 또는 미학적 표현도 가능한 일치하게 번역하므로 성
   경 저자의 의미를 오역할 가능성이 훨씬 적다.

3. 현재 중·고등학교 교과서에서 사용하는 언어로 문법 및 어법에 맞게 번역
   한다. 『개역개정』의 장단점을 보완하여 현대 한국인으로 초등교육을 받은
   사람이라면 누구나 쉽게 이해할 수 있도록, 한자식이 아닌 한글식의 바른
   말과 표준말로 문어체와 구어체를 혼용하여 맞춤법에 따라 문장 흐름의 유
   연성을 높여 읽기 쉽고 이해하기 쉽게 번역한다.

4. 성경의 인명, 지명, 토착화된 신학 및 전문용어, 월력, 도량형 등은 일단 『개
   역개정』을 따르고성막, 성소, 언약, 홍해, 인자 등, 필요시에만 정확한 원어 발음을
   따른다. 또한 『개역개정』이 동일 인명이나 지명을 다르게 표기한 경우 더
   익숙한 표현으로 통일한다.

5. 성경에 나오는 일부 유명한 지명에 대해서는 우리나라의 중·고등학교 교과
   서에서 사용하는 명칭대로 이집트, 다마스쿠스, 에티오피아, 페르시아 등과
   같이 그 음역을 바꾸어 역사적 현실감을 갖도록 한다.

6. 일반적으로 Tetragrammaton신성 4문자, יהוה, YHWH을 '여호와'로 음역하는 것은 잘못된 독법이다. 정확한 독법을 알 수 없으므로 본 번역에서는 마소라 학자들의 읽기 전통인 '아도나이'히, '주님'와 이 신성4문자를 '큐리오스'헬, '주님'로 번역한 칠십인역의 읽기 전통을 따라서 고유명사인 YHWH는 '**주**' 볼드체로 표기하였다. 따라서 다른 한글 번역에서 '이스라엘의 하나님, 여호와' 또는 '우리 하나님, 여호와' 등으로 번역된 부분에 대해서는 히브리어 본문의 어순대로 '**주** 이스라엘의 하나님' 또는 '**주** 우리 하나님' 등으로 바꾼다. 그리고 YHWH의 대명사 또는 인칭접미어의 '그/그의/그를'의 경우는 '주/주님의/주님을볼드체 아님'로 사용할 수 있다. YHWH의 극존칭 대명사 '당신'도 '주/주님볼드체 아님'으로 한다.

7. 장과 절은 개역개정을 원칙적으로 따른다. 장절의 구분이 원문 성경BHS, NA과 차이가 날 경우 원문의 장절은 <번역 노트>에 표기한다.

8. 매 페이지 하단에 <번역 노트>를 두어서 단어나 구에 대한 바른 번역의 근거가 되는 연구사항을 참조하도록 한다. 참고문헌이 언급되어야 할 경우 <번역 노트>에는 저자, 연도, 페이지만 간략히 밝히고예. 홍길동, 2015: 56, 상세 서지 사항은 참고 문헌Bibliography에 기록한다.

9. 성경 원문의 표기 다음에 괄호 안에 한글로 음역을 한다.

창세기 번역의 특징

1. 무엇보다도 히브리어 원문을 중심으로 가능한 직역하여 느낌이 생생하고 정확하도록 했다. 의역은 번역자의 느낌을 전달해 독자에게 유익할 수 있지만, 원문의 직역은 성령님께서 직접적으로 독자에게 깨닫게 하는 장점이 있다.

> 예) 창세기 41장 21절: "살찐 암소들이 흉한 암소들 속으로 들어갔는데 그들 속으로 들어간 것은 전혀 모르겠고 그것들의 외모는 처음과 같이 흉하였다. 그리고 나는 깼다."원문새번역

> 그러나 관용어구의 경우는 관용적 의미로 번역하고, <번역 노트>에 직역의 의미를 적어서 그 의미의 기원을 추측하게 했다.

2. 국어 어법상 무리가 없는 범위에서, 가능한 마소라 학파의 엑센트, 특히 주 분리기호인 아트나흐를 살려서 번역하였다. 아트나흐는 문장의 전반부와 후반부를 내용상으로 분리하는 것으로 전반부를 먼저 번역한 후에 후반부를 연결하는 방식으로 히브리어 원문의 느낌을 훨씬 생생하게 전달한다.

> 예) 창세기 35장 6절: "야아콥이 그와 함께한 모든 사람들과 함께 크나안 땅의 루즈 곧 벧엘로 갔으니" → "야아콥이 크나안 땅의 루즈, 곧 베이트 엘로 갔으니, 야아콥 그리고 그와 함께한 모든 사람들이었다."

3. 인명과 지명 등의 고유명사는 가능한 원문의 발음을 적용하였다. 필요한 경우에는 지명의 현대화를 적용시켜 번역하였다.

예) 미츠라임 → 이집트

4. 번역의 정확성을 위해서 식물학이나 의학적 용어에까지 유의하였다.

예) 창세기 35장 4절에서 אלה엘라는 '테레빈나무'로, 창세기 35장 8절에서 אלון알론은 '상수리나무'로 번역하였다.

5. 난하 <번역 노트>는 번역의 정확성을 뒷받침하는 내용으로 히브리어 낱말의 정확한 의미, 성경 사본들의 본문비평 작업과 원문 선택의 문제 등을 다루었다. 마소라 본문에 문제가 있어도 한국말 번역의 의미상 영향을 주지 않는 부분들은 노트하지 않았다.

예1) 창세기 47장 21절: "요셉은 이집트의 국경 이 끝에서 저 끝까지의 백성을 종으로 삼아 그(파르오)를 섬기도록 하였다"원문새번역
이 구절을 마소라 본문으로 직역하면 "요셉이 백성들을 이집트의 영토 이 끝에서 저 끝까지 성읍들에 이주시켰다"이다. 반면, 칠십인역과 사마리아 오경은 '그 백성을 종으로 삼아(τὸν λαὸν κατεδουλώσατο[톤 라온 카테둘로사토])'로 읽고 있다. 즉, 마소라 본문의 העביד헤에비르, '옮기다'는 העביד헤에비드, '종으로 섬기게 하다'의 오기이다. 마소라 본문으로는 목적격인 אתו오토, '그것을, 그를'의 역할이 없어진다. 이러한 마소라 본문의 오기는 히브리어의 ר레이쉬와 ד달렛의 혼동으로 생긴 결과이다.
예2) 창세기 41장 43절에서 אברך아바레크란 말은 히브리어가 아니고 그 뜻이 불분명하다. 그러므로 노트에 관련된 연구를 간단하게 설명하였다. 그러나, 무리하게 '아바레크'를 번역해 놓기보다, 그냥 '아바레크'로 남겨두었다.

예3) 창세기 38장 3절

ויקרא봐이크라, 남성단수동사, '그리고 그가 불렀다': 마소라 본문은 예후다가 이름을 지은 것으로 기록한다. 그러나 사마리아 오경과 타르굼 요나탄은 '그녀'가 이름을 지었다고 한다. 그 다음 구절인 4절과 5절을 보라. 여기서는 ותקרא봐티크라, 여성단수동사, '그리고 그녀가 불렀다'를 사용하여 예후다의 둘째, 셋째 아이들의 이름을 예후다의 아내 수아가 짓는 것으로 기록한다. 따라서 '그녀가 불렀다'가 맞다고 하겠다.

6. 주어가 혼동되기 쉬운 부분에는 주어를 표기해 주었다.

예) 창세기 35장 10절: "그가 그의 이름을 이스라엘이라 부르시고"개역개정
→ "하나님께서는 그의 이름을 이스라엘이라 부르셨다"원문새번역

7. 서로 차이가 나는 인명 등은 통일하였다.

예) 창세기 36장 39절

הדר하다르: 많은 히브리어 사본, 사마리아 오경, 페쉬타는 הדד하다드로 읽지만, 마소라 본문은 동일인물 바알하난의 아들의 이름을 여기에선 הדר하다르로 읽고 있다. 그러나 역대상 1장 50절에서는 'הדד하다드'로 읽는다. 히브리어에서 'ר레이쉬'와 'ד달렛'은 생김새가 유사하여 혼동이 자주 생긴다graphical similarity. 그러나 적어도 동일인물에 대해서는 같이 번역해 주어야 한다. ESV, RSV, NASBHadar/Hadad, 개역개정, 바른성경하달/하닷 등도 마소라 본문을 따라 다르게 호칭하고 있다.

번역 및 노트: 김하연 목사(Ph. D. 구약학)

약어Abbreviations 및 용어 해설

KB	Koehler-Baumgartner, Hebrew and Aramaic Lexicon of the OT
BDB	Brown, Driver, Briggs, Hebrew and English Lexicon
BHS	Biblia Hebraica Stuttgartensia
ESV	English Standard Version
JPS	Jerusalem Publication Society Tanakh1985
NASB	New American Standard Bible
NIDOTE	New International Dictionary of Old Testament Theology & Exegesis
NIV	New International Version
RSV	Revised Standard Version
TDOT	Theological Dictionary of the Old Testament
TWOT	Theological Word Book of the Old Testament
MT	Masoretic Text(s)마소라 본문 유대 전통 히브리어/아람어 성경본문으로 받아들여진 본문Textus Receptus.
LXX	The Septuagint칠십인역 기원전 3~2세기에 이집트에서 히브리어/아람어 성경본문을 헬라어로 번역한 최초의 역본.
SP	Samaritan Pentateuch사마리아 오경 사마리아 종파의 모세오경으로 기원전 5~4세기까지 그 기원이

올라감.

페쉬타(S) 기원후 1~3세기에 칠십인역에서 시리아어로 번역한 역본.

타르굼(T) 기원후 1세기3세기 혹은 5세기에 히브리어에서 아람어로 번역한 구약성경 역본.

벌게이트역(V) 기원후 2세기에 칠십인역에서 라틴어로 번역한 고대 라틴역Old Vulgate과 제롬이 기원후 383~405년에 히브리어에서 라틴어로 번역한 라틴역Vulgate이 있음.

Atnach(ta)(절의 주 분리기능) 마소라 학자들의 해석활동으로 한 절을 의미상으로 이분할 때에 앞부분의 끝나는 부분을 이 기호로(˄) 표기함.

Doublet(중복기록) 서기관이 필사하는 과정에서 전수된 두 개의 다른 본문이 있을 경우 안전을 위해서 두 가지 다 삽입하여 기록한 경우.

Graphic similarity(유사한 글자) 고대 히브리어의 알파벳 중에서 생긴 모양이 유사하여 서기관이 다른 글자로 여겨서 기록하는 경우.

Haplography(한번 기록) 서기관이 필사하는 과정에서 두개의 연속되는 단어나 구의 시작 또는 끝이 같은 글자일 때, 착시현상으로 건너뛰어 한 번만 기록하는 경우.

***K͏ᵉtib*(크티브)** 기록된 본문. 마소라 학자들의 엄격한 본문 전승의 규례practice를 보여 주는 것으로 때로 잘못 전수된 것이라도 변경없이 그대로 기록함.

***Q͏ᵉre*(커리)** 마소라 학자들이 볼 때에도 명백히 잘못 전승된 본문일 경우, 본문은 그대로 보전하고 지면의 여백에 바로 읽기를 표기하는 교정본.

히브리어 동사어간과 기본적 의미들

Qal	(칼형)	단순 능동
Nifal	(니팔형)	단순 수동
Piel	(피엘형)	강조 능동_{반복의 의미도 있음}
Pual	(푸알형)	강조 수동_{반복의 의미도 있음}
Hitpael	(히트파엘형)	강조 재귀태
Hifil	(히필형)	사역 능동
Hofal	(호팔)	사역 수동

창세기

원문 새번역 & 노트

창세기 1장

1 처음에[1] 하나님께서[2] 하늘과 땅을[3] 창조[4]하셨다.

2 그리고 땅은 형체나 생명이 없었으며[5] 어둠은 깊음 위에 있었다. 그리

---

1. **בְּרֵאשִׁית**(베레쉬트): בְּ(베, 전치사, '~안에') + רֵאשִׁית(레쉬트, 보통명사, '처음, 시작'). '레쉬트'는 어떤 특정한 시간, 즉 혼돈 후의 특정 시간 등을 의미하지 않고, 창조의 처음을 말한다(총회성경연구소, 2019: 18~23).

2. **אֱלֹהִים**(엘로힘): 보통명사, 남성복수형, '하나님, 신.' '엘로힘'은 אֱלֹהַּ(엘로하)의 복수형. 히브리어 성경에서는 항상 복수형인 엘로힘(장엄복수[plural of majesty])을 사용하여 그 존재의 위대함을 알린다. 동사는 항상 단수 동사로 받는다.

3. **הַשָּׁמַיִם**(하샤마임): הַ(하, 정관사, '그[the]') + שָׁמַיִם(샤마임, 보통명사, 남성복수형, '하늘'). '샤마임'은 항상 복수형으로 쓰여 '장엄복수'의 형태를 취하는데, 보통 하늘(heaven)을 가리키나 그 의미는 사실 전 우주(universe, cosmos)를 지칭한다고 할 수 있다. 즉, 지구 외의 모든 우주 공간을 뜻한다.
   הָאָרֶץ(하아레츠): הַ(하, 정관사, '그') + אֶרֶץ(에레츠, 보통명사, 여성단수형, '땅[earth, land, city]'). 이는 인간이 거주하는 지구를 지칭한다.

4. **בָּרָא**(바라): 동사, *Qal*, 완료형, 3인칭 남성단수, '창조하다(shape, create).' 창세기 1~2장에서 בָּרָא(바라, '창조하다')와 יָצַר(야차르, '창조하다, 만들다') 그리고 עָשָׂה(아사, '행하다, 만들다')는 의미상 별 차이없이 교차적으로 사용된다.

5. **תֹהוּ וָבֹהוּ**(토후 봐보후): 칠십인역(LXX)은 ἀόρατος καὶ ἀκατασκεύαστος(아오라토스 카이 아카타스큐아스토스, '보이지 않으며 아직 적절하게 준비되지 않은[invisible and unfurnished]')로 번역한다. '토후 봐보후'는 어원 자체가 불명확하다. 이 두 단어는 유사어로서, 각각 '황량한(waste)' 그리고 '텅 빈(void)'이

고 하나님의 영께서는 물 위에서 역사하고[6] 계셨다.

3 하나님께서 말씀하셨다. "빛이 있으라." 그러자 빛이 있었다.

4 하나님께서 그 빛을 보시니 좋았다. 하나님께서 빛과 어둠을 구별하셨다.

5 하나님께서 빛을 낮이라 부르시고 어둠을 밤이라 부르셨다. 저녁이 되고 아침이 되니 한 날[7]이었다.

6 하나님께서 말씀하셨다. "물 가운데에 궁창이[8] 있어 물과 물 사이에 구별이 있게 하라."[9]

라는 어원적인 뜻을 지니고 있다. 본문에서 이 두 단어는 시적인 표현으로 사용되어서 그 의미가 '형체나 생명이 없음'을 의미한다. 이는 보이지 않는 것을 포함한다. 왜냐하면 바로 뒤에 '어둠이 깊음 위에' 있기 때문이요, 빛이 아직 창조되지 않았기 때문이다(Cassuto, 1989: 21~22; Wevers, 1993: 1~2; 총회성경연구소, 2019: 24~25).

6. מְרַחֶפֶת(메라헤펫): 동사, *Piel*, 분사형, '날갯짓하며 너풀거리는' 동작(신32:11). 창조사역을 위한 성령님의 '열심 있는 움직임, 사역'을 말한다(총회성경연구소, 2019: 24~28).

7. יוֹם אֶחָד(욤 에하드): 히브리어의 뜻은 '한 날/하루'이다. 이것은 '저녁이 되고 아침이 되니 한 날'이라는 하루의 길이를 말하는 의미에서 '한 날'이 더 정확한 번역이라고 하겠다. 고대 셈어에는 '첫째'의 개념이 없다. 우가릿어에도 '날, 둘째 날, 셋째 날, 넷째 날 …' 등으로 기록한다. 그러나 현대역들은 '첫째 날'로 번역하는 경우가 많다(Qimron, 1993: 18). 이는 다음에 따라오는 창조의 날들이 연속적으로 오기 때문이다(Aadler, 1981: 58).

8. 칠십인역(LXX)은 στερέωμα(스테레오마)로 번역하는데, 이는 '(두들겨서) 넓게 편 단단한 것'을 뜻한다.

9. 칠십인역(LXX)에는 이 문장 뒤에 καὶ ἐγένετο οὕτως(카이 에게네토 후토스, '그

7 하나님께서 궁창을 만드시고 궁창 아래의 물과 궁창 위의 물로 나누시니[10] 그대로 되었다.[11]

8 하나님께서 궁창을 하늘이라 부르셨다. 저녁이 되고 아침이 되니 둘째 날이었다.

9 하나님께서 "하늘 아래의 물은 하나로[12] 모여질 것이요 그리고 마른 곳은 드러나게 되라."고 말씀하시니 그렇게 되었다.[13]

렇게 되었다')가 있다. 창세기 1장 9, 11, 15, 20, 24, 30절에 וַיְהִי־כֵן(봐예히 켄, '그렇게 되었다')이 반복적으로 나오는데, 이 구절들이 쓰일 때는 "'하나님께서 말씀하셨다(명령)' + '그렇게 되었다' + '명령이 수행된 결과'"라는 공식이 뒤따른다. 그런데 창세기 1장 6절에는 이것이 생략되고 창세기 1장 7절(수행된 결과 이후)에 나온다. BHS는 וַיְהִי־כֵן(봐예히 켄)이 칠십인역(LXX)을 따라 6절 뒤에 오도록 제안한다.

10. רָקִיעַ(라키아, '궁창')가 나누는 것이 아니라, 궁창 위의 물과 아래의 물을 나누는 주체는 하나님이시다.

11. BHS는 본 절 끝부분에 וַיַּרְא אֱלֹהִים כִּי־טוֹב(봐야르 엘로힘 키 토브, '그리고 하나님께서 보시기에 좋았다')를 삽입하기를 제안한다. 1장 4, 10, 12, 18, 21, 31절에는 각 날에 창조한 것을 보시고 '좋았다'라는 말을 언급하는데 유독 둘째 날에만 이 표현이 빠져 있기 때문이다.

12. אֶל־מָקוֹם אֶחָד(엘 마콤 에하드): '한 곳/장소로.' 칠십인역(LXX)은 εἰς συναγωγὴν μίαν(에이스 쉬나고겐 미안, '하나의 집단으로')이라고 번역한다. 이것은 히브리어로는 אֶל־מִקְוֶה אֶחָד(엘 미크베 에하드)에 해당한다. 창세기 1장 10절에는 מִקְוֵה הַמַּיִם(미크베 하마임, '물이 모인 것')으로 표현한다. 즉, 칠십인역에 따르면, 창세기 1장 9절은 '물이 한 장소로 모이라'고 하는 것보다 '한 덩어리, 하나(으)로 모이라'고 하는 것이 더 나은 해석이라는 것이다. 이것이 10절과 더 잘 조화가 된다.

13. 칠십인역(LXX)에는 본 절 뒤에 긴 첨가가 있다. καὶ συνήχθη τὸ ὕδωρ τὸ

10 하나님께서 이 마른 곳을 땅이라 부르시고 모여진 물을 대양들이라 부르셨으며 하나님께서 보시기에 좋았다.

11 하나님께서 말씀하셨다. "땅은 식물,[14] 곧 씨 맺는 풀을 낼 것이요 열매 맺고[15] 씨가 그 안에 있는 과실나무를 그 종류대로[16] 땅 위에 내라." 그리고 그대로 되었다.

12 그리하여 땅은 식물, 곧 씨 맺는 풀을 그 종류대로, 씨가 그 안에 있는 열매를 맺는 나무를 그 종류대로 내었다. 하나님께서 보시니 좋았다.

13 저녁이 되고 아침이 되니 셋째 날이었다.

14 하나님께서 말씀하셨다. "하늘의 궁창에 광명체들이[17] 있어 낮과 밤을 구별하게 하고 그것들로 표적과 정한 때들과[18] 날들과 해들을 이

ὑποκάτω τοῦ οὐρανοῦ εἰς τὰς συναγωγὰς αὐτῶν καὶ ὤφθη ἡ ξηρά('그러자 하늘 아래의 물은 하나로 다 모였으며 육지는 드러나 보이게 되었다').

14. דֶּשֶׁא עֵשֶׂב(데쉐 에세브): βοτάνην χόρτου(보타넨 코르투, '초본과 식물'). 칠십 인역(LXX)과 라틴 벌게이트역(V)은 이 두 단어를 하나로 묶었다.

15. 히브리어에는 씨 맺는 풀과 열매 맺는 나무 사이에 접속사가 없다. 그러나 칠십 인역(LXX), 페쉬타(S), 타르굼 요나탄(T') 그리고 벌게이트역(V)에는 '그리고' 가 있다. 12절과 비교하라. 마소라 본문(MT)에도 '그리고 … 나무'로 되어 있다.

16. BHS는 본 절에서 '각기 종류대로'를 지우기를 추천한다. 12절에는 식물과 나무 에 대해서 각각 '각기 종류대로'라고 수식하지만, 11절에는 '나무'에만 이 수식 어가 있기 때문이다.

17. 히브리어 מְאֹור(마오르)는 '빛(광명), 광체, 발광체' 등의 뜻이 있다.

18. וּלְמֹועֲדִים(울모아딤): 히브리어 מֹועֲדִים(모아딤)은 מֹועֵד(모에드)의 복수형이다. '모에드'는 지정된 시간, 장소 등을 말한다. 그러므로 창세기 1장 14절에서는 '정 해진 시간'을 말하는 것이지 막연히 흘러가는 시간을 말하는 것이 아니다. 예 를 들면, 유월절 장막절 등의 절기는 하나님께서 정하신 시간에 지켜져야 하는

루게 하라.

15 또한 하늘의 궁창에 있는 광명체들이 땅을 비추게 될 것이라." 그러자 그대로 되었다.

16 하나님께서 두 개의 큰 광명체들을 만드셔서 큰 광명체로 낮을 주관하게 하시고 작은 광명체로 밤을 주관하게 하시며 또 별들을 만드셨다.

17 하나님께서는 그것들을 하늘의 궁창에 두시어 땅을 비추게 하셨고

18 낮과 밤을 주관하게 하시고 빛과 어둠을 구별하게 하시니 하나님께서 보시기에 좋았다.

19 저녁이 되고 아침이 되니 넷째 날이었다.

20 하나님께서 말씀하셨다. "생명이 있는 무리들이 물에 그리고 땅위에서 날갯짓하는 새가 하늘의 궁창에 가득하게 될 것이라."[19]

21 하나님께서 큰 짐승들과,[20] 물에서 번성하여 움직이는 모든 생물들

것이다.

19. 칠십인역(LXX)은 이 절 끝에 καὶ ἐγένετο οὕτως(카이 에게네토 후토스, '그렇게 되었다')가 더해져 있다. 히브리어로는 וַיְהִי־כֵן(봐예히 켄)이 된다. 이는 명령과 결과의 공식을 따른 것이다. 위의 노트 9를 보라.

20. 히브리어 תַּנִּינִם(탄닌님[<탄닌, תַּנִּין])은 성경에 14회 출현하는데, 이는 시적인 용어로서 그 의미가 불분명하다(창1:21; 출7:9, 10, 12; 신32:23; 욥7:12; 시74:13, 91:13, 148:7; 사27:1; 51:9; 렘51:34; 겔29:3, 32:2). 영어 번역들은 'dragon, venom, sea-monster' 등으로 번역한다. 이사야 27장 1절이나 에스겔 32장 2절에서는 이 '탄닌님'들이 바다에 사는 생물로 등장한다. 그러나 '탄닌님'들이 반드시 바다에 산다는 증거는 없다. 창세기 1장 21절의 히브리어 본문에는 '큰 짐승들(תַּנִּינִם גְדֹלִים[탄닌님 그돌림])'로 직역이 된다. 거대한 파충류의 창조가 여

을 그 종류대로, 날개 있는 모든 새를 그 종류대로 창조하시니 하나님께서 보시기에 좋았다.

22 하나님께서 그것들을 복 주시며 말씀하셨다. "생육하고 번성하여 바닷속에서 물을 가득 채워라. 그리고 새들도 땅에 번성하라."

23 저녁이 되고 아침이 되니 다섯째 날이었다.

24 하나님께서 말씀하셨다. "땅은 생물을 그 종류대로, 가축과 기는 것과 땅의 짐승을[21] 종류대로 내라." 그리고 그대로 되었다.

25 하나님께서 땅의 짐승을 그 종류대로, 가축을 그 종류대로, 그리고 땅에 기는 모든 것을 그 종류대로 만드셨으며 하나님께서 보시기에 좋았다.

26 하나님께서 말씀하셨다. "우리가[22] 우리의 형상, 곧 우리와 닮게[23] 사

기에 포함된다고 할 수 있다. '탄닌'의 크기는 다양한 것으로 여겨진다. 출애굽기 7장 9~12절에 출현하는 '탄닌'은 모세와 아론이 지팡이를 던져서 만든 짐승이고, 그 꼬리를 손으로 잡을 수 있는 정도의 크기이다.

21. וְחַיְתוֹ־אֶרֶץ(붸하예토 에레츠): '땅의 (그) 짐승과'는 고대의 3인칭 어미 וֹ(바브)가 붙어 있다. 이는 고대 히브리어의 잔재로서 더 이상 쓰이지 않는 격어미이다. 사마리아 오경(SP)은 וְחַיְת־אֶרֶץ(붸하야트 에레츠)이다(Tov, 2012: 84).

22. נַעֲשֶׂה(나아세): עשה(아사, '만들다')의 1인칭 복수형으로, '우리가 만들자'라는 뜻이다. 이 표현은 명백하게 삼위일체 하나님을 증거하는 표현이다. 그 뒤에 나오는 בְּצַלְמֵנוּ כִּדְמוּתֵנוּ(베짤메누 키드무테누, '우리의 형상과 우리의 닮은 꼴') 도 각각 1인칭 복수형 어미를 취하고 있음에도 유의하라. 창조의 사역에서 삼위하나님께서 함께 참여하시는 모습이다. 삼위일체 교리 외에는 이 1인칭 복수형 동사와 대명사의 복수형 어미를 설명할 방법이 없다.

23. בְּצַלְמֵנוּ כִּדְמוּתֵנוּ(베짤메누 키드무테누): 하나님께서 '하나님의 형상, 곧 하나님을 닮은(likeness)' 사람을 만드셨다. 이것은 외형보다는 특성을 말한다. 사실

람을 만들자. 그리고 그들은 바다의 물고기와 하늘의 새와 가축들과 온 땅의 짐승들과²⁴ 땅 위에 기는 모든 기는 것들을 다스리게²⁵ 될 것이다."

27 하나님께서 자기 형상, 곧 하나님의 형상대로 사람을 창조하셨는데 그들을 남자와 여자로 창조하셨다.

28 하나님께서 그들에게 복을 주셨으며 하나님께서 그들에게 말씀하셨다. "생육하고 번성하여 땅에 충만하라, 땅을 정복하라, 바다의 물고기와 하늘의 새와 땅에 기는 모든 짐승을 다스리라."

29 또 하나님께서 말씀하시기를 "보라, 내가 온 지면의 씨 맺는 모든 채소와 씨 맺는 모든 과실나무를 너희에게 주었으니 그것들은 너희의 양식이 될 것이다.

30 그리고 땅의 모든 짐승에게, 하늘의 모든 새에게 그리고 생명이 있어 땅 위에 기는 모든 것에게는 내가 모든 푸른 풀을 양식으로 주었다." 하시니 그대로 되었다.

31 하나님께서 지으신 모든 것을 보시니 보라 매우 좋았다. 저녁이 되고 아침이 되니 여섯째 날이었다.

두 번째 나오는 단어 דְּמוּת(드무트, '닮은꼴')는 첫 번째 단어 צֶלֶם(쩰렘, '모양')의 모호한 영역을 더 구체적이고 제한적으로 설명해 주기 위해서 더해진 낱말이다(총회성경연구소, 2019:30~33; Silva, 1983: 161~62).

24. וּבְכָל־הָאָרֶץ(우베콜 하아레츠): 이것의 직역은 '그리고 모든 땅을 (다스릴 것이라)'이다. 페쉬타(S)는 וּבְכָל־חַיַּת הָאָרֶץ(우베콜 하야트 하아레츠, '그리고 땅의 모든 짐승을')로 חַיַּת(하야트, '짐승')를 더하고 있다.

25. וְיִרְדּוּ(붸이르두): וְ(붸, 접속사, '그리고') + רָדָה(라다, '통치하다, 다스리다')의 미완료 3인칭 복수형. 의미상으로는 청유형(Jussive, 완곡한 3인칭 명령형)으로 '그들이 … 다스리게 하자'라는 뜻이다.

창세기 2장

1 하늘과 땅과 모든 만상이 다 완성되었다.

2 하나님께서 일곱째[1] 날에 창조하시던 모든 일을 끝내셨고 일곱째 날에 그분의 모든 창조하시던 일로부터 쉬셨다.

3 그리고 하나님께서는 일곱째 날을 축복하시고 그것을 거룩하게 구별하셨으니[2] 이는 그날에 하나님께서 창조하시던 모든 일로부터 쉬셨기 때문이다.

---

1. בַּיּוֹם הַשְּׁבִיעִי(바욤 하쉬비이): '일곱째 날에.' 사마리아 오경(SP)과 칠십인역(LXX) 그리고 페쉬타(S)에서는 '일곱째 날에' 대신 '여섯째 날에'로 읽는다(칠십인역[LXX]의 경우, ἐν τῇ ἡμέρᾳ τῇ ἕκτῃ[엔 테 헤메라 테 헥테]로 읽는다). 표준새번역은 칠십인역(LXX)을 따라 '여섯째 날에'라고 번역한다. '여섯째 날'이라고 읽은 본문들은 아마도 하나님께서 일곱째 날에 일하실 수 없다는 신학적인 이유에서 교정한 것으로 보인다. 그러나 "더 어려운 본문 읽기(*Lectio Difficilior*)가 원문으로 더 선호되어야 한다"는 본문비평의 일반원칙에 따르면, 제7일이 더 선호되는 본문이어야 한다. 후대의 필사자나 번역자들이 더 쉬운 이해를 따른 것으로 고치려는 경향이 있기 때문이다(Tov, 2012: 244~245, 275).

2. וַיְקַדֵּשׁ(봐예카데쉬): קָדַשׁ(카다쉬, '구별하다, 떼어놓다')의 *Piel*. 의미는 '거룩하게 구별하다(to consecrate)'이다. 안식일 자체가 거룩한 것이 아니라, 하나님께서 그날을 거룩하게 구별하신 것이다.

4 이것이 하늘과 땅이 창조될 때의 기원[3]이다. **주**[4] 하나님께서 땅과 하늘을 창조하시던 날에

5 아직 땅에는 들의 초목이 생기기 이전이었고 들풀의 싹이 나기 이전이었다. 왜냐하면 **주** 하나님께서 땅에 비를 내리지 않으셨기 때문이다. 그리고 땅을 경작할 사람도 없었다.

6 그러자 땅에서 물의 흐름이[5] 올라왔고 모든 땅의 표면을 적셨다.

7 **주** 하나님께서 사람을 만드셨으니 곧 땅의 흙으로 만드셨다. 그리고 그의 코에 생명의 호흡을 불어넣으셨다. 그래서 사람은 생명체가[6] 되

---

3. תּוֹלְדוֹת(톨레도트): '기원, 족보, 이야기' 등의 의미가 있으나 본문에서는 칠십인역에서 ἡ βίβλος γενέσεως(헤 비블로스 게네세오스, '기원의 책')로 읽고 있는 것의 의미를 반영하여 '기원'이라고 하는 것이 자연스럽다.

4. 히브리어 '신성4문자(יהוה)'는 한글성경 번역들에서는 '여호와' 또는 '야훼'로 음역이 되기도 하였다. 그러나 이것은 바른 읽기가 아니다. 이 네 문자에 대한 정확한 독법은 알려져 있지 않다. 마소라 전통은 이 네 문자가 나오면 '아도나이('주'란 뜻의 히브리어)'로 읽기로 정하여서 읽는다. 즉, 이 네 문자에 '아도나이(אֲדֹנָי)'라는 단어의 모음부호를 붙여서 읽게 하는 것이다(constant qᵉre). 오늘날은 한 단계 더 나아가서 이렇게도 읽기를 두려워하여 아예 다른 단어로 대체된 이름으로 읽고 지나간다. 예를 들면, '하쉠(그 이름)', '쉠하바아야(살아계신 이름)', '카도쉬 바룩 후(거룩하시고 찬송받으실 분)' 등이다. 헬라어 칠십인역(LXX)은 기원전 2~3세기에 히브리어 성경을 헬라어로 번역할 때에 이를 'κύριος(큐리오스, 주)'로 번역하였다. 그러므로 가장 좋은 번역은 '주'라고 번역하는 것이다(김하연, 2016: 17~21; Tov, 2012: 54).

5. 히브리어 אֵד(에드)는 '안개'로 번역될 수도 있다. 참고로, JPS와 NIV는 'flow(흐름)', 'streams(시내)'로 각각 번역한다.

6. נֶפֶשׁ חַיָּה(네페쉬 하야)는 '생명이 있는 존재(living being)'라는 뜻이다. 한글개

었다.

8 주 하나님께서 에덴의 동편에 동산을 세우시고 그곳에 그분께서 창
조하신 인간을 두셨다.

9 주 하나님께서 땅으로부터 보기에 아름답고 먹기에 좋은 모든 나무
를 자라게 하셨으며 그 동산에는[7] 생명나무와 선악을 알게 하는 나
무도 있었다.

10 그리고 에덴에서부터 강이 흘러나와서 그 동산을 적셨으며 거기서
부터 갈라져서 네 개의 주요한 지류가 되었다.

11 그 하나의 이름은 피숀이고 그것은 금이 있는 온 하빌라 땅을 두르
고 있었다.

12 [8]그 땅의 금은 좋았다.[9] 거기에 브돌라흐와 쇼함도 있었다.[10]

13 두 번째 강의 이름은 기혼이고 온 구스 땅을 두르고 있었다.

14 세 번째 강의 이름은 히데켈이고 앗수르 동편을 흘렀으며 네 번째 강

역개정에서 '생령이 된지라'로 번역한 것은 신학적으로 문제가 될 수 있다.

7. בְּתוֹךְ הַגָּן (베토흐 하간): 직역은 '동산 안에는'이다. 이는 '동산의 한가운데'를 말
하는 것이 아니다.

8. וּזֲהַב הָאָרֶץ הַהִוא טוֹב (우자하브 하아레츠 하히 토브): '그 땅의 금은 좋았다'라는
뜻이다. 히브리어에 자주 나오는 대표적인 명사구문(동사가 없는 문장, verbless
sentence)이다. 이러한 문장은 주로 변함없는 상태를 표현할 때에 사용되며, 주
로 그 문장의 주어가 많이 강조되는 경우에 사용된다(Davison, 1985: 145).

9. 일부 히브리어 사본과 사마리아 오경(SP)에는 '매우'가 덧붙는다. 즉, '매우 좋았
더라'로 읽는다.

10. '브돌라흐'와 '쇼함'은 어떤 보석인지 정확하게 알려져 있지 않다. '쇼함'은 더러
는 '마노(onyx)'로 번역한다(RSV, NASB, 개역개정 등).

은 유프라테스였다.

15 그리고 **주** 하나님께서는 아담을 취하셔서 에덴 동산에 두셨는데 (이는) 그것을 경작하고 그것을 지키게 하시기 위해서였다.

16 그리고 **주** 하나님께서 아담에게 명하셔서 말씀하셨다. "동산 모든 나무로부터 너는 정녕 먹을 수 있다.

17 그러나 선과 악의 지식의 나무로부터 너는 먹지 말라. 왜냐하면 그것으로 네가 먹는 날에 너는 반드시 죽을 것이다."

18 **주** 하나님께서 말씀하셨다. "아담이 홀로 있는 것이 좋지 못하니 내가 그를 위하여 그의 맞은 편에서[11] 돕는 자를 만들겠다."

19 **주** 하나님께서[12] 흙으로 모든 들짐승들과 하늘의 새들을 만드시고 아담이 어떻게 부르는지 보시려고 그에게 이끌어 오셨다. 그리고 아담이 부르는 모든 것이 바로 그 생명체의 이름이 되었다.

20 그리고 아담은 모든 가축과 하늘의 새와 들짐승들에게 이름을 주었다. 그러나 아담을 위해서는 그의 앞에서 돕는 자를 발견하지 못했다.

21 그래서 **주** 하나님께서는 아담에게 깊은 잠이 임하게 하셨고 아담은 잠들었다. 그리고 그의 갈비뼈 중 하나를 취하셨고 그 대신 살로 채

---

11. כְּנֶגְדּוֹ(케네게도): '그의 맞은 편에서, 앞에서'라는 뜻이다. 여러 영어번역(ESV, JPS, NIV, RSV, NASB)에서는 '맞는(suitable 혹은 fitting)'으로 의역하고 있다. '그의 앞에서'라는 이해는 여성의 위치가 결코 종속적이거나 하위의 위치가 아닌 것을 분명히 보여 준다. 그의 동반자로서 완전한 동등성과 독립성을 의미한다(Hirsch, 1959: 65).

12. 사마리아 오경(SP)과 칠십인역(LXX)에는 '또한'이 덧붙는다. 즉, "주 하나님께서 또한 흙으로…"라고 읽는다.

위 닫으셨다.

22 **주** 하나님께서 아담에게서 취하신 그 갈비뼈로 여자를 지으시고 그녀를 아담에게 데리고 오셨다.

23 그러자 아담이 말하였다. "원래 이것은 내 뼈 중의 뼈요 내 살 중의 살이었으며, 이것은 남자에게서 취하여졌으니 여자라 불려질 것이다."[13]

24 그러므로 남자는 그의 아버지와 어머니를 떠나 그의 아내에 연합할 것이고 그들은 한 육체가 될 것이다.

25 그런데 아담과 그의 아내, 그 두 사람은 벌거벗었으나 수치스럽지[14] 않았다.

---

13. 히브리어로 여자는 אִשָּׁה(이솨)로, 남자를 뜻하는 אִישׁ(이쉬)에 방향격 '헤(ה)' 가 붙은 낱말이다.

14. 이 단어의 어근은 בּוּשׁ(보쉬)인데, 성경 전체에서 이 단어는 단순히 '부끄러운' 의 의미보다는 '수치스러운'의 의미를 지닌다. 포로가 되고 약탈을 당하고 성전 이 무너지고 해서 수치스럽다 등의 경우에 사용된다.

창세기 3장

1 그리고 뱀은 **주** 하나님께서 만드신 모든 들짐승들보다 더 교활하였다. 그가 여자에게 말하였다. "하나님께서 정말로 그 동산의 모든 나무로부터 먹지 말라고 하셨느냐?"

2 그러자 여자가 그 뱀에게 말하였다. "그 동산의 나무 열매를 우리가 먹을 수 있다.

3 그러나 하나님께서 말씀하시기를 '죽지 않으려면 동산 안에 있는 그 나무 열매를 너희는 먹지도 말고 만지지도 말라'고 (하셨다)."

4 그러자 그 뱀은 여자에게 말하였다. "너희는 결코 죽지 않을 것이다.

5 하나님께서는 너희가 그것을 먹는 날에는 너희 눈이 열려서 너희가 하나님처럼 선과 악을 아는 자들이 될 것을 아시기 때문이다."

6 여자가 보니 그 나무는 먹기에 좋고 눈에 즐겁고 지혜롭게 하기에 탐났으므로 그녀는 그 나무의 열매를 취하여 먹었으며, 그녀와 함께 있는 남편에게도 주니 그도 먹었다.

7 그러자 그 둘의 눈들이 열려졌고 그들은 자기들이 벌거벗은 줄 알았다. 그래서 그들은 무화과 잎으로 엮어서 자신들을 위해서 허리 옷을 만들었다.

8 그리고 그들은 그날 서늘한 바람이 불 때에[1] **주** 하나님께서 동산에 거

---

1. לְרוּחַ הַיּוֹם(레루아흐 하욤): 문자적으로는 '서늘한 바람'을 의미한다(Skinner, 1930: 76~77; Hirsch, 1959: 77~79).

니시는 소리를 들었다. 그러자 아담과 그의 아내는 **주** 하나님 앞으로

부터 동산 나무 사이에 숨었다.

9 **주** 하나님께서 아담을 부르시어 그에게 말씀하셨다. "네가 어디에 있

느냐?"

10 그가 대답하였다. "동산에서 당신의 소리를 내가 들었습니다. 그리

고 내가 벌거벗었으므로 두려워서 숨었습니다."

11 하나님께서 말씀하셨다. "누가 너에게 네가 벌거벗었다고 알려주었

느냐? 내가 네게 명하여 먹지 말라고 한 그 나무로부터 네가 먹었느

냐?"

12 그 사람이² 말하였다. "당신께서 주셔서 나와 함께한 여자가³ 나에게

그 나무 열매를 주어서 내가 먹었습니다."

13 **주** 하나님께서 여자에게 말씀하셨다. "네가 무엇을 행하였느냐?" 그

여자가 말하였다. "그 뱀이 교활하게 나를 속였으므로 내가 먹었습

니다."

14 **주** 하나님께서 뱀에게 말씀하셨다. "네가 이것을 행하였으니 모든 가

---

2. הָאָדָם(하아담): 고유명사 אָדָם(아담)에 관사가 붙어서 여기서는 일반명사 '아담

(사람)'이 된다.

3. הִוא(히): 히브리어 자음은 '후(kᵉtib, '그는')'로 읽어야 한다. 그러나 모음부호는

'히(qᵉre, '그녀는')'로 읽도록 표기한다. 이 경우는 마소라 본문(MT)의 여백에 따

로 커리(qᵉre) 표기가 없이 항상 모음부호로 대신한다(Qᵉre perpetuum, 영구 커

리). 이와 같은 커리는 창세기 곳곳에서 나타난다(창3:20; 4:22; 7:2; 10:12; 12:14,

18, 19; 14:7; 19:20; 20:2, 5; 22:20; 23:2, 15; 24:44 등; 참고. Gesenius-Kautzch,

1910: §17c).

축과 모든 들짐승들보다 더 저주를 받아 너는 배로 기어 다닐 것이요, 너는 평생에 흙을 먹을 것이다.

15 너와 그 여자 사이에 그리고 너의 후손과 그녀의 후손 사이에 내가 원한을 둘 것이요, 그는 너의 머리를 상하게 할 것이며, 너는 그의 발꿈치를 상하게 할 것이다.”

16 또[4] 그 여자에게 말씀하셨다. “내가 너의 고통과 괴로움을[5] 정녕 크게 할 것이니 너는 고통 가운데 아이를 낳을 것이다. 그리고 너의 남편을 사모하게[6] 될 것이요, 그는 너를 지배할 것이다.”

17 그리고 아담에게 말씀하셨다. “너는 네 아내의 소리를 듣고 내가 너에게 명령하여 먹지 말라고 한 그 나무의 열매를 먹었으니 땅이 너로 인하여 저주를 받고, 너는 네 평생에 고통 가운데[7] 소산을 먹을

---

4. 칠십인역(LXX), 사마리아 오경(SP), 시리아 페쉬타(S)와 벌게이트역(V)을 따라 '그리고'를 넣는 것이 좋다.

5. 마소라 본문(MT)에서의 וְהֵרֹנֵךְ(베헤로네크, '너의 임신을')는 문법적으로 맞지 않다. 칠십인역(LXX)의 *καὶ τὸν στεναγμόν σου*(카이 톤 스테나그몬 수, '그리고 너의 괴로움/한숨을' = והגיונך[베헤기요넥])'가 본문의 문맥과 어법에 더 잘 맞는다. 마소라 본문(MT)에서 형태가 비슷한(graphic similarity) '레이쉬(ר)'와 '김멜(ג)'의 혼동으로 생긴 실수로 보인다.

6. תְּשׁוּקָה(테슈카): 명사. 직역은 '사모함(longing, desire)'이란 의미이다. 그러나 여기서는 로맨틱한 사모함을 의미하는 것이 아니라 '의존적'이 될 것을 말한다. 특히 구약시대에 구속을 위한 모든 제의식은 남성 중심의 직분을 두었다. 그러므로 이는 이전의 '돕는 자'로서의 동등성을 잃어버리게 될 것을 뜻한다(Hirsch, 1959: 84).

7. 여기에 사용된 '고통 가운데(בְּעִצָּבוֹן[베이짜본])'란 말은 하와가 하나님께 심판받을 때 '고통(עִצָּבוֹן[이짜본])' 가운데서 임신하고 해산할 것이라고 했던 그 고통

것이다.

18 그리고 땅은[8] 너에게 가시와 찔레를[9] 낼 것이요, 너는 들의 식물을 먹을 것이다.

19 네 얼굴의 땀 가운데 너는 양식을 먹을 것이니 곧 네가 흙으로 돌아 갈 때까지라. 이는 네가 흙에서부터 취하여졌기 때문이다. 너는 흙이 니 반드시 흙으로 돌아갈 것이다."

20 그 사람이 자기 아내의 이름을 하와라 불렀는데 왜냐하면 그녀는 모 든 산 자의 어머니이기 때문이다.

21 주 하나님께서 아담과 그의 아내를 위해서 가죽옷을 만드시고 그들 에게 입히셨다.

22 그리고 주 하나님께서 말씀하셨다. "보라, 그 사람이 우리 중 하나와 같이 되어서 선과 악을 알게 되었으니, 지금 그가 자기 손을 내밀어 생명나무에서 열매도 취하여 먹고 영원히 살게 되어서는 안 된다."

23 그래서 주 하나님께서는 그를 에덴 동산으로부터 내보내시고 그가

―――――

과 같은 것이다. 그것은 그냥 단순한 '노동의 수고' 정도가 아니라 목숨을 걸고 고 통 가운데 해산하듯이 고통 가운데 인생을 살아갈 것을 말한 것이다.

8. 본 절 안에는 주어가 따로 나와있지 않으나, 동사 תַּצְמִיחַ(타쯔미아흐, *Hifil*, 3인 칭 여성 단수, 미완료형)는 그 주어가 창세기 3장 17절의 '땅(אֲדָמָה, 3인칭 여성 단수)'임을 쉽게 알게 해 준다.

9. 히브리어 본문의 קוֹץ וְדַרְדַּר(코츠 뵈다르다르)는 그냥 단순한 가시덤불과 엉경 퀴를 말하는 것이 아니다. 호세아 10장 8절에서 이 표현은 '가시와 찔레'로 번역 되었다. '가시와 찔레'는 단순한 '가시' 이상의 의미를 지닌다. 이는 보다 광의적 인 의미로 '인생의 고통과 멸망'을 상징한다. 죄의 결과는 항상 '멸망하여 흙으 로 돌아가는 것뿐만 아니라 인생 가운데 말할 수 없는 고통이 온다'는 것이다.

취함을 받은 그 땅을 경작하도록 하셨다.

24 하나님께서 그 사람을 쫓아내시고 에덴 동산의 동쪽에 크룹들을 살게 하셨으며 번쩍거리는[10] 화염검을 두셔서 생명나무로 가는 길을 지키도록 하셨다.

---

10. **הַמִּתְהַפֶּכֶת**(하미트하페케트): הָפַךְ(하파크)의 *Hitpael*(재귀태)형으로, '번쩍거리는(to flash, KB)'의 의미를 지닌다. 본문에서는 לַהַט הַחֶרֶב(라하트 하헤레브), 즉 화염검을 수식해 주는 표현으로, 그 모양이 번쩍거리는 것을 보여 준다. 불은 통상적으로 하나님의 심판을 의미한다(출19:18; 시104:4; 참고. Wenham, 2006: 210~211).

창세기 4장

1 아담이 그의 아내 하와와 동침하고[1] 그녀는 임신하여 카인을 낳았다. 그러자 그녀가 말하였다. "내가 **주**의 도움으로[2] 남자를 얻었다."[3]

2 그리고 그녀는 더하여 그의 형제 헤벨을 낳았는데 헤벨은 양떼의 목자가 되었고 카인은 땅을 경작하는 자가 되었다.

3 시간이 흘렀을 때에, 카인은 **주**께 땅의 열매를 제물로 가져왔고

4 한편 헤벨도 그의 양떼의 첫 새끼들과 그 기름을 가져왔다. 그런데 **주**께서 헤벨과 그의 제물을 주목하셨다.

5 그러나 카인과 그의 제물은 주목하지 않으셨다. 카인은 매우 화가 났으며[4] 그의 얼굴은 떨어졌다.

―――――

1. 히브리어 יָדַע(야다)는 직역으로는 '알다'이지만, 이 낱말은 경험적이거나 성적인 관계로 인한 친밀감을 포함한다.

2. אֶת־יְהוָה(에트 아도나이): 히브리어 전치사 אֵת(에트, '~을')은 일차적으로 목적격을 나타내는 역할이지만, '함께(with)' 등의 의미도 지니고 있다. 여기서는 후자의 의미로 사용되어 '주의 도움으로(with the help of the Lord)'라는 뜻이 된다. 칠십인역(LXX)은 이를 διὰ τοῦ θεοῦ(디아 투 쎄우, '하나님을 통하여[through God]')로 읽는다.

3. 히브리어 קָנִיתִי(카니티)는 '사다, 얻다'의 의미가 있다.

4. חָרָה לְ(하라 레): '분노하다, 화내다(it was kindled for him, he burned with anger)'라는 뜻으로, 구약성경에 자주 등장한다(창4:5, 6; 34:7; 민16:15; 삼상15:11; 18:8; 20:7; 삼하3:8; 6:8[=대상13:11]; 13:21; 19:43; 느3:33; 4:1; 5:6; 욘4:1, 4, 9). חָרָה(하라)는 '불타다', '화가 나다' 등의 뜻이다. 그런데 חָרָה לְ(하라 레, '화

6 주께서 카인에게 말씀하셨다. "왜 너는 화를 내며 왜 너의 얼굴이 떨어졌느냐?

7 만일 네가 선을 행하면 (얼굴을) 들지 않겠느냐 그러나 선을 행하지 않으면 죄가 문에 엎드려 있다. 그 욕망이 너를 향하고 있으나 너는 그것을 다스리라."

8 카인은 그의 아우 헤벨에게 말하였다. (우리가 들로 나가자)⁵ 그들이 들판에 있을 때에 카인이 그의 형제 헤벨을 향해 일어나서 그를 죽였다.

9 주께서 카인에게 말씀하셨다. "네 아우 헤벨이 어디 있느냐?" 그가 말하였다. "모릅니다. 내가 내 형제를 지키는 자입니까?"⁶

10 주께서 말씀하셨다. "네가 무엇을 행하였느냐? 네 아우의 피 소리가 땅에서부터 나에게 비명을 지르고 있다.

내다')는 종종 אַף(아프, '코')와 함께 쓰일 때가 있다. 예를 들면, 출애굽기 4장 14절의 וַיִּחַר־אַף יְהוָה בְּמֹשֶׁה(봐이하르 아프 아도나이 베모쉐)라는 표현에서 볼 수 있다. 이를 직역하면 '모세에 대하여 주님의 코에 불이 났다'라는 뜻이지만, 이는 '주께서 모세에게 화를 내시다'라는 관용적인 의미가 된다. 한편 이 אַף(아프, '코')라는 말이 생략되어 쓰일 때도 많다. 본문에서 וַיִּחַר לְקַיִן(봐이하르 레카인)이라고 한 것이 그런 경우이다(참조. 총회성경연구소, 2019: 34~37).

5. 마소라 본문(MT)에는 카인이 헤벨에게 한 말의 내용, 즉 목적어가 없다. 그런데 칠십인역(LXX)과 많은 히브리어 사본 그리고 사마리아 오경(SP)과 수리아 페쉬타(S)와 벌게이트역(V)에는 '말하였다' 뒤에 διέλθωμεν εἰς τὸ πεδίον(디엘쏘멘 에이스 토 페디온, '우리가 들로 나가자')이 있다. 이것이 좀 더 자연스러운 본문이다. 마소라 본문(MT)에서 이 부분이 필사시에 실수로 빠졌을 가능성이 많다(Tov, 2012: 221).

6. הֲשֹׁמֵר(하쇼메르): ה(의문사[particle interrogative]) + שֹׁמֵר(쇼메르, 현재분사, '지키는 자')의 형태로, '지키는 자입니까?'가 된다(Davison, 1985: 166).

11 그리고 지금 너는 땅으로부터 저주를 받았나니, 이는 땅이 그 입을 벌려 네 손으로 흘린 네 아우의 피를 받았음이라.

12 곧 네가 땅을 경작하나 땅은 너에게 더 이상 그 힘을 주지 아니할 것이요, 너는 땅에서 끊임없이 방랑하는 자[7]가 될 것이다."

13 카인이 **주**께 말하였다. "나의 벌은 내가 짊어지기에 너무 큽니다.

14 보십시오, 당신께서 오늘 나를 지면에서 쫓아내시니 나는 당신의 면전에서 가려진 자가 되었습니다. 그리고 나는 땅에서 끊임없이 방랑하는 자가 되었으니 나를 발견하는 모든 자가 나를 죽일 것입니다."

15 **주**께서 그에게 말씀하셨다. "그러므로 (이렇게 될 것이다)[8] 카인을 죽이는 자는 누구를 막론하고 일곱 배를 받을 것이다." **주**께서는 카인을 발견하는 모든 자가 그를 치지 못하도록 하시기 위해서 카인에게 표식을 주셨다.

16 그러자 카인은 **주**의 면전에서 나가서 에덴의 동쪽 노드 땅에 거주하였다.

---

7. 칠십인역(LXX)은 στένων καὶ τρέμων(스테논 카이 트레몬, '한숨과 두려움')으로 해석한다.

8. 칠십인역(LXX)은 οὐχ οὕτως(우크 후토스, '그렇지 않다')라고 읽고 있는데, 이는 히브리어로 번역하면, '로 켄(לֹא־כֵן)'이다. 문맥으로 연결이 안 된다고 생각한 번역이다. 많은 영어번역 및 개역개정과 바른성경도 칠십인역(LXX)을 따른다. 그러나 לָכֵן(라켄)의 두 번째 의미에는 '진실로'라는 의미도 있다. BDB "Special usages:—(a) idiom., in conversation, in reply to an objection, to state the ground upon which the answer is made; Gn 4:15 *therefore*—this being so—who so killeth Cain, etc., 30:15, Ju 8:7, 11:8, 1S 28:2, 1K 22:19, Jb 20:2(LXX in Gn K Jb, not perceiving the idiom, renders οὐχοὕτως[as though לֹא־כֵן])"

17 카인이 그의 아내와 동침하였고[9] 그녀가 임신하여 하노크를 낳았다. 그리고 그는 도시를 세웠으며 그 도시의 이름을 자기 아들 하노크의 이름을 따라서 불렀다.

18 하노크에게 이라드가 태어났고 이라드는 메후야엘을 낳았고 메후야엘은[10] 메투쇄엘을 낳았고 메투쇄엘은 레멕을 낳았다.

19 레멕은 두 명의 아내를 두었고 그 하나의 이름은 아다요 두 번째의 이름은 찔라였다.

20 아다는 야발을 낳았고 그는 장막에 거주하며 목축하는 자의 조상이 되었다.

21 그리고 그의 형제는 유발인데 그는 모든 수금과 관악기를 잡는 자의 조상이 되었다.

22 그리고 찔라도 역시 투발카인을 낳았고 그는 모든 철과 구리를 다듬는 자요, 투발카인의 누이는 나아마였다.

23 레멕이 그의 아내들인 아다와 찔라에게 말하였다. "나의 목소리를 들으라 레멕의 아내들이여 나의 말을 들으라. 나의 상처입음을 인하여 내가 사람을 죽였고 나의 부상을 인하여 소년을 (죽였도다).

24 카인을 위해서 일곱 배 복수가 있으나 레멕을 위해서는 칠십 칠 배이다."

———

9. 위의 노트 1을 보라.

10. מְחוּיָאֵל וּמְחִיָּיאֵל (메후야엘 우메히야엘): 같은 사람의 이름이 반복되는데, 마소라 본문(MT)은 처음에는 '메후야엘'로 읽고, 바로 다음에는 '메히야엘'로 읽는다. 그러나 적어도 같은 이름으로 통일해야 한다. 여기서는 '메후야엘'로 통일했다.

25 아담이 다시 그의 아내와 동침하니 그녀는 아들을 낳았고 그 이름을 셋이라고 불렀다. 이는 '하나님께서 내게 헤벨을 대신하여 다른 씨를 두셨다'는 의미인데 왜냐하면 카인이 그를 죽였기 때문이다.

26 그리고 셋에게도 아들이 태어났는데 그의 이름을 에노쉬라고 불렀고, 그때부터 사람들은 **주**의 이름으로 부르기 시작하였다.

창세기 5장

1 이것이 아담의 계보이다. 하나님께서 아담을 창조하실 때에 그를 하나님과 닮게 창조하셨다.

2 남자와 여자로 그들을 만드셨으며 그들을 축복하사 그들이 창조되던 날 그들의 이름들을 '사람'이라고 부르셨다.

3 아담이 일백 삼십 년을 살았을 때에 그와 닮은 그의 형상과 같은 (아들을)[1] 낳았으며 그의 이름을 '셋'이라고 불렀다.

4 셋을 낳은 후 아담의 날은 팔백 년이었으며[2] 자녀들을 낳았다.

5 아담의 모든 날은 구백 삼십 년[3]이었으며, 그리고 죽었다.

6 셋이 일백 오 년을 살고 에노쉬를 낳았다.

7 그리고 에노쉬를 낳은 후 셋은 팔백 칠 년을 살았으며 자녀를 낳았다.

8 셋의 모든 날은 구백 십 이 년이었으며, 그리고 죽었다.

———

1. 히브리어 원문에는 '아들을'이라는 말이 없다. 그러나 이 경우 목적어가 없으므로 문법상 문제가 된다. BHS 비평장치에서는 '아들을'을 넣어서 본문을 읽으라고 제안한다.

2. 개역개정성경과 바른성경에서 '~년을 살며 자녀를 낳았더라'는 번역은 자녀를 낳은 행위가 주체가 되고 그것의 기간을 말하는 것이라면, 히브리식은 '~년을 살았다. 그리고 자녀가 있었다'라는 개념을 가진다고 보아야 한다. 미세한 부분인 것 같지만, 초점이 다른 것에 유의해야 한다.

3. 히브리식으로는 정확하게 '~세'라고 말하지 않고 살았던 기간 '~년'으로 표기된다.

9 에노쉬가 구십 년을 살고 케이난을 낳았다.

10 에노쉬가 케이난을 낳은 후 팔백 십 오 년을 살았으며 자녀들을 낳았다.

11 에노쉬의 모든 날은 구백 오 년이었으며, 그리고 죽었다.

12 케이난이 칠십 년을 살고 마할랄엘⁴을 낳았다.

13 케이난이 마할랄엘을 낳은 후 팔백 사십 년을 살았으며 자녀들을 낳았다.

14 케이난의 모든 날은 구백 십 년이었으며, 그리고 죽었다.

15 마할랄엘이 육십 오 년을 살고 예레드를⁵ 낳았다.

16 마할랄엘은 예레드를 낳은 후 팔백 삼십 년을 살았으며 자녀들을 낳았다.

17 마할랄엘의 모든 날은 팔백 구십 오 년이었으며, 그리고 죽었다.

18 예레드가 일백 육십 이 년을 살고 하녹을 낳았다.

19 예레드는 하녹을 낳은 후 팔백 년을 살았으며 자녀들을 낳았다.

20 예레드의 모든 날은 구백 육십 이 년이었으며, 그리고 죽었다.

21 하녹이 육십 오 년을 살고 므투셀라흐를 낳았다.

22 그런데 하녹은 하나님과⁶ 동행하였다. (하녹은) 므투셀라흐를 낳은 후

---

4. מַהֲלַלְאֵל(마할랄엘): '하나님을 찬양하다'라는 뜻이다.

5. 대부분의 번역들이 יֶרֶד(예레드)를 יֶרֶד(야레드)로 읽는다. 그러나 본절에서 히브리 본문의 יֶרֶד(야레드)는 히브리어 엑센트 ' ְ (실룩)'으로 인하여 יֶרֶד(예레드)에서 앞의 ' ֶ (세골)'이 길어진 결과이다. 원래 이름은 '예레드'이다. 히브리어 성경은 엑센트의 영향이 없는 16절에서는 바로 '예레드'로 읽고 있다.

6. אֶת־הָאֱלֹהִים(에트 하엘로힘): 히브리어 전치사 אֶת(에트)는 목적격만을 나타내

삼백 년을 (살았으며)⁷ 자녀들을 낳았다.

23 하녹의 모든 날은 삼백 육십 오 년이었다.

24 그리고 하녹이 하나님과 동행하였고 그는 없었으니⁸ 이는 하나님께서 그를 데려가셨기 때문이다.

25 므투셀라흐는 일백 팔십 칠 년을 살고 레멕을 낳았다.

26 므투셀라흐는 레멕을 낳은 후 칠백 팔십 이 년을 살았으며 자녀들을 낳았다.

27 므투셀라흐의 모든 날은 구백 육십 구 년이었으며, 그리고 죽었다.

28 레멕이 일백 팔십 이 년을 살고 아들을 낳았다.

29 그리고 그의 이름을 '노아흐'라고 불렀으며 말하기를 "이 사람이 **주**께서 저주하신 땅으로 인한 우리의 일들로부터 그리고 우리 손의 고통으로부터 우리를 위로할 것이다."라고 하였다.

30 레멕은 노아흐를 낳은 후 오백 구십 오 년을 살았으며 자녀들을 낳았다.

31 레멕의 모든 날은 칠백 칠십 칠 년이었으며, 그리고 죽었다.

32 노아흐가 오백 세가 되었을 때 노아흐는 셈과 함과 예페트를 낳았다.

는 것이 아니라, '함께'의 의미도 가진다.

7. 본 번역은 괄호에 '하녹은'과 '살았으며'를 넣었다. 칠십인역(LXX) 중 일부 사본들은 이것을 반영한다. 마소라 본문(MT)은 이 부분이 없는데, 그럴 경우 해당 문장은 주어도 없고 동사도 없게 된다. 괄호 부분과 함께할 때 위의 다른 이들의 인생의 서술공식과 일치하게 된다.

8. 칠십인역(LXX)은 οὐχ ηὑρίσκετο(우크 휘리스케토, '발견되지 않다[not found]')로 번역한다.

창세기 6장

1 사람이 지면에 많아지기 시작하였고 그들에게 딸들이 태어났다.

2 하나님의 아들들이 사람의 딸들을 보니 그들이 아름다웠더라. 그리고 그들은 자기들이 선택한 모든 여자를 아내로 삼았다.

3 주께서 말씀하셨다. "나의 영이 영원히 사람 가운데 거하지 않을 것이다. 왜냐하면 그는 육체이기 때문이다. 그리고 그의 날은 일백 이십 년이 될 것이다."

4 그 시대에 네필림들이[1] 그 땅에 있었고 그 이후에도 하나님의 아들들이 사람의 딸들에게 왔다. 그리고 그들은 자녀를 낳았는데 그들은 용사들이었으며[2] 고대에 유명한 사람들이었다.

5 주께서 사람의 악이 땅 위에 넘치고 그 마음의 모든 생각하는 것이 항상 악한 것임을 보셨다.

6 주께서 땅에 사람을 지으신 것을 후회하셨으며 그 마음에 고통을[3] 당하셨다.

---

1. 민수기 13장 33절에는 נְפִלִים(네필림)이 거대한 종족이었음을 암시한다. 이스라엘의 정탐꾼은 그들과 비교할 때에 스스로가 메뚜기 같이 작아 보였다고 이야기한다.

2. 칠십인역(LXX)은 οἱ γίγαντες(호이 기간테스, '거인')로 읽는다.

3. וַיִּתְעַצֵּב(봐이트아쩨브): *Hitpael*(재귀태). 하와가 해산의 큰 고통을 얻게 된 때의 עִצָּבוֹן(이짜본, '고통[pain, toil]', 창3:16)과 같은 어근의 단어이다.

7 주께서 말씀하셨다. "내가 창조한 사람을 땅 위에서 없애[4]버리겠다. 곧 사람으로부터 짐승과 하늘의 새까지니 내가 그것들을 만든 것을 후회하였기[5] 때문이다."

8 그러나 노아흐는 **주**께 은총을 입었다.[6]

9 이것은 노아흐의 전기이다. 노아흐는 그의 세대에 의롭고 완전한 자였다. 노아흐는 하나님과[7] 동행하는[8] 자였다.

10 노아흐는 셈, 함 그리고 예페트 세 명의 아들들을 낳았다.

11 그 땅이 하나님 앞에 부패해졌고 땅은 무법이[9] 가득 찼다.

———

4. אֶמְחֶה(엠헤): 원뜻은 '지워버리다'이다. 즉, 완전히 흔적을 지워버려서 기억도 나지 않게 한다는 의미이다. 참고로, 출애굽기 17장 14절에서 주께서는 '하늘 아래에서 아말레크에 대한 기억을 내가 진실로 지워버리겠다(אֶמְחֶה מָחֹה[엠헤 마호])'라고 하신다.

5. 칠십인역(LXX)은 ὅτι ἐθυμώθην(호티 에쒸모쎈, '분노하였기 때문')으로 번역한다.

6. מָצָא חֵן בְּעֵינֵי יְהוָה(마짜 헨 베에이네이 아도나이): 직역하면, '주님의 눈에 은총을 발견했다'가 되지만, 이는 히브리어 관용구로서 '~에게 은혜를 입다'라는 뜻이다. 창세기에 이런 표현이 여러 번 나온다(창6:8; 18:3; 19:19; 30:27; 32:6; 33:8, 10, 15; 34:11; 39:4; 47:25, 29; 50:4; 참고. Babut, 1999: 149~157).

7. אֶת־הָאֱלֹהִים(에트 하엘로힘): 히브리어 전치사 אֶת(에트)는 대개 목적격 '~을'을 나타내나 '함께'라는 의미도 있다.

8. הִתְהַלֶּךְ(히트할레크): 이 낱말은 הָלַךְ(할라크)의 재귀태(Hitpael)이다. '할라크'는 '가다, 행하다'라는 의미가 있다. 그러므로 '동행하다'라는 말은 '함께 행한다, 그의 길을 따른다'라는 의미이다. 여기에서 유래된 동명사형인 '할라카'는 '행위록'을 말한다.

9. חָמָס(하마스): 단순한 물리적인 폭력만을 의미하는 것이 아니라 인간으로서 행

12 하나님께서 땅을 보시니, 보라, 부패하게 되었도다, 왜냐하면 이는 땅 위의 모든 육체가 부패의 길로 행하였기 때문이다.

13 하나님께서 노아흐에게 말씀하셨다. "내 앞에서 모든 육체의 끝이 왔다. 왜냐하면 온 땅이 그들로 말미암아 불법으로 가득 찼기 때문이다. 그러므로, 보라, 내가 그 땅과 함께 그들을 파멸시키겠다.

14 너를 위해서 고페르 나무로 방주를 만들라. 그 방주에 칸들을 만들고, 역청으로 그 방주의 안과 바깥을 덮으라.[10]

15 그리고 방주는 이렇게 만들라. 그 방주의 길이는 삼백 큐빗으로, 그 폭은 오십 큐빗으로, 그리고 그 높이는 삼십 큐빗으로 하고

16 방주에 (햇빛을 위한) 창을[11] 만들고 위로부터 한 큐빗에 끝을 내라. 그 방주의 입구는 그 옆으로 내라. 아랫 층과 두 번째 층 그리고 세 번째 층으로 그것을 만들라.

17 보라, 내가 땅 위에 홍수를 일으켜서 하늘 아래 생명 호흡이 있는 모든 육체를 멸하리니 땅에 있는 모든 것이 다 소멸될[12] 것이다.

18 내가 나의 언약을 너와 세울 것이니 너와 너의 아들들과 너의 아내와 너의 아들들의 아내들은 방주로 들어가라.

19 그리고 모든 육체 있는 생명체의 모든 종류 중 두 마리씩 방주에 넣

하는 총체적인 무법적인 행위를 의미한다.

10. וְכָפַרְתָּ(붸카파르타): '그리고 너는 덮으라'는 뜻이다. כָּפַר(카파르)는 '덮다(to cover)', '구속하다(to atone)'라는 의미가 있다.

11. צֹהַר(쪼하르): *Hapax Legomenon*(성경에 한 번만 나옴)으로 그 의미가 불분명하다. 어근 צהר는 '햇빛'을 의미한다. 즉, 햇빛을 위한 창(hatch)이라 할 수 있다.

12. יִגְוָע(이그봐): '소멸되다, 죽다'라는 뜻이다.

을 것이요, 너와 함께 생존케 될 것이니 수컷과 암컷이 될 것이다.

20 새 중에서 각기 그 종류대로, 육축의 종류대로, 땅에 기는 모든 것들 중 그 종류대로, 모든 것으로부터 두 마리씩 생존을 위해서 네게로 올 것이다.

21 그리고 너는 먹을 만한 모든 양식을 취하여 모아두라. 그것이 너와 그것들을 위한 양식이 될 것이다."

22 노아흐가 행하였으니, 곧 하나님께서 그에게 명하신 대로 모든 것을 행하였다.

창세기 7장

1 **주**께서[1] 노아흐에게 말씀하셨다. "너와 너의 온 집은 방주로 가라. 왜냐하면 이 세대에서 내 앞에 네가 의로움을 내가 보았기 때문이다.

2 모든 정결한 육축들 중에 너는 일곱 일곱을 취하되 암수로[2] 할 것이라. 정결하지 않은 육축들 가운데는 둘을 (취하되) 곧 암수로 하라.

3 하늘의 새들 가운데서도 일곱 일곱씩 암수로 하여 모든 지면에서 씨를 살리게 하라.

4 앞으로 칠 일 후에 내가 사십 일 낮과 밤 동안 땅에 비를 내리겠다. 내가 땅 위에 창조한 모든 생명체를 소멸할 것이다."

5 노아흐는 **주**께서 명령하신 대로 모든 것을 행하였다.

6 노아흐는 육백 세였으며 땅 위에 홍수가 있었다.

7 노아흐와 그와 함께한 그의 아들들과 그의 아내와 아들들의 아내들이 홍수로 인해서 방주로 들어갔으며

8 정결한 짐승들 중에서, 정결하지 못한 짐승들 중에서, 새들 중에서 그

---

1. 몇 개의 사본과 사마리아 오경(SP)은 '주'대신 '하나님'으로 읽으며, 칠십인역(LXX)은 '주 하나님($κύριος ὁ θεός$)'으로 읽는다.

2. אִישׁ וְאִשְׁתּוֹ(이쉬 베이쉬토): 직역하면, '사람과 그의 아내'이다. 사마리아 오경(SP)은 זָכָר וּנְקֵבָה(자카르 우네케바, '숫컷과 암컷')로 읽으며, 칠십인역(LXX)도 $ἄρσεν καὶ θῆλυ$(아르센 카이 쎌뤼, '숫컷과 암컷')로 읽는다. 창세기의 다른 곳에서는(예를 들어, 창1:27; 5:2; 6:19; 7:3,9,16 등) 마소라 본문(MT)도 זָכָר וּנְקֵבָה(자카르 우네케바)로 읽고 있음을 유의하라(Tov, 2012: 83).

리고 땅 위에 기는 모든 짐승들 중에서도[3]

9 둘씩 둘씩 곧 암수가 노아흐에게 왔으며 방주로 왔으니 곧 하나님께서[4] 노아흐에게 명하신 대로였다.

10 그리고 칠 일이 지난 후, 땅 위에 홍수가 있었다.

11 노아흐가 육백 년을 살았을 때에, 그리고 두 번째 달, 제 십 칠 일에 그 날 큰 깊음의 샘들이 모두 터져 나왔으며[5] 하늘의 구멍들이[6] 열렸다.

12 그리고 사십 일 낮과 밤 동안 땅 위에 비가 왔다.

13 바로 그날 노아흐와 노아흐의 아들들 셈과 함과 예펫, 그리고 노아흐의 아내와 노아흐의 아들들과 함께한[7] 그들의 세 아내들이 방주로 들어갔다.

14 그들과 모든 각양 종류의 짐승들, 각기 종류대로의 육축들 그리고 각종 땅 위에 기는 모든 기는 것들과 각양 종류대로의 조류들, 즉 모든 새들과 날개 있는 것들이

───────

3. 마소라 본문(MT)은 וְכֹל אֲשֶׁר־רֹמֵשׂ עַל־הָאֲדָמָה(**베콜 아쉐르** 로메쉬 알 하아다마, '땅 위에 기는 **모든 짐승들도**')라고 읽고 있지만, 그보다는 사마리아 오경(SP), 칠십인역(LXX), 벌게이트역(V)과 수리아 페쉬타(S)를 좇아서 אֲשֶׁר־רֹמֵשׂ עַל־הָאֲדָמָה וּמִן־כֹּל(**우민 콜 아쉐르** 로메쉬 알 하아다마, '땅 위에 기는 **모든 짐승들 중에서도**')라고 읽어야 한다.

4. 사마리아 오경(SP)과 일부 히브리어 사본은 '주께서'로 읽고 있다.

5. נִבְקְעוּ(니브케우): 땅이 갈라져서 벌어지는 것을 뜻한다(화산이 터지는 것과 같다고 하겠다).

6. אֲרֻבֹּת(아루보트): '수문(flood-gate), 구멍(hole in the wall)'이라는 뜻이다.

7. 마소라 본문(MT)은 '그들과 함께한'으로 읽지만, 칠십인역(LXX)은 '그와 함께한'으로 읽는다. 7절과 비교하라.

15 노아흐에게 방주로 왔으며, 모든 생명의 호흡이 있는 육체들 중에 둘씩 둘씩이었다.

16 그리고 하나님께서 그에게 명하신 것 같이 모든 육체가 있는 것들 중 수컷과 암컷이 오자, 주께서 그를 위해서[8] (문을) 닫으셨다.

17 홍수는 땅 위에 사십 일간[9] 있었으며 물이 많아져서 방주를 땅 위로 들었다.

18 물은 더욱 넘쳤고 땅 위로 심히 불어났고 방주는 물 위로 떠 다녔다.

19 그리고 그 물은 땅 위에 점점 더 넘쳐서 하늘 아래의 모든 높은 산들이 다 덮였다.

20 물이 십 오 큐빗 위로 범람하자, 모든 높은 산들이[10] 덮였다.

21 땅 위에 기는 육체와 새와 육축과 짐승들과 땅 위의 모든 떼들과 모

---

8. בְּעֲדוֹ(바아도): 히브리어 전치사 בַּעַד(바아드)는 '~를 위해서' 또는 '~의 뒤에서'라는 의미가 있다. 후자의 의미를 취해 본문을 '그의 뒤에서 문을 닫으셨다'로 번역하는 것도 불가능한 것은 아니지만, 창세기 전체에서 בַּעַד(바아드)는 오직 전자의 의미로만 사용되었음을 볼 때(창7:16; 20:7, 18; 26:8), 그리고 본문의 문맥으로 볼 때도 '노아흐를 위해서'로 번역하는 것이 더 적절하다. 하나님께서 굳이 노아의 뒤에서 문을 닫아야 할 이유는 없다. בַּעַד(바아드)가 '~을 위하여'라는 의미로 사용된 곳으로는 레위기 16장 6, 11, 17, 24절 등이 있다.

9. 칠십인역(LXX)은 τεσσαράκοντα ἡμέρας καὶ τεσσαράκοντα νύκτας(테사라콘타 헤메라스 카이 테사라콘다 뉙타스, '사십 일간 밤과 낮으로')로 읽는다. 12절과 비교하라.

10. 마소라 본문(MT)은 הֶהָרִים(헤하림, '산들이')으로 표현하지만, 칠십인역(LXX)을 따라 πάντα τὰ ὄρη τὰ ὑψηλά(판타 타 오레 타 휲셀라, '모든 높은 산들이')로 읽는 것이 더 자연스럽다. 19절과 비교하라.

든 사람들은 소멸되었으니

22 마른 땅[11] 위에 있는 모든 것 가운데 생명 호흡이[12] 그 코에 있는 것들은 다 죽었다.

23 땅 위에 있는 모든 생명체들은 다 소멸되었으니, 사람으로부터 육축과 땅에 기는 것과 하늘의 새까지 땅에서 소멸되었다. 그러나 노아흐와, 방주에서 그와 함께 있던 사람들은 남겨졌다.

24 그리고 물은 땅 위에 일백 오십 일간 넘쳤다.

---

11. חָרָבָה(하라바): '마른 땅(dry land)'이라는 뜻이다.

12. נִשְׁמַת־רוּחַ חַיִּים(니쉬마트 루아흐 하임): 마소라 본문(MT)은 여기에 불필요한 רוּחַ(루아흐)가 들어갔다. 칠십인역(LXX)은 이 단어에 해당하는 대응어(equivalent)가 없다. 창세기 2장 7절에는 נִשְׁמַת חַיִּים(니쉬마트 하임), 창세기 6장 17절에는 רוּחַ חַיִּים(루아흐 하임)이라는 표기가 있으나, 본절에서는 이 두 개의 표현이 합해져서 기록된 것이다(doublet, 중복기록). 이는 필사 서기관의 오류인 것으로 보인다. 칠십인역(LXX)과 벌게이트역(V)에는 본절에 רוּחַ(루아흐)가 없으며, 의미에도 전혀 영향을 주지 않는다.

창세기 8장

1 하나님께서 노아흐와 방주에 있던 모든 짐승들과 모든 가축을 기억
하셨다. 그래서 하나님께서 바람을 땅 위에 불게 하시니 물이 진정되
었다.[1]

2 깊음의 샘들과 하늘의 구멍들은 닫혔고, 비는 하늘로부터 갇히게 되
었다.

3 물은 땅 위에서 계속 물러갔으며, 그 물은 일백 오십 일이 지나서 빠
졌다.

4 그리고 방주는 일곱째 달, 곧 그 달 십 칠 일에 아라라트 산에 멈추
었다.

5 그리고 그 물은 열 번째 달까지 계속 빠져나갔으며 열 번째 달, 그 달
제 일 일에 산봉우리들이 보였다.

6 그리고 사십 일이 지났을 때에 노아흐는 그가 만든 방주의 창문을 열
었다.

7 그가 까마귀를 보냈는데 그것은 나가서 물이 땅 위에 마를 때까지 이
리 저리로 다녔다.

8 그래서 노아흐는 같이 있던 비둘기를 보내서 땅 위에서 물이 빠졌는

---

1. וַיָּשֹׁכּוּ(봐야쇼쿠): '진정되다, 잠잠하게 되다'라는 의미로, 3절의 וַיַּחְסְרוּ(봐야흐세
루, '빠지다[abated], 줄어들다, 없어지다')와는 구별되게 번역되어야 한다.

지를² 보고자 했다.

9 그러나 그 비둘기는 그 발의 쉴 자리를 찾지 못하고 방주로 노아흐에게 돌아왔는데 왜냐하면 온 땅 위에 물이 있었기 때문이다. 그래서 노아흐는 손을 내밀어 그 비둘기를 취하였으며 그것을 방주로 들였다.

10 그가 또 다른 칠 일을 기다려서 그 비둘기를 다시 한 번 방주에서 보냈다.

11 그러자 그 비둘기는 저녁 때에 왔는데, 보라, 그 입에 신선한 올리브 잎사귀가³ 있었다. 그래서 노아흐는 물이 땅에서 빠진 것을 알았다.

12 그가 칠 일을 더 기다렸다가 그 비둘기를 보냈더니 그에게 더 이상 돌아오지 않았다.

13 육백 일 년 첫째 달 제 일 일에 땅 위에 물이 말랐다. 노아흐가 방주의 뚜껑을 열고 보니, 보라, 지표면이 마르기 시작하였다.⁴

14 그리고 두 번째 달, 곧 그 달 제 이십 일에 그 땅은 말랐다.

15 하나님께서 노아흐에게 말씀하여 이르시기를

16 "방주에서 나가라. 너와 너의 아내와 너의 아들들과 너의 아들들의 아내들도 너와 함께 (나가라)

17 모든 육체 가운데, 곧 새와 가축 중에, 그리고 모든 땅 위에 기는 것들 중에서 너와 함께한 모든 동물들을 너와 함께 나오게 하라. 그리고

---

2. הֲקַלּוּ(하칼루): 직역하면, '가벼워졌는가?'이다. הַ(하)는 의문대명사(whether, if)이다.

3. עֲלֵה-זַיִת טָרָף(알레 자이트 타라프): '신선한 올리브 잎사귀'라는 뜻이다.

4. חָרְבוּ(호르부): '물이 마르다' 또는 '황폐하게 되다'라는 의미인데, 여기서는 '완전히 마른, 황폐한 상태가 아닌 거의 마지막 단계'를 의미한다(KB).

땅 위에 가득하고 땅에서 생육하고 번성하라."고 하셨다.

18 노아흐는 나왔으며 그의 아들들과 그의 아내와 그의 아들들의 아내들도 그와 함께하였다.[5]

19 모든 동물과 모든 가축과 모든 새들과 모든 땅에 기는 것들은 그 종류대로 방주에서 나왔다.[6]

20 노아흐가 **주**를 위하여 제단을 쌓았다. 그리고 모든 정결한 육축 가운데 그리고 모든 정결한 새 가운데서 취하여 제단에서 번제로 올려드렸다.

21 **주**께서 향기로운 냄새를 맡으시고 그분의 마음속에 말씀하셨다. "내가 더 이상 사람으로 인하여 땅을 저주하지 않겠다. 왜냐하면 사람

---

5. וַיֵּצֵא־נֹחַ(봐예쩨 노아흐): 마소라 본문(MT)의 엑센트 ' ֑ (atnach[아트나흐], 절의 주 분리 기능[절의 처음 절반의 끝을 알려주는 기능])'에 따라 '노아흐가 나왔다'가 먼저 상반절에 분명하게 연결되어 있는 것을 살펴야 한다. 따라서 '그냥 ~ 가 다 같이 나오다'로 번역해서는 안 되고, 주체가 분명히 노아흐이고 다른 이들은 노아흐를 따름으로써 함께 나온 것으로 번역해야 한다.

6. 본 절은 칠십인역(LXX)을 따라 읽어야 한다. 칠십인역(LXX)은 다음과 같이 읽는다. καὶ πάντα τὰ θηρία καὶ πάντα τὰ κτήνη καὶ πᾶν πετεινὸν καὶ πᾶν ἑρπετὸν κινούμενον ἐπὶ τῆς γῆς κατὰ γένος αὐτῶν ἐξήλθοσαν ἐκ τῆς κιβωτοῦ(카이 판타 타 쎄리아 카이 판타 타 크테네 카이 판 페테이논 카이 판 헤르페톤 키누메논 에피 테스 게스 카타 게노스 아우톤 엑셀쏘산 에크 테스 키보투, 번역은 위의 19절). 히브리어 마소라 본문(MT)은 '모든 짐승 모든 기는 것 그리고 모든 새 모든 땅 위에 기는'으로 되어 있는데, 이는 내용상만이 아니라 어법상으로도 맞지 않는다. '기는 것'과 '땅에 기는'의 표현이 한참 떨어져서 기록되었는데, 이 표현은 성경에 항상 붙어서 나옴을 유의해야 한다. 창세기 1장 26절, 7장 14절, 8장 17절 등을 보라.

의 마음에서 계획하는 것들은 그 어릴 때부터 악하기 때문이다. 그러므로 다시는 이전에 내가 행한 것같이 모든 생명을 치지 않겠다.

22 땅이 있는 동안은 씨뿌리고 추수하고 추위와 더움과 여름과 겨울과 낮과 밤이 멈추지 아니할 것이다."

창세기 9장

1 하나님께서 노아흐와 그의 아들들을 축복하시고 그들에게 말씀하셨다. "생육하고 번성하라 땅을 가득 채우라.

2 너희를 두려워함과 무서워함이 땅의 모든 짐승과[1] 하늘의 모든 새들 위에 임할 것이니 땅의 모든 생명체와 바다의 모든 물고기들에게도 그러할 것이며 너희의 손에 주어졌다.

3 생명이 있는 모든 생명체들은 너희에게 음식이 될 것이며 내가 푸른 식물과 같이 모든 것을 너희에게 주었다.

4 그러나 고기는 그 안에 생명의 피가 있을 때 결코 먹지 말라.

5 정녕 너희의 생명을 위한 너희의 피 값을 내가 모든 짐승으로부터 내가 반드시 요구할 것이며, 사람의 생명 값을 사람으로부터 그의 형제로부터 내가 요구할 것이다.

6 사람의 피를 쏟아내는 자는 사람에 의해서 그의 피가 쏟아질 것이다. 왜냐하면 하나님의 형상으로 내가 사람을 만들었기 때문이다.

7 그러므로 너희는 생육하고 번성하라. 땅에 가득 차며 그 안에서 번성하게 되라."[2]

---

1. 일부 칠십인역(LXX) 사본들은 이 곳에 '모든 가축 위에와'를 추가로 덧붙여 읽고 있다.
2. BHS 비평장치는 '그 안에서 다스리라' 대신 '그것을(땅을) 다스리라'로 읽기를 권한다. 창세기 1장 28절과 비교하라.

8 하나님께서 노아흐와 그와 함께한 아들들에게 말씀하셨다. 이르시기를

9 "내가 지금 너희와 나의 언약을 세우겠다. 그리고 너희의 후손들과 그 이후의 세대들과

10 그리고 너희와 함께한 모든 생명 있는 것들과 함께이니, 곧 새들 가운데와 가축 가운데 그리고 땅의 모든 짐승들 가운데 너희와 함께 있는 자들이요, 방주에서 나온 것들이니 이는 땅의 모든 동물을 위한 것이다.

11 내가 나의 언약을 너희와 세웠으니 더 이상 홍수의 물로 모든 육체가³ 끊어지지 않을 것이요, 더 이상 땅을 멸망시킬 홍수는 없을 것이다."라고 하셨다.

12 또 하나님께서 말씀하셨다. "이것이 나와 너희 그리고 너희와 함께한 모든 생명체 사이에 내가 주는 언약의 표시이니, 곧 대대로 영원한 것이다.

13 나의 무지개를 구름 속에 두었으니 그것이 나와 땅 사이의 언약의 표시이다.

14 내가 나의 구름을 땅 위에 가져올 때 구름 속에 무지개가 보이리니

15 그러면 내가 나와 너희 그리고 모든 육체 가운데 있는 생명체와의 언약을 기억할 것이요, 더 이상 모든 육체를 멸망시킬 홍수가 있지 아니할 것이다.

16 구름 속에 무지개가 있으면, 내가 그것을 보고 하나님과 모든 땅 위

---

3. כָּל־בָּשָׂר(콜 바사르): 직역하면, '모든 육체가'라는 뜻이다.

의 육체 가운데 있는 생명체 사이의 영원한 언약을 기억할 것이다."

17 하나님께서 노아흐에게 말씀하셨다. "이것이 내가 나와 땅 위의 모든 육체 사이에 세운 언약의 표시이다."

18 방주에서 나온 노아흐의 아들들은 셈과 함과 예페트이고 함은 크나안의 아버지였다.

19 이들이 노아흐의 세 아들이었으니, 이들로부터 온 세상은 퍼져 나갔다.

20 노아흐는 땅을 경작하기 시작했으며 포도나무를 심었다.

21 그리고 그는 포도주를 마시고 취하여서 그의 장막 안에서[4] 벌거벗었다.

22 크나안의 아버지인 함이 자기 아버지의 나체를 보고[5] 바깥에 있는 그의 두 형제에게 알렸다.

23 그러자 셈과 예페트는 덮개를 취하여 두 사람의 어깨 위에 놓고 뒤로 걸어가서 그들의 아버지의 나체를 덮었으며 그들의 얼굴은 뒤를 향했으며 그들의 아버지의 나체를 보지 않았다.

24 노아흐가 그의 포도주에서 깨어났을 때에 그의 작은 아들이 그에게 행한 일을 알았고

25 말하기를 "크나안은 저주를 받고 그의 형제들에게 종들의 종이 될 것이라."고 하였다.

---

4. אָהֳלֹה(오할로): Qᵉre(커리, 마소라 학자들의 읽기 교정)에는 אָהֳלוֹ(오할로)로 교정한다. 참고로, 창세기 12장 8절, 13장 3절, 35장 21절 등도 같은 경우이다.

5. 칠십인역(LXX)은 본문에 καὶ ἐξελθών(카이 엑셀쏜, '그리고 나가서')을 추가해서 읽는다.

26 그리고 말하였다. "셈의 하나님, **주**는 찬양 받으소서, 크나안은 그들 의⁶ 종이 될 것이다.

27 하나님께서 예페트의 지경을 넓히시며 셈의 장막에 거하시며, 크나 안은 그들의 종이 될 것이다."

28 노아흐는 홍수 후에 삼백 오십 년을 살았다.

29 노아흐의 모든 날은 구백 오십 년이었으며 그리고 죽었다.

---

6. לָמוֹ(라모): 어미는 3인칭 남성 복수형이 붙은 전치사구이다. 즉, לָהֶם(라헴, '그들 에게)'의 고대형이다.

창세기 10장

1 이것은 노아흐의 아들들인 셈, 함과 예페트의 계보이다. 홍수 이후에 그들에게 아들들이 태어났다.

2 예페트의[1] 아들들은 고메르와 마곡과 마다이와 야반과 투발과 메세크와 티라스이다.

3 그리고 고메르의 아들들은 아쉬카나즈와[2] 리파트와 토가르마이고

4 야반의 아들들은 엘리솨와 타르쉬스와 키팀과 도다님[3]이다.

5 [4]이들로부터 해양 민족들이 각기 그들의 땅에서 언어와 그 족속을 따라 흩어져 나갔다.

---

1. 본 장에서 노아흐의 아들들의 족보 기록 순서는 '예페트-함-셈'의 순서로 되어 있다. 이것을 근거로 노아흐의 아들들의 장유의 순서가 일반적인 이해와는 다르다고 주장하는 학자들도 있다. 즉, 셈, 함, 예페트의 순서가 아니라 예페트가 장자요 셈이 막내 아들이라는 것이다(김경래, 1997: 107~111).

2. BHS 비평장치는 אַשְׁכְּנַז(아쉬카나즈)보다 אַשְׁכֻּז(아쉬쿠즈, '스쿠타이족?')로 읽기를 권한다.

3. 역대상 1장 7절의 רוֹדָנִים(로다님)과 비교하라. 야반의 아들이 '로다님'으로 소개된다. 이는 히브리어 알파벳 '레이쉬(ר)'와 '달렛(ד)'은 그 형태가 너무 비슷해서 (graphic similarity) 종종 서기관의 쓰기에서 실수가 일어난다(Tov, 2012: 16).

4. BHS 비평장치는 여기에 אֵלֶּה בְנֵי־יֶפֶת(엘레 베네이 예페트, '이것이 예페트의 후손들이다')를 넣어서 읽으라고 권한다. 20절 및 31절과 비교하라. 이 구절들에서 함과 셈의 계보를 마무리할 때에 '이것이 셈/함의 후손들이다'라는 표현이 공식적으로 들어가 있다.

6 함의 아들들은 쿠쉬와 미츠라임과 푸트와 크나안이다.

7 그리고 쿠쉬의 아들들은 스파와 하빌라와 사브타와 라아마아 사브테카요 라아바의 아들들은 스바와 드단이었다.

8 그리고 쿠쉬는 니므로드를 낳았는데 그는 처음으로 그 땅에서 용사가 되었다.

9 그는 **주** 앞에서 사냥의 용사가 되었는데 그러므로 일컬어 '**주** 앞에 니므로드 같은 사냥의 용사'라고 하였다.

10 그의 왕국의 시작은 신아르 땅의 바벨과 에레크와 아카드와 칼네에서였다.

11 그 땅에서 아슈르가 나왔고[5] 그가 건설한 것은 닌붸와 레호보트 이르와 칼라흐와

12 닌붸와 칼라흐 사이의 큰 도시 레센이었다.

13 그리고 미츠라임은 루딤과 아나밈[6]과 레하빔과 나프투힘과

14 파트루심과 플리쉬팀이[7] 유래된 카슬루힘과 카프토림을 낳았다.[8]

15 그리고 크나안은 그의 맏아들 찌돈과 헤트와

---

5. 히브리어 어법에 따르면, '그가 아슈르로 나아간 것'이 아님에 유의해야 한다. 모세가 창세기를 기록할 때에는 앗수르(아슈르, 기원전 25세기~기원전 605년)가 이미 존재했었다. 모세는 앗수르가 세워진 역사를 지금 설명하고 있는 것이다.

6. 사마리아 오경(SP)은 עֲנָמִים(아나밈) 대신 עֵינִים(에이님)으로 읽는다.

7. '블레셋'을 뜻한다.

8. '낳았다'라는 의미의 동사 יָלַד(얄라드)는 히브리어 본문에는 13절에 있지만, 한국어의 어순에 따른 문제로 14절에 배치했다.

16 예부스 족과[9] 에모르 족과 기르가스 족과

17 히뷔 족과 아루크 족과 신 족과

18 아르바드 족과 쯔마르 족과 하마트 족을 낳았으며[10] 이후에 크나안 부족은 퍼져 나갔다.

19 크나안 족의 경계는 찌돈으로부터 그라르 방향으로 아자까지며[11] 소돔과 아모라와[12] 아드마와 쯔보임 방향으로 라쇠까지였다.

20 이들이 함의 후손들인데 각기 족속과 언어를 따라 (이룬) 그들의 땅과 나라별로이다.

21 그리고 셈에게도 역시 (자녀가) 태어났는데, 그는 온 에베르 족속의 조상이요 예페트의 형이었다.

22 셈의 아들들은 엘람과 아슈르와 아르팍쇠드와 룻과 아람이었다.

23 그리고 아람의 아들들은 우츠와 훌과 케테르와 마쉬였다.

---

9. 16절의 '예부스 족'에서 18절의 '하마트 족'까지는 크나안의 아들들이라기보다는 그들의 후손이 이룬 부족을 의미한다. 히브리어는 단순히 이름 대신(예, יְבוּס [예부스]) 부족을 의미하는 '관사+형용사형 어미(הַיְבוּסִי[하예부시])'를 사용하고 있음에 주의하라.

10. '낳았다'라는 의미의 동사 יָלַד(얄라드)는 히브리어 본문에는 15절에 있지만, 한국어의 어순에 따른 문제로 18절에 배치했다.

11. עַזָּה(아자): 히브리어 음역으로는 '아자'이지만, 칠십인역(LXX)의 영향으로 일반적으로 오늘날까지 Γάζα(가자)로 불린다.

12. עֲמֹרָה(아모라): 히브리어 음역으로는 '아모라'에 가깝지만, 칠십인역(LXX)의 영향으로 일반적으로 오늘날까지 Γομορρα(고모라)로 불린다. 창세기 13장의 노트 2를 보라.

24 그리고 아르팍쇄드는[13] 쉘라흐를 낳았으며 쉘라흐는 에베르를 낳았다.

25 그리고 에베르에게 두 아들이 태어났다. 그 하나는 펠레그인데[14] 왜냐하면 그의 날에 땅이 나뉘어졌기 때문이며 그의 형제의 이름은 요크탄이었다.

26 그리고 요크탄은 알모다드와 쌀레프와 하짜르마벳과 예라흐와

27 하도람과 우잘[15]과 디클라와

28 오발[16]과 아비마엘과 스바와

---

13. 칠십인역(LXX)은 καὶ Ἀρφαξαδ ἐγέννησεν τὸν Καιναν καὶ Καιναν ἐγέννησεν τὸν Σαλα(카이 아르팍쇄드 에겐네센 톤 카이난 카이 카이난 에겐네센 톤 살라, '아르팍쇄드는 카이난을 낳고 카이난은 살라를 낳았으며')로 읽는다. 히브리어 마소라 본문(MT)에는 '셈-아르팍쇄드-쉘라흐'로 이어지는 계보로 되어 있는데(창11:12~23), 칠십인역(LXX)에는 '카이난'이 아르팍쇄드와 살라(쉘라흐) 사이에 추가로 들어가 있다. 누가복음 3장 36절에도 칠십인역(LXX)과 같이 '아박삿과 살라' 사이에 게난이 언급된다. 그러나 실제로 칠십인역(LXX)에 언급된 카이난은 사실이 아닐 가능성이 많다. 그리고 누가는 히브리어보다는 헬라어에 익숙한 사람으로 칠십인역(LXX)을 구약으로 사용하였을 가능성을 생각할 때, 누가복음 3장 36절에 언급된 '카이난'에 대해 이해할 수 있게 된다(참고. 김경래, 1997: 189~201).

14. פֶּלֶג(펠레그): '나뉨'이라는 뜻이 있다. 창세기 11장의 바벨탑 사건으로 인류가 나뉘어지게 된 때가 이때임을 암시한다.

15. 칠십인역(LXX)과 사마리아 오경(SP)은 אוּזָל(우잘)이 아니라 עֵיזָל(에이젤)로 읽는다.

16. 사마리아 오경(SP)은 אוֹבָל(오발)이 아니라 עֵיבָל(에이발)로 읽는다. 역대하 1장 22절(에이발)과 비교하라.

29 오피르와 하빌라와 요바브를 낳았으니[17] 이들 모두는 요크탄의 후손들이다.

30 그들의 거주지는 메솨에서부터 스파르 방향으로 동쪽 산이었다.

31 이들은 셈의 후손들이며 각기 족속과 언어를 따라 (이룬) 그들의 땅과 나라별로이다.

32 이들이 노아흐의 후손들의 족속들인데 나라별 계보를 따라서이다. 그리고 홍수 후에 이들로부터 땅에 나라들이 나뉘어졌다.

---

17. '낳았다'라는 의미의 동사 יָלַד(얄라드)는 히브리어 본문에는 26절에 있지만, 한국어의 어순에 따른 문제로 29절에 배치했다.

창세기 11장

1 온 땅에 언어가 하나요 생각이 같았다.[1]

2 그들이 동쪽으로 옮길 때에 그들은 쉰아르 땅에서 평지를 발견하여 거기서 정착하였다.[2]

3 그들이 서로[3] 말하였다. "오라, 우리가 벽돌을 만들어 불에 굽자. 그래서 그것들이 돌을 대신하도록 하자, 그리고 역청으로 회반죽을 대신하게 하자."

4 그들이 말하였다. "오라 우리가 우리를 위해서 도시와 탑을 만들고 그것의 꼭대기가 하늘에 이르게 하자. 그래서 우리의 이름을 내고, 온 지면으로 흩어지지 않도록 하자."

5 그러자 **주**께서 사람이 만드신 그 도시와 탑을 보시려고 내려오셨다.

6 **주**께서 말씀하셨다. "보라, 한 백성이요 모든 사람에게 언어가 하나

---

1. וּדְבָרִים אֲחָדִים(우드바림 아하딤): 이 표현은 본 절 앞 부분의 '언어가 하나요'와 같은 의미가 아니다. 이것은 언어의 구성이나 낱말, 심지어 사고방식까지 유사한 것을 말한다(참조. Hirsch, 1959: 204). 창세기 27장 44절, 29장 20절과 다니엘 11장 20절에서 אֲחָדִים(아하딤)은 '몇(날) 안 되서' 혹은 '소수의'라는 의미를 가진다. 본문에서도 생각이나 삶의 스타일이 별로 다르지 않다는 것을 말하고 있다.

2. וַיֵּשְׁבוּ(봐예쉬부): יָשַׁב(야솨브)는 *Qal*, 미완료 3인칭 남성복수로, '앉다, 정착하다'라는 의미를 지닌다.

3. אִישׁ אֶל־רֵעֵהוּ(이쉬 엘 레에후): 직역하면, '한 사람이 그의 이웃에게', 즉 '서로 서로에게'라는 뜻이다.

요 그들이 이것을 시작하였으니, 이제는 그들이 의도하는[4] 모든 것을 멈추게 할 수 없을 것이다.

7 오라, 우리가 내려가서[5] 거기서 그들의 언어를 혼란케 하여 그들이 서로서로 말을 알아듣지 못하게 하자."

8 그렇게 하여 **주**께서 그들을 거기서부터 온 땅으로 흩으셨으며 그들은 그 도시를 건설하기를 멈추었다.

9 그러므로 그곳의 이름을 '바벨'이라 하였는데, 이는 거기서 **주**께서 온 땅의 언어를 혼란하게 하셨기 때문이다. **주**께서는 거기서부터 그들을 온 땅으로 흩으셨다.

10 이것은 셈의 계보이다. 셈이 일백 십 세 때에, 곧 홍수 후 이 년에, 아르팍쇠드를 낳았다.

11 아르팍쇠드를 낳은 후에 셈은 오백 년을 살았으며 아들들과 딸들을 낳았다.[6]

12 그리고 아르팍쇠드는 오십 삼 년을 살고 쉘라흐를 낳았으며

---

4. יָזְמוּ(야즈무): 이 단어의 어근에 관하여는 여전히 논의가 진행 중이다(יזם 혹은 זמם). 그러나 그 의미만큼은 '의도하는(to intend)'이라는 것이 분명하다 (Greenspahn, 1984: 123).

5. נֵרְדָה(네르다): 1인칭 복수 청유형(간접명령, cohortative)으로, '우리가 내려가자'라는 뜻이다. 삼위 하나님께서 행동의 주체자이심을 암시한다.

6. 사마리아 오경(SP)은 "셈의 모든 날은 육백 세였고 그리고 죽었다."를 첨가한다. 이런 스타일은 사마리아 오경(SP)이 공식을 좋아하는 경향이 있기 때문이다. 창세기 5장의 족보가 한 사람의 생애의 마지막 부분을 이렇게 마무리하는데, 사마리아 오경(SP)은 끝까지 모든 족보에 이와 같은 스타일이 계속되기를 원하는 것이다. 창세기 11장 13, 15, 17, 19, 21, 23, 25절에도 같은 현상이 나타난다.

13 아르박솨드가 셸라흐를 낳은 후에 사백 삼 년을 살았으며 아들들과 딸들을 낳았다.[7]

14 그리고 셸라흐는 삼십 년을 살고 에베르를 낳았으며

15 셸라흐가 에베르를 낳은 후 사백 삼 년을 살았으며 아들들과 딸들을 낳았다.

16 에베르가 삼십 사 년을 살고 펠레그를 낳았으며

17 에베르가 펠레그를 낳은 후 사백 삼십 년을 살았으며 아들들과 딸들을 낳았다.

18 펠레그가 삼십 년을 살고 르우를 낳았으며

19 펠레그가 르우를 낳은 후 이백 구 년을 살았으며 아들들과 딸들을 낳았다.

20 르우는 삼십 이 년을 살고 스루그를 낳았으며

21 르우가 스루그를 낳은 후 이백 칠 년을 살았으며 아들들과 딸들을 낳았다.

---

7. 칠십인역(LXX)은 여기서 히브리어 마소라 본문(MT)과 내용이 다르다. 칠십인역 (LXX)은 아르박솨드와 살라(셸라흐) 사이에 '카이난'의 이름과 그의 생애에 관한 기록을 넣는다. καὶ ἔζησεν Ἀρφαξαδ μετὰ τὸ γεννῆσαι αὐτὸν τὸν Καιναν ἔτη τετρακόσια τριάκοντα καὶ ἐγέννησεν υἱοὺς καὶ θυγατέρας καὶ ἀπέθανεν καὶ ἔζησεν Καιναν ἑκατὸν τριάκοντα ἔτη καὶ ἐγέννησεν τὸν Σαλα καὶ ἔζησεν Καιναν μετὰ τὸ γεννῆσαι αὐτὸν τὸν Σαλα ἔτη τριακόσια τριάκοντα καὶ ἐγέννησεν υἱοὺς καὶ θυγατέρας καὶ ἀπέθανεν("아르팍솨드는 카이난을 낳은 후 사백 년을 살았으며, 아들들과 딸들을 낳았다. 그리고 죽었다. 그리고 카이난은 일백 삼십 년을 살고 살라를 낳았다. 카이난은 살라를 낳은 후 삼백 삼십 년을 살았고 아들들과 딸들을 낳았고, 죽었다"). 창세기 10장의 노트 13을 보라.

22 스룩그는 삼십 년을 살고 나호르를 낳았으며

23 스룩그가 나호르를 낳은 후 이백 년을 살았으며 아들들과 딸들을 낳았다.

24 나호르가 이십 구 년을 살고 테라흐를 낳았으며

25 나호르가 테라흐를 낳은 후 일백 십 구 년을 살았으며 아들들과 딸들을 낳았다

26 테라흐가 칠십 년을 살고 아브람과 나호르와 하란을 낳았다.

27 그리고 이것은 테라흐의 계보이다. 테라흐는 아브람과 나호르와 하란을 낳았고 하란은 로트를 낳았다.

28 하란은 그의 고향 땅인 갈대아 우르에서 그의 아버지 테라흐보다 먼저 죽었다.

29 그래서 아브람과 나호르는 각각 아내를 취하였으며 아브람의 부인의 이름은 사라이며 나호르의 아내의 이름은 밀카였으니 하란의 딸이요, 하란은 밀카와 이스카의 아버지였다.

30 사라이는 잉태하지 못하였고 자식이[8] 없었다.

31 테라흐는 그의 아들 아브람과 그의 아들 하란의 아들 로트와 그의 아들 아브람의 아내인 그의 며느리 사라이를 데리고 그들과 함께 크나안 땅으로 가고자 갈대아 우르에서 나왔다. 그리고 그들이 하란까지 왔을 때에 거기에 정착하였다.

32 테라흐의 날은 이백 오 년이었으며 테라흐는 하란에서 죽었다.

---

8. יָלָד(발라드): יֶלֶד(옐레드)와 같은 것으로, '아이'라는 뜻을 지닌다(KB).

창세기 12장

1 **주**께서 아브람에게 말씀하셨다. "가라, 너의 땅, 곧 너의 고향 너의 아 버지의 집으로부터 내가 너에게 보여주는 땅으로 가라.

2 내가 너를 큰 민족으로 만들고 내가 너에게 복을 주며 내가 너의 이름 을 위대하게 하겠다. 그리고 너는 복이 될 것이다.

3 너를 축복하는 자를 내가 축복할 것이며 너를 경멸하는 자를 내가 저 주하겠다. 땅 위의 모든 족속이 네 안에서 복을 받을 것이다."[1]

4 그래서 아브람은 **주**께서 그에게 말씀하신 대로 갔고 로트도 그와 함 께 갔다. 아브람이 하란에서 떠날 때에 그의 나이가 칠십 오 세였다.

5 아브람은 그의 아내 사라이와 그의 형제의 아들 로트와 그들이 소유 한 모든 소유와 하란에서 얻은 모든 사람을 데리고 크나안 땅으로 가 기 위해서 나갔다. 그들이 크나안 땅에 들어갔을 때에

6 아브람은 그 땅을 지나 쉬켐에 있는 장소, 곧 모레의 상수리나무까지 나아갔으며 크나안 사람들이 그 때 그 땅에 있었다.

7 **주**께서 아브람에게 나타나셔서 말씀하셨다. "너의 후손에게 내가 이 땅을 주리라." 그러자 그는 그곳에 자기에게 나타나신 **주**를 위하여 제단을 쌓았다.

8 그후, 그는 거기서부터 동편의 산쪽으로, 곧 베이트 엘로 나아갔다. 그

---

1. 본 절에 대한 상세한 연구는 총회성경연구소, 2009: 38~41을 보라.

리고 그의 장막을 쳤다. 서쪽으로는 베이트 엘이요 동쪽으로는² 아이였는데 그는 그곳에 **주님**께 제단을 쌓았으며 **주님**의 이름을 불렀다.

9 그리고 아브람은 떠나서 계속 남쪽으로³ 이동하였다.

10 그 땅에 기근이 임하였고 아브람은 이집트로 거주하려고 내려갔다. 왜냐하면 그 땅에 기근이 심각하였기 때문이다.

11 그가 이집트에 가까이 갔을 때에 그는 그의 아내 사라이에게 말하였다. "보시오, 나는 당신이 외모가 아름다운 여자임을 압니다.

12 만일 이집트 사람들이 당신을 보면 그들은 '이 여자가 그의 아내이다'라고 말하고 나를 죽이고 당신은 살릴 것입니다.

13 당신은 나의 누이라고 말하여 주시기 바랍니다, 그러면 당신으로 인하여 그것이 내게 선이 될 것이요, 나의 생명은 그대로 인해서 살 것입니다."

14 아브람이 이집트에 들어갔을 때에 이집트 사람들은 그 여인을 보았으니 그녀는 매우 아름다웠다.

15 그리고 파르오의 신하들도 그녀를 보았으며 파르오에게 그녀를 칭송하였다. 그러자 그 여인은 파르오의 집에 취하여졌다.

16 (파르오는) 그녀로 인하여 아브람을 잘 대해주었으며 그래서 아브람

---

2. מִיָּם ‥ מִקֶּדֶם(미케뎀 ‥ 미얌): יָם(얌)은 '바다'라는 뜻이다. 성경 히브리어에서 동쪽은 이스라엘을 중심으로 קדמה(케드마, '앞쪽')라 하고 서쪽은 ימה(야마, '바다쪽')라고 한다.

3. הַנֶּגְבָּה(하네게바): '네게브 방향으로'라는 뜻이다. 네게브 방향은 이스라엘 지도상 남쪽을 의미한다.

은 양떼와 소떼와 나귀들과 종들과 여종들과[4] 암나귀들과 낙타들을 소유하게 되었다.

17 그러자 **주**께서 파르오와 그의 집을 큰 역병으로[5] 치셨으니 이는 아브람의 아내 사라이의 일로 인한 것이었다.

18 파르오가 아브람을 불러서 말하였다. "네가 나에게 무슨 일을 행하였느냐? 왜 너는 나에게 그녀가 너의 아내라고 알리지 않았느냐?

19 왜 너는 그녀가 나의 누이라고 말함으로 내가 그녀를 취하여 부인으로 삼게 하였느냐? 지금 네 아내가[6] 여기 있다. 데리고 가라."

20 파르오는 사람들에게 그에 대하여 명령하였으며, 그들은 그와 그의 아내와 그에게 속한 모든 것을 보냈다.

---

4. 사마리아 오경(SP)은 '나귀들과'와 '여종들과'의 위치를 바꾼다.

5. נְגָעִים גְּדֹלִים(네가임 그돌림): '큰 역병, 큰 재앙'이라는 뜻이다.

6. 칠십인역(LXX)은 ἐναντίον σου(에난티온 수, '네 앞에')가 추가되어 있다. 즉, '지금 네 아내가 네 앞에 있으니 데리고 가라'로 읽는다.

창세기 13장

1 아브람이 이집트에서 네게브 쪽으로 올라왔으니 그와 그의 아내 그리고 그에게 속한 모든 것과 로트도 함께였다.

2 아브람은 그의 가축 떼와 은과 금이 매우 풍부하였다.

3 그는 여정을 계속하여 네게브로부터 베이트 엘까지, 그리고 처음 베이트 엘과 아이 사이에 그의 장막이 있던 곳까지 나아갔다.

4 그가 처음 제단을 쌓았던 장소로 (가서) 아브람은 거기서 **주**의 이름을 불렀다.

5 아브람과 동행하는 로트에게도 양떼와 소떼와¹ 장막들이 있었다.

6 그런데 그 땅은 그들이 함께 거주함을 감당할 수 없었는데, 왜냐하면 그들의 소유가 많았기 때문이다. 그래서 그들은 함께 거주할 수 없었다.

7 결국 아브람의 가축 떼의 목자들과 로트의 가축 떼의 목자들 사이에 다툼이 있었는데 그 땅에는 크나안 사람들과 프리즈 사람들이 살고 있었다.

8 아브람이 로트에게 말하였다. "나와 너 사이에 그리고 나의 목자들과 너의 목자들 사이에 다툼이 있게 하지 말자, 왜냐하면 우리는 형제 가족이기 때문이다.

---

1. צֹאן־וּבָקָר(쫀 우바카르): צֹאן(쫀)과 בָּקָר(바카르)는 둘 다 집합명사이다. 즉, '양떼'와 '소떼'를 뜻한다.

9 네 앞에 모든 땅이 있지 않느냐? 나에게서 분가하라. 만일 네가 왼쪽으로 가면 나는 오른쪽으로 가고 만일 네가 오른쪽으로 가면 나는 왼쪽으로 갈 것이다."

10 로트가 그의 눈을 들어 요르단의 평원을 바라보니 전부가 물이 넉넉하였으며—아직 **주**께서 스돔과 아모라를² 멸망시키시기 전이었다—마치 **주님**의 동산 같고 이집트 땅과 같은 것이 쪼아르까지였다.

11 그래서 로트는 스스로 요르단의 모든 평원을 선택하였다. 로트는 동쪽으로 여정을 떠났고 그들은 각각 그의 형제 가족으로부터 분가하였다.

12 아브람은 크나안 땅에 거주하였고 로트는 평원의 도시들에 거주하며 스돔에 이르기까지 장막을 옮겼다.

13 그런데 스돔 사람들은 **주님**께 매우 악한 죄인들이었다.

14 그리고 로트가 아브람에게서 분리한 이후 **주님**께서 아브람에게 말씀하셨다. "자 이제 네가 있는 장소에서 너의 눈을 들어서 보라. 북쪽과 남쪽과 동쪽과 서쪽을 (보라).

15 네가 지금 보고 있는 모든 땅을 내가 너와 너의 자손에게 영원히 주리라.

---

2. עֲמֹרָה(아모라): 히브리식 지명으로는 '아모라'이다. 그러나 칠십인역(LXX)은 이를 Γόμορρα(고모라)로 읽는다. 이는 아마도 음성학(phonetic)적 이유에 기인한 것으로 보인다. 즉, עֲמֹרָה(아모라)의 첫 글자인 'ע(아인)'은 후두음 글자(guttural letter)인데, 이는 발음하기가 쉽지 않다는 것이다(참고. 히브리어의 후두음은 א[알렙], ה[헤], ח[헤트], ע[아인] 네 글자이다). 오늘날 대부분의 번역이 '고모라'로 읽는 것은 칠십인역(LXX)의 영향 때문이다. 창세기 10장의 노트 12를 참조하라.

16 그리고 너의 후손을 그 땅에 먼지 같이 (많게) 하리니 누가 만일 땅의 먼지를 셀 수 있으면 너의 후손도 셀 것이다.

17 너는 일어나서 종으로 횡으로 그 땅을 두루 걸어보라 내가 그것을 너에게 주리라."

18 아브람이 장막을 옮겨 헤브론에 있는 마므레 상수리나무 지역에 가서 거주하였으며 거기에서 **주**께 제단을 쌓았다.

창세기 14장

1 쉰아르의 왕 아므라펠과 엘라사르의 왕 아리옥과 엘람의 왕 크도르라
오메르와 고임의 왕 티드알의 때에

2 그들은 스돔의 왕 베라와 아모라의 왕 비르솨아와 아드마의 왕 쉰아
브와 쯔보이의 왕 쉠에베르와 벨라, 즉 쪼아르의 왕과 전쟁을 하였다.

3 이들 모두가 싯딤 골짜기, 즉 염해에[1] 모였다.

4 그들은 십 이 년간 크도르라오메르를 섬겼으나 제 십 삼 년에는 반
역하였다.

5 그러자 제 십 사 년에 크도르라오메르와 그의 동맹한 왕들은 와서 르
파임을 에쉬테롯 카르나임에서, 주짐 족을 함에서 그리고 에이밈 족
을 솨베 키르야타임에서,

6 호리 족을 세일의 하르람에서 쳐서 광야에 있는 에일 파란까지 이르
렀다.

7 그리고 그들은 회정하여 에인 미쉬파트, 즉 카데쉬로 와서 아말렉 족
의 모든 들판과 하쯔쫀 타마르에 거주하는 아모리 족도 쳤다.

8 한편, 스돔 왕과 아모라 왕, 아드마 왕, 쯔보임 왕, 벨라, 곧 쪼아르 왕이
나와서 싯딤 골짜기에서 그들을 마주 대하여[2] 전선을 배열하였으니

---

1. יָם הַמֶּלַח(얌 하멜라흐): 현재의 '사해 바다'를 말한다.
2. 여기에 사용된 히브리어 전치사 'אֵת(에트)'는 장소적 의미에서 '마주하여'라는
뜻을 가진다. 이 전치사구는 이어지는 9절의 시작에 다시 사용되어서 8절의 '그

9 곧 엘람 왕 크도르라오메르, 고임 왕 티드알, 쉰아르 왕 아므라펠과 엘라사르 왕 아리옥을 마주 대한 것이다. 네 왕이 다섯 왕을 맞섰다.

10 그리고 싯딤 골짜기에는 역청구덩이가 널려 있었는데 스돔 왕과 아모라 왕이[3] 도망을 갈 때에 그들은 거기에 빠졌다. 그리고 남은 자들은 산 쪽으로 도망을 갔다.

11 그래서 그들은 스돔과 아모라의 모든 소유와 음식을 노략하여 갔다.

12 그들은 아브람의 형제의 아들인 로트와 그의 소유도 노략하여 갔는데 로트는 스돔에 거하고 있었다.

13 도망자가 와서 히브리 사람 아브람에게 알렸다. 아브람은 에모리 족마므레의 상수리나무 지역에 살고 있었는데 마므레는 에쉬콜의 형제요, 아네르의 형제였으며, 그들은 아브람과 동맹한 사람들이었다.

14 아브람은 그의 혈육이 포로가 되었다는 것을 듣고 그가 훈련시킨 자와 그의 기른 자 삼백 십 팔[4]명을 소집하여[5] 단까지 쫓아갔다.

들을 마주 대하여'와 관련된 대상에 관해 설명하고 있다.

3. 마소라 본문(MT)에는 עֲמֹרָה(아모라)라고만 되어 있고 '왕'은 빠져 있지만, 일부 히브리어 사본들과 사마리아 오경(SP) 그리고 칠십인역(LXX)과 페쉬타(S)를 따라서 מֶלֶךְ עֲמֹרָה(멜레크 아모라, '아모라 왕')라고 읽어야 한다.

4. 아브람의 종 אֱלִיעֶזֶר(엘리에제르)라는 이름을 기마트리아(알파벳 숫자)로 풀면 318이 된다(김하연, 2016: 117~18).

5. וַיָּרֶק(봐야레크): 마소라 본문(MT)의 וַיָּרֶק(봐야레크)는 *Hifil* 어간에서 '비우다'라는 뜻이 되는데, 이는 문맥상 맞지 않는 단어이다. 반면, 칠십인역(LXX)은 이를 ἠρίθμησεν(에리쓰메센, '수를 세다')으로 번역하며, 사마리아 오경(SP)도 ויּדק(봐야데크, '소집하다')로 읽음으로써, 마소라 본문(MT)과 ר/ד의 차이를 보인다. 따라서 본문은 사마리아 오경(SP)을 좇아서 '소집하다'로 읽는 것이 문맥에 더 맞는

15 그리고 밤에 그와 그의 종들은 나누어서 그들을 쳤고, 다메섹의 왼쪽에 있는 호바까지 그들을 쫓아가서

16 모든 소유를 되찾았고 그의 혈육 로트와 그의 소유와 여자들과 사람들도 되찾았다.

17 아브람이 크도르라오메르와 그의 함께한 왕들을 치고 돌아온 후에, 스돔 왕이 솨베 골짜기, 곧 왕의 골짜기로 그에게 나아왔다.

18 그리고 샬렘 왕 말키쩨데크는[6] 떡과 포도주를 꺼냈는데 그는 지극히 높으신 하나님의 제사장이었다.

19 그가 그아브람를 축복하여 말하였다. "아브람은 지극히 높으신 하나님, 하늘과 땅을 창조하신[7] 이의 축복받은 자라.

20 지극히 높으신 축복의 하나님께서 너의 원수들을 너의 손에 넘겨 주셨도다."

21 스돔 왕이 아브람에게 말하였다. "사람들은 내게 주고 물품은 네가 가지라."

22 그러자 아브람이 스돔 왕에게 말하였다. "내가 지극히 높으신 **주** 하나님, 하늘과 땅을 창조하신 분께 나의 손을 들었나니,

23 실오라기나 샌달 끈이던지 너에게 속하였던 것을 내가 취하면 네가

다. KB는 사마리아 오경(SP)과 같이 읽기를 권한다(he mustered).

6. מַלְכִּי־צֶדֶק (말키 쩨데크): 직역하면, '나의 왕은 의이시다'라는 뜻이다. 시편 110편 4절을 참고하라.

7. קֹנֵה (코네): 히브리어 קָנָה (카나)에는 '사다, 얻다, 창조하다'라는 뜻이 있다. 여기서 이 단어는 분사형으로 쓰여서 '창조자'를 의미한다. 아래 22절에서도 같은 용법으로 사용된다.

말하기를 '내가 아브람을 부자되게 했다'고 하지 않겠느냐?

24 다만 소년들이 먹은 것과 나와 함께 동행했던 사람들의 몫은 제외이니, 곧 아네르와 에쉬콜과 마므레는 그들의 몫을 취할 것이다."

창세기 15장

1 이 일 후에 **주**의 말씀이 환상 가운데 아브람에게 임하여 말씀하셨다. "아브람아 두려워하지 말라 나는 너의 방패요 너의 삯은 지극히 크리라."[1]

2 아브람이 말하였다. "나의 **주** 하나님이시여,[2] 나에게 무엇을 주시겠습니까? 나는 자식이 없이 떠나야[3] 합니다. 내 집의 상속자[4]는 다메쉐크 엘리에제르입니다."

3 아브람이 또 말하였다. "보십시오, 당신께서 내게 씨를 주지 않으셨고

---

1. BHS 비평장치에서 편집자인 엘리거(K. Elliger)와 루돌프(W. Rudolph)는 마소라 본문(MT)에서 הַרְבֵּה(하르베, '많은')를 사마리아 오경(SP)을 따라 אַרְבֶּה(아르베, '내가 많게 하겠다')로 읽기를 권한다. 즉, '네 삯은 크리라'가 아니라 '내가 네 삯을 크게 하리라'로 읽으라는 것이다.

2. אֲדֹנָי יֱהוִה(아도나이 엘로힘): 마소라 본문(MT)으로 읽으면, 이는 אֲדֹנָי(아도나이, '주')라는 말과 신성4문자(יהוה)가 연합된 호칭이다. 마소라 전통에 따라 신성4문자를 '아도나이'로 읽어야 하지만, 그러면 '아도나이'가 두 번 중복되므로 이런 경우에 마소라 전통은 신성4문자에 אֱלֹהִים(엘로힘, '하나님')의 모음부호를 붙여서 읽는다. 그러므로 여기서는 마소라 전통을 따라서 '주 하나님'으로 번역한다.

3. הוֹלֵךְ(홀라크)가 '떠나다'의 뜻으로 쓰인 용례는 창세기 25장 32절에도 나온다.

4. בֶּן־מֶשֶׁק(벤 메쉐크): '상속자'라는 뜻인데, 이 단어는 다음에 나오는 דַּמֶּשֶׂק(다메쉐크)와 절묘한 워드플레이의 모습을 보인다. 즉, דַּמֶּשֶׂק(다메쉐크) 출신의 אֱלִיעֶזֶר(엘리에제르)와 מֶשֶׁק(메쉐크, '상속자') 사이에 워드플레이가 사용됨으로써 아브람의 의중이 강조되는 것이다.

또, 보십시오, 내 집의 시종이 나의 상속자가 됩니다."

4 주의 말씀이 그에게 임하여서 말씀하셨다. "그가 너를 상속하지 못할 것이다. 오직 너의 속으로부터 난 자가 너를 상속할 것이기 때문이다."

5 그리고 주께서 그를 바깥으로 이끄시고 말씀하셨다. "하늘을 바라보라 그리고 만일 네가 그것들을 셀 수 있다면 별들을 세어보라." 그리고 그에게 말씀하셨다. "너의 후손이 그렇게 될 것이다."

6 아브람이 주를 믿었으며 주께서는 이것을 그의 의로 여기셨다.

7 그리고 그에게 말씀하셨다. "나는 이 땅을 너에게 유업으로 주려고 너를 갈대아 우르에서 이끌어 낸 주이다."

8 그가 말하기를, "주 하나님이시여, 내가 그것을 유업으로 받을 줄 어떻게 알겠습니까?"라고 하자,

9 주께서 그에게 말씀하셨다 "나를 위해 삼 년 된 송아지와 삼 년 된 염소와 삼 년 된 양을 잡고 비둘기와 어린 새도 그렇게 하라."

10 그래서 아브람은 이 모든 것을 잡아 그것들의 가운데를 잘라서 서로 마주놓았다. 그러나 새는 쪼개지 않았다.

11 독수리가 시체 위에 내려왔고 아브람은 그것들을 쫓아냈다.

12 해가 질 때에 아브람에게 깊은 잠이 임하였다. 그러자, 보라, 그에게 크고 어두운 두려움이 임하였다.

13 주께서 아브람에게 말씀하셨다. "너는 분명히 알라. 너의 후손은 그들의 소유가 아닌 땅에서 나그네가 될 것이요, 사백 년 동안 그들을 섬길 것이요, 그들은 네 후손을 괴롭힐 것이다.

14 그러나 그들이 섬기던 민족을 내가 심판할 것이요 그 이후에 큰 재

물과 함께 나올 것이다.

15 그리고 너는 네 조상에게 평안히 갈 것이요, 너는 장수한 후에 묻힐 것이다.[5]

16 그리고 네 자손은 사 대 만에 돌아올 것이니, 보라, 아모리 족의 죄가 오늘날까지 가득 차지 않았기 때문이다.

17 해가 지고 어두움이 깊었을 때에 쪼개 놓은 것들 사이에 연기가 가득 한 화덕과 불타는 횃불이 지나갔다.

18 그날 주께서 아브람과 언약을 맺으셨다.[6] 말씀하시기를 "내가 너의 후손에게 이 땅을 주었으니 이집트의 강으로부터 큰 강, 곧 유프라 테스 강까지며

19 겐 족과 크니즈 족과 카드몬 족과

20 헤트 족속과 프리즈 족과 르파임 족과

21 에모리 족과 크나안 족과 기르가쉬 족과 예부스 족이다."라고 하셨다.

---

5. 마소라 학자들은 '평안히 갈 것이요' 뒤에 히브리어의 주 분리 엑센트인 'ㅅ(아 트나흐[atnach])'를 둔다. 그럼으로써 조상에게 평안히 가는 것이 먼저임을 말해 준다. 즉, 조상에게 평안히 가서 묻히는 것이 아니라는 것이다. 본문에 대한 상세 한 연구를 위해서는 총회성경연구소, 2019: 42~43을 보라.

6. כָּרַת בְּרִית(카라트 브리트): 직역하면, '언약을 끊다'라는 뜻이다. 창세기 15장에 서는 이에 관한 배경을 잘 보여 준다. 즉, 짐승을 쪼개어 놓은 것 같이 언약을 어 기는 자는 이와 같이 되리라는 것이다.

창세기 16장

1 아브람의 아내 사라이는 그에게 아이를 낳아주지 못하였다. 한편 그
녀에게는 이집트 여종이 있었는데 그 이름은 하가르였다.

2 사라이가 아브람에게 말하였다. "보시오, **주**께서 나를 막아 출산하
지 못하게 했으니, 당신은 나의 여종에게 들어가시오. 혹시 그녀로 말
미암아 내가 세워질까[1] 합니다." 그러자 아브람은 사라이의 말을 들
었다.

3 그래서 아브람이 가나안 땅에 거주한 지 십 년이 지났을 때에, 아브람
의 아내 사라이는 이집트 여자, 곧 그녀의 여종인 하가르를 데리고 그
녀를 아브라함에게 주어서 그의 아내가 되게 하였다.

4 그가 하가르에게 들어갔으며 그녀는 임신하였다. 그녀는 자기가 임신
한 줄 알고 그녀의 여주인을 멸시하였다.

5 그러자 사라이는 아브람에게 말하였다. "내가 잘못 취급되는 것은 당
신의 책임입니다. 내가 나의 여종을 당신의 품에 주었더니 그녀는 자
기가 임신함을 보고, 그녀의 눈에 나는 경시되고 있습니다. **주**께서 나
와 당신 사이를 판단하시길 바랍니다."

6 아브람이 사라이에게 말하였다. "보시오, 당신의 여종은 당신 손에 있
습니다. 당신의 눈에 좋은 대로 그녀에게 행하시오." 사라이가 그녀를

---

1. אִבָּנֶה(이바네): בָּנָה(바나, '세우다')의 *Nifal* 형, 1인칭 단수로서 '세워지다'라는
뜻이다. 즉, 내가 아들을 얻게 됨으로 집안을 세운다는 것이다.

괴롭히자 그녀는 사라이의 앞에서 도망갔다.

7 하나님의 사자가 광야의 물 샘 옆에서 그녀를 발견하였는데, 곧 수르
로 가는 길의 옆에 있는 샘이었다.

8 그가 말하였다. "사라이의 여종 하가르야, 어디서부터 네가 왔느냐 그
리고 어디로 가느냐?" 그녀가 대답하였다. "나의 여주인 사라이의 앞
에서 내가 도망가고 있습니다."

9 주의 사자가 그녀에게 말하였다. "네 여주인에게 돌아가라 그리고 그
녀의 수하에 복종하라."

10 주의 사자가 또 그녀에게 말하였다. "내가 진정 너의 자손을 번성케
할 것이니, 너무 많아서 세지 못할 것이다."[2]

11 주의 사자가 그녀에게 또 말하였다. "보라, 네가 임신하였고 아들을
낳을 것이요, 그의 이름을 이쉬마엘이라[3] 하라. 왜냐하면 주께서 너
의 고통을 들으셨기 때문이다.

12 그는 들나귀 사람이 될 것이요, 그의 손은 모든 사람을 대항하고 모
든 사람의 손은 그를 대항할 것이며 그는 그의 모든 형제들과 함께[4]
거주하게 될 것이다."[5]

---

2. וְלֹא יִסָּפֵר מֵרֹב(붸로 이사페르 메로브): 직역하면, '너무 많아서 계수될 수 없을
것이다'라는 뜻이다.

3. יִשְׁמָעֵאל(이쉬마엘): '하나님께서 들으시다'라는 뜻이다.

4. וְעַל-פְּנֵי(베알 프네이): 보통 '대항해서' 등으로 번역되지만, 사실 이 표현에는 '~의
표면에서, ~의 주변에서'라는 의미가 있다. 예를 들면, 창세기 1장 2절("하나님의
영께서는 물 '위에서 [함께]' 역사하고 계셨다")을 보라.

5. 본 절에 관한 상세한 번역 해설과 주석에 관해서는 총회성경연구소, 2019: 44~45

13 그녀는 그녀에게 말하는 **주**의 이름을 '당신은 엘 로이[6] 이십니다'라고 불렀으니 이는 그녀가 말하기를 "내가 진정 여기서 나를 보시는 이를 보았단 말인가"[7]라고 하였기 때문이다.

14 그러므로 그 샘을 '브에르 라하이 로이'라고 불렀으니 그것은 카데쉬와 베레드 사이에 있었다.

15 하가르는 아브람에게 아들을 낳아주었고 아브람은 하가르가 낳은 그의 아들의 이름을 '이쉬마엘'이라고 불렀고

16 하가르가 아브람에게 이쉬마엘을 낳아 주었을 때에 아브람은 팔십육 세였다.

를 보라.

6. אֵל רָאִי(엘 로이): '나를 보시는 하나님'이란 뜻이다.

7. 하가르가 말한 이 표현은 사실 "그가 나를 보신 이후에도 내가 죽지 않고 그를 볼 수 있었다는 말인가?"라는 의미를 내포하고 있다.

창세기 17장

1 아브람이 구십 구 세가 되었는데 주께서 아브람을 보시고 그에게 말씀 하셨다. "나는 전능한 하나님이다, 너는 내 앞에서 행하고, 완전하라.

2 그러면 내가 나와 너 사이에 나의 언약을 세워 너로 한없이 수가 증 가하게 할 것이다."

3 그러자 아브람은 그의 얼굴을 땅에 대고 엎드러졌고 하나님께서는 그 와 말씀하여 이르시기를

4 "보라, 나의 언약이 너와 함께할 것이요, 너는 수많은 민족의 조상이 될 것이다.

5 그리고 너의 이름은 더 이상 아브람이라고 불리지 않을 것이요, 아 브라함이라 할 것이다. 이는 내가 너를 수많은 민족의 조상으로 삼았 기 때문이다.[1]

6 내가 너를 아주 크게 생육하게 하고, 너로 민족들이 되게 하리니, 너 에게서 왕들이 나올 것이다.

7 그리고 나의 언약은 나와 너 사이에 그리고 네 뒤의 각 세대의 네 후

---

1. נְתַתִּיךָ(네타티카): *Qal* 완료형이다. 비록 내용은 미래를 의미하지만 하나님의 약 속은 반드시 이루어질 것이 확실하기에 이미 완료된 것처럼 완료형으로 쓰는 것 이다. 이런 표현방식은 성경에 여러 번 나온다. 예를 들면, 여호수아 1장 3절의 נְתַתִּיו(네타티브, '내가 주었으니')가 그런 경우이다. 하나님께서는 여호수아에게 이제 건너가 얻어야 할 땅을 가리키시면서, 이미 그 땅을 여호수아에게 주셨다고 말씀하시는 것이다.

손들 사이에 세운 것이니, 영원한 언약이 될 것이다. (나는) 너와 네 뒤의 네 후손들에게 하나님이 될 것이다.

8 나는 네가 머물고 있는 땅, 곧 모든 크나안 땅을 너와 네 뒤의 너의 후손에게 영원한 유업으로 주었으니, 나는 그들에게 하나님이 될 것이다."

9 하나님께서 아브라함에게 말씀하셨다. "그러므로 너는 나의 언약을 지키라, 곧 너와 네 뒤의 후손들도 대대로 (지키라).

10 이것이 바로 나와 너희들 사이에 그리고 네 뒤의 네 후손들 사이에 둔 나의 언약이니, 모든 남자는 할례를 받으라.

11 너희는 할례를 받되 포피의 살에 (베어) 할례를 받으라,[2] 그러면 나와 너희들 사이의 언약의 표시가 될 것이다.

12 대대로 모든 남자는 출생 후 팔 일이면 할례를 받으라. 집에서 난 자나 돈으로 산 이방인의 아들로 너의 후손이 아닌 자도 (할례를 받아야 한다).

13 네 집에 태어난 자나 너의 돈으로 산 자도 반드시 할례를 행하라. 이러므로 나의 언약이 너희의 육체 안에서 영원한 언약이 될 것이다.

14 포피의 살을 베지 아니하여 할례 받지 않은 남자는 그 백성에게서 끊어지리니, 그는 내 언약을 깨트렸음이라."

15 하나님께서 아브라함에게 말씀하셨다. "너는 네 아내 사라이의 이름을 '사라이'라 부르지 말 것이니, 그녀의 이름은 '사라'이다.

---

2. וּנְמַלְתֶּם(우네마르템): '그리고 너희는 할례를 받으라'는 뜻이다. 이는 מוּל(물)에서 파생된 낱말로 '잘라내다(cut off)'라는 의미도 있다.

16 내가 그녀에게 복을 주어 그녀로 말미암아 너에게 아들을 주리니, 내가 그녀에게 복을 주어 그녀가 큰 민족들을 이룰 것이요, 백성들의 왕들이 그녀로 말미암을 것이다.

17 아브라함이 엎드려서 웃었다. 그리고 그의 마음속으로 말하였다. "일백 세인 사람에게 아이가 태어난다고? 그리고 사라가 구십 세인데 아이를 출산한다고?"

18 아브라함이 하나님께 말하였다. "이쉬마엘이나 당신의 앞에서 살기를 원합니다."

19 하나님께서 말씀하셨다. "그러나 네 아내 사라가 너에게 아이를 낳을 것이니, 그 이름을 '이츠하크'라고 부르라. 그리고 나의 영원한 언약을 그와 더불어 세울 것이되, 그의 후에 있을 그의 자손들을 위해서이다.

20 그리고 이쉬마엘을 위해서도 내가 너의 말을 들었으니, 보라, 내가 그를 축복하고 그를 번성하게 하여 그로 심히 수가 증가하게 할 것이다. 그가 열 두 명의 족장들을 낳을 것이요, 내가 그에게 큰 민족을 이루게 하겠다.

21 그러나 나는 나의 언약을 내년 이 때에 사라가 네게 낳을 이츠하크와 더불어 세울 것이다."

22 하나님께서는 그와 이야기하기를 마치시고 아브라함으로부터 떠나 올라가셨다.

23 아브라함이 그의 아들 이쉬마엘과 그의 집에 태어난 모든 자들과 그의 돈으로 산 모든 사람, 곧 아브라함의 집의 모든 남자를 취하여 그들의 포피의 살을 잘랐으니, 이는 하나님께서 그에게 말씀하시던 바

로 그날이었다.

24 아브라함이 그의 포피의 살에 할례를 받던 때는 구십 구 세였다.

25 그리고 그의 아들 이쉬마엘이 그의 포피의 살을 잘랐던 때는 열 세 살이었다.

26 아브라함과 그의 아들 이쉬마엘이 할례를 받던 바로 그날,

27 그 집의 모든 사람들, 즉 그 집에서 난 자나 이방인들로부터 돈으로 산 사람들이 그와 함께 할례를 받았다.

창세기 18장

1 주께서 마므레 상수리나무 숲 주변에서 아브라함에게 나타나셨다. 정오 즈음[1] 아브라함은 장막 문에 앉아 있었다.

2 아브라함이 눈을 들어 보니, 보라, 그 앞에 세 사람이 서 있었다. 그가 보고 장막 문에서부터 그들에게 달려갔다. 그리고 땅에 엎드려 경배하였다.

3 그가 말하였다. "내 주여 내가 당신에게 은총을 입었거든[2] 당신의 종의 곁을 지나가지 마십시오.

4 물을 조금 드시고 당신들의 발을 씻으십시오. 나무 아래서 조금만 기대십시오.

5 그러면 제가 빵을 조금 가지고 오겠으니 당신들의 마음의 원기를 얻은 후에 지나가십시오. 왜냐하면 이 일을 인하여 당신들께서 당신들의 종에게 오셨기 때문입니다." 그들이 말하였다. "네가 말한 대로 그렇게 하라."

6 아브라함은 그의 장막에 사라에게로 서둘러 가서는 말하였다. "서둘러서 좋은 밀가루 세 스아로[3] 반죽하고 빵을 만드십시오."

---

1. כְּחֹם הַיּוֹם(커홈 하욤): 직역하면, '그날의 뜨거울 때에'라는 뜻이다. 즉, '정오'를 말한다.

2. מָצָאתִי חֵן בְּעֵינֶיךָ(마짜티 헨 베에이네카): 창세기 6장의 노트 6을 참조하라.

3. סְאָה(스아): 곡식이나 가루를 재는 단위이다. 1/3에바쯤 되고, 약 15리터쯤 된다.

7 그리고 짐승 떼로 달려가서 일 년 되고 부드럽고 좋은 소를 취하여 소년에게 주니 그가 급히 요리하였다.

8 그가 커드와 우유와 요리한 일 년 된 송아지를 가져다 그들에게 주었다. 그리고 아브라함은 그들이 먹을 동안 나무 아래 그들의 옆에서 있었다.

9 그들이 아브라함에게 말하였다. "네 아내 사라는 어디에 있느냐?" 그가 대답하였다. "보십시오, 장막에 있습니다."

10 그가 말하였다. "내가 진실로 생명의 때에 네게로 돌아오리라, 보라, 네 아내 사라에게 아들이 있을 것이다." 그때, 사라가 장막의 입구에서 듣고 있었는데, 입구는 장막 뒤쪽에 있었다.

11 아브라함과 사라는 당시에 늙었고, 사라에게는 여자로서 생리가[4] 멈추었다.

12 그래서 사라는 마음속으로 웃으며 말하였다. '나에게 즐거움이 없으며 나의 주인도 늙었다'

13 주께서 아브라함에게 말씀하셨다. "왜 사라가 웃으며 '내가 늙었는데, 내가 정말 아이를 놓겠느냐'라고 말하느냐?

14 주께 놀라운 일이 있겠느냐? 정한 때, 생명의 때에,[5] 곧 사라에게 아

---

4. אֹרַח(오라흐): 문자적 의미로는 '길, 방식, 태도' 등의 뜻이다. 이와 유사한 표현으로 창세기 31장 35절에는 דֶּרֶךְ נָשִׁים(데레크 나쉼, '여자의 방식, 생리주기')으로 묘사되어 있다.

5. כָּעֵת חַיָּה(카에트 하야): 직역하면, '생명의 때에'라는 뜻이다. 창세기 18장 10, 14절과 열왕기하 4장 16, 17절에 나오는 표현인데, RSV에는 'in the spring(봄에)', JPS, NIV, NASB에는 'next year(다음 해)' 등으로 번역하고, 개역개정은 번역하

들이 날 때, 내가 네게 돌아올 것이다."

15 사라가 두려워서 속여 말하였다 "내가 웃지 않았습니다." 그러자 **주**께서 말씀하셨다. "아니다, 네가 웃었다."

16 그리고 그 사람들이 거기에서 떠났으며 스돔 가까이에서 내려다보았다. 아브라함은 그들을 전송하기 위해서 그들과 함께 나갔다.

17 **주**께서 말씀하셨다. "내가 하고자 하는 일을 아브라함에게 숨기겠느냐?

18 아브라함은 진정 크고 강한 민족이 될 것이고, 땅에 모든 민족들이 그 안에서 복을 받을 것이다.

19 내가 그를 택하였으니[6] 이는 그가 자기 자녀들과 그 이후의 자기 집을 명하여 그들이 공의와 정의를 행함으로 **주**의 길을 지키도록 함이며, 또한 **주**께서 아브라함에게 그에 관해 말씀하신 바를 이루려 하심이다."

20 **주**께서 말씀하셨다. "스돔과 아모라의 절규가 많고 그들의 죄악이 매우 무겁다.

21 이제 내가 내려가서 보리라. 나에게 오는 그 절규와 같이 그들 모두가 그렇게 행하는지 아닌지를 내가 알리라."

22 그리고 그 사람들은 거기서 스돔 방향으로 갔다. 그리고 아브라함은

지 않는다(Hirsch, 1959: 317. 'at this living time').

6. יְדַעְתִּיו(예다티브): 직역하면, '내가 그를 알았나니'라는 뜻이다. 히브리어 ידע(야다)에는 '알다, 배우다, 돌보다(take care of)' 등의 뜻이 있다. 그러나 신학적 의미에서는 '택하다(to conclude, בחר[바하르])'라는 의미도 있다. 예를 들면, 창세기 18장 19절, 예레미야 1장 5절 등에서 그렇다(KB).

주 앞에 아직 서 있었다.

23 아브라함은 가까이 가서 말하였다. "의인을 악인과 함께 쓸어버리려 하십니까?

24 혹시 그 도시 안에 의인 오십 명이 있다면, 그럼에도 그 도시를 쓸어버리고 그 속에 있는 오십 명의 의인을 위해서 그곳에 자비를 베풀지[7] 않으시겠습니까?

25 의인을 악인과 함께 멸망시킴으로 의인이 악인과 같게 되는 것은 당신께 결코 있을 수 없습니다. 그럴 수는 없습니다. 온 세상을 심판하시는 당신께서 공의를 실행하지 않으시겠습니까?"

26 주께서 말씀하셨다. "만일 내가 스돔 안에서 오십 명의 의인을 찾으면 내가 그들을 인하여 온 도시에 자비를 베풀 것이다."

27 아브라함이 대답하여 말하였다. "보십시오, 비록 나는 먼지와 재이지만, 내가 감히 나의 주님께 말하겠습니다.

28 혹시 오십 명의 의인에서 다섯 명이 모자라면 그 다섯 명으로 인하여 당신께서는 온 도시를 멸망시키시겠습니까?" (주께서)[8] 말씀하셨다. "내가 거기서 사십 오 명을 찾으면 (그곳을) 멸망시키지 않을 것이다."

29 그가 또 한 번 주께 말하였다. "혹시 거기서 사십 명이 발견될 수 있습니다." (주께서) 말씀하셨다. "그 사십 명을 인하여 내가 행하지 아

---

7. אׂשָׂנ(나사): 일차적인 의미는 '들다'이다. 그런데 '얼굴을 들다'라고 할 경우, 이는 누구에게 자비를 베푸는 것을 말하는 것이다. 본문에서도 '그곳에 자비를 베풀지 않으시겠습니까'라는 뜻으로 해석되어야 한다.

8. 원문에는 '그가 말씀하셨다'이지만, 문맥상으로 '주께서 말씀하셨다'가 명백하다.

니할 것이다.”

30 아브라함이 말하였다. “내가 말씀드립니다. 나의 주께서는 제발 분노하지 마십시오. 혹시 거기서 삼십 명이 발견될 수 있습니다.” (주께서) 말씀하셨다. “내가 만일 거기서 삼십 명을 발견하면 시행하지 아니할 것이다.”

31 아브라함이 말하였다. “보소서, 나의 주님께 내가 간절히 말씀드립니다. 혹시 이십 명이 발견될 수 있습니다.” (주께서) 말씀하셨다. “그 이십 명을 인하여 내가 (그곳을) 멸망시키지 않겠다.”

32 아브라함이 말하였다. “나의 주시여 제발 내게 분노하지 마옵소서. 그러나 이번만 말하겠습니다. 혹시 거기에서 열 명만 발견될 수 있습니다.” (주께서) 말씀하셨다. “그 열 명을 인하여서도 내가 (그곳을) 멸망시키지 않겠다.”

33 아브라함에게 말씀하시기를 마치실 때[9] **주**께서 가셨다. 그리고 아브라함도 자기의 처소로 돌아갔다.

---

9. כַּאֲשֶׁר(카아쉐르): 이 접속사는 '~와 같이'라는 뜻의 조건절을 이끌 때와 '~할 때'라는 뜻의 시간절을 이끌 때 사용된다. 여기서는 시간적인 표현(temporal)으로 기능한다.

창세기 19장

1 두 명의 천사들이 저녁 때에 스돔으로 갔는데 로트는 스돔의 성문에 앉아 있었다. 그리고 로트가 보고 그들에게 일어나 가서 얼굴을 땅에 대고 경배하였다.

2 그가 말하였다. "보소서, 나의 주시여 당신들의 종의 집으로 돌이키 셔서 묵으십시오. 당신들의 발을 씻으시고 아침 일찍 일어나 당신들의 길을 가십시오." 그들이 대답하였다. "아니다, 우리는 길에서 묵을 것이다."

3 그러나 로트가 그들을 매우 강권하였으므로 그들은 그에게 돌이켜 그의 집으로 들어갔다. 로트는 그들을 위해 음료와 무교병을 구웠고 그들은 먹었다.

4 그들이 눕기 전에 그 도시의 사람들, 곧 스돔 사람들이 소년에서부터 늙은 사람까지 남김없이 다 그 집을 둘러쌌다.

5 그들이 로트를 불렀고 그에게 말하였다. "오늘 밤 너에게 온 그 사람들이 어디에 있느냐, 그들을 우리에게 이끌어내라 우리가 그들을 관계해야[1] 하겠다."

6 로트는 문입구로 그들에게 나가서 그의 뒤로 문을 닫고서

7 그들에게 말하였다. "내 형제들이여 내가 간청하오니 악을 행하지 마

---

1. וְנֵדְעָה(붸네다아): יָדַע(야다, '알다')의 1인칭 복수 격려형(cohortative)이다. 창세기 4장의 노트 1을 참조하라. 이는 '성적 관계'라는 의미가 있다.

십시오.

8 보시오, 내게 남자를 알지² 못하는 두 딸이 있습니다. 내가 그들을 여러분에게 끌어내겠습니다. 당신들의 눈에 좋은 대로 그 딸들에게 행하십시오, 다만 이³ 사람들에게는 어떤 짓도 행하지 마십시오. 왜냐하면 그들은 내 지붕으로 피하여 오신 분들이기 때문입니다."

9 그들이 말하였다. "이리로 가까이 와 보라." 그리고 말하였다. "이 사람이 살려고 와서 심판까지 하려고 한다. 이제 우리는 그들보다 너에게 더 악을 행해야 하겠다." 그리고 그들은 로트를 매우 세게 밀치고 문을 부수려고 다가갔다.

10 하나님의 사람들이 손을 내밀어 로트를 그들에게, 곧 집안으로 이끌었고 문을 닫았다.

11 그리고 그 집의 입구에 있던 사람들을 젊은 자나 늙은 자나 강한 빛으로 치사 눈이 멀게 하였다. 그래서 그들은 입구를 찾느라고 지쳐 버렸다.

12 그 사람들이 로트에게 말하였다. "여기 너에게 속한 자가 누가 더 있느냐? 사위나 너의 아들들이나 딸들이나 이 도시에 네게 속한 자들이 있느냐? 너는 그곳에서 이끌어 내라.

13 왜냐하면 우리가 이곳을 멸망시키려 하기 때문이다. 그들의 소리가

─────

2. '남자와 관계하지 않은 두 딸'을 의미한다.

3. לָאֲנָשִׁים הָאֵל(라아나쉼 하엘): 직역하면, '하나님의 사람들에게는'이라는 뜻이다. 그러나 칠십인역(LXX)은 εἰς τοὺς ἄνδρας τούτους(에이스 투스 안드라스 투투스, '이 사람들에게는')라고 읽고, 사마리아 오경(SP)도 이와 마찬가지로 읽는다. 아래의 노트 6을 참조하라.

주의 앞에 크게 들렸고 이 도시를 멸망시키시려고 **주**께서 우리를 보내셨다."

14 그래서 로트는 나가서 그의 사위들에게 말하였다. "일어나 이 곳에서 나가라, 왜냐하면 **주**께서 이 도시를 멸망시키시기 때문이다." 그러나 그의 사위들의 눈에는 농담하는 것으로[4] 보였다.

15 새벽이 열릴 때에 천사들은 로트를 이끌어 내고 말하였다. "일어나 여기에 있는 너의 아내와 너의 두 딸들을 데리고 가라. 그리하여 이 도시의 죄악 가운데 휩쓸려가지 않도록 (하라)."

16 로트가 지체하자 그 사람들은 로트의 팔과 그의 아내의 팔과 그의 두 딸들의 손을 붙잡고—그들에 대한 **주**의 자비로 인하여—그를 이끌어 내어 그 도시 바깥에 두셨다.

17 그들을 바깥으로 이끌어 내고 말하였다. "너의 생명을 위해서 도망가라, 너의 뒤를 돌아보지 말라, 그리고 이 모든 평원의 어디에서도 멈추지 말고 쓸려가지 않도록 산 쪽으로 도망가라."

18 그러자 로트는 그들에게 말하였다. "내 주여 제발 그렇게 하지 마십시오.

19 보십시오, 당신의 종이 당신에게 은총을 받았으니,[5] 제발 당신께서 나에게 행하여 주신 자비를 더하여 주사 내 생명을 살게 하여 주십시오. 나는 산으로 도망갈 수 없으니 이 재앙이 나를 따라잡지 못하

---

4. מְצַחֵק(메짜헤크): *Piel* 형으로 '희롱하다'라는 의미도 있다. 창세기 21장 9절을 참조하라.

5. מָצָא עַבְדְּךָ חֵן בְּעֵינֶיךָ(마짜 아브데카 헨 베에이네카): 창세기 6장의 노트 6을 참조하라.

도록 그래서 내가 죽게 되지 않도록 해 주십시오.

20 보십시오, 이 도시는 거기에 피신하기에 가깝고 또 작은 성읍입니다. 내가 거기로 피신하고자 합니다. 정말 작은 곳이 아닙니까? 내 생명이 살게 될 것입니다."

21 그러자 (천사가) 그에게 말하였다. "보라, 내가 너의 이 말에도 너에게 자비를 베풀어서 네가 말한 그 성읍을 멸하지 아니할 것이다.

22 너는 서둘러 거기로 피하라. 왜냐하면 네가 그리로 가기까지 내가 아무것도 할 수 없기 때문이다." 그래서 그 성읍의 이름을 '쪼아르'라고 불렀다.

23 그 땅에 해가 떠올랐으며, 로트는 쪼아르로 들어갔다.

24 그러자 **주**께서 스돔과 아모라 위에 유황과 불을 쏟아지게 하셨으니, 그것은 곧 **주**께로 말미암은 것이요, 하늘로부터였다.

25 그가 그 도시들과⁶ 모든 들판과 그 성읍의 거주민과 땅의 모든 식물을 파괴⁷하셨다.

---

6. וַיַּהֲפֹךְ אֶת־הֶעָרִים הָאֵל (봐야하포크 에트 헤아림 하엘)을 마소라 본문(MT)에 따라 직역하면, '하나님께서 그 도시들을 파괴하셨다'가 될 것이다. 여기서 הָאֵל (하엘)은 주어로서 '하나님(엘로힘)'을 말하는 것이 되기 때문이다. 하지만 창세기 19장 8절과 마찬가지로 여기서의 הָאֵל (하엘)은 '하-엘(그 하나님)'이 아니고 הָאֵלֶּה (하-엘레, '이러한[these]')에서 'ה(헤)'가 생략된 형태로 보아야 한다. 이에 관해 칠십인역(LXX)도 ταύτας(타우타스, '이들')를 반영하여 원본에서는 '이러한 도시들'임을 시사하고 있다. 창세기 26장 3절에서도 마찬가지 현상을 볼 수 있다. אֶת־כָּל־הָאֲרָצֹת הָאֵל (에트 콜 하아라쪼트 하엘, '이 모든 땅을')에서도 '이 모든 하나님의 땅을'이라고 말하는 것이 아니다.

7. וַיַּהֲפֹךְ (봐야하포크): '그리고 그가 뒤집다/파괴하다'라는 뜻이다.

26 그러나 로트의 아내는 그의[8] 뒤쪽을 돌아보았고, 그녀는 소금기둥이 되었다.

27 아브라함이 아침 일찍 일어나 그가 **주** 앞에 섰던 곳으로 갔다.

28 스돔과 아모라의 주변을 보고 그 모든 평원을 보았다. 그런데, 보라, 그 땅에 벽돌 굽는 가마와 같이 짙은 연기가 올라왔다.

29 하나님께서 그 평원의 도시들을 멸하실 때에, 아브라함을 기억하셨다. 그래서 로트가 살고 있던 그 평원의 성읍들을 멸하시는 가운데서 로트를 내보셨다.

30 그리고 로트는 쪼아르에서부터 올라와 산에 거주하였으며 그의 두 딸도 그와 함께했으니, 이는 그들이 쪼아르에서 살기 두려웠기 때문이다. 그래서 로트와 그의 두 딸들은 동굴에[9] 거주하였다.

31 큰 딸이 작은 딸에게 말하였다. "우리 아버지는 늙으셨고 이 땅에는 온 세상의 방법으로 우리에게 올 남편이 없으니,

32 자, 우리가 아버지에게 포도주를 마시게 하고 우리가 그와 동침하자. 그리하여 우리가 우리 아버지로부터 후손이 있게 하자."

33 그래서 그들은 그날 밤[10] 자기 아버지에게 포도주를 마시게 하였다.

---

8. מֵאַחֲרָיו(메아하라브): '그의 뒤로'라는 뜻인데, 아마도 '그녀의(?)'라고 읽어야 할 것이다. BHS는 מֵאַחֲרֶיהָ(메아하레이하, '그녀의 뒤로')로 읽기를 추천한다.

9. 칠십인역(LXX), 사마리아 오경(SP), 벌게이트역(V)에는 '그와 함께'가 추가되어 있다.

10. בַּלַּיְלָה הוּא(바라일라 후): 문법적으로는 בַּלַּיְלָה הַהוּא(바라일라 하후, 참조. 창 19:35; 26:24 등)가 되는 것이 옳다. 본문에서 정관사 '헤(ה-)'가 빠져 있는데, 이는 필사자의 실수일 가능성이 많다(haplography, 같은 글자가 연속되어 나

그리고 첫째가 가서 그녀의 아버지와 동침하였는데, 로트는 그녀의 눕는 것과 일어나는 것을 알지 못하였다.

34 그리고 그 다음 날이 되었을 때에 첫째 딸은 작은 딸에게 말하였다. "보라, 어젯밤에는 내가 아버지와 동침하였다. 오늘 밤에도 역시 그에게 술을 먹이자, 그리고 너는 들어가 그와 동침해라, 그리하여 우리 아버지로부터 후손이 있게 하자."

35 그래서 바로 그날 밤 그들은 그녀들의 아버지에게 포도주를 먹였다. 그리고 작은 딸이 가서 그와 동침하였는데, 로트는 그녀의 눕는 것과 일어나는 것을 알지 못하였다.

36 로트의 두 딸들은 그들의 아버지로 말미암아 임신하였다.

37 그 후, 첫째 딸이 아들을 낳았고 그의 이름을 '모아브'[11]라고 불렀는데, 그는 오늘까지 모아브의 조상이 되었다.

38 그리고 작은 딸도 역시 아들을 낳았고 그의 이름을 '벤 암미'[12]라고 불렀는데, 그는 오늘까지 암몬 족의 조상이 되었다.

올 경우 이미 쓴 것으로 착각하고 한 번을 빼먹는 필사 오류). 이와 같은 실수는 창세기 30장 16절, 32장 23절, 그리고 사무엘상 19장 10절 등에서도 반복된다 (Tov, 2012: 220; Gesenius-Kautzch, 1910: §126y).

11. מוֹאָב(모아브): 직역하면, '아버지로부터'라는 뜻이다.

12. בֶּן־עַמִּי(벤 암미): 직역하면, '내 백성의 아들'이라는 뜻이다.

창세기 20장

1 아브라함이 거기를 떠나 네게브 땅으로 옮겼고 카데쉬와 슈르 사이에 거주하였다. 그가 그라르에 살 때,

2 아브라함은 그의 아내 사라에 대하여 '그녀는[1] 자기 누이'라고 말하였는데, 그라르의 왕 아비멜레크가[2] 사람을 보내어 사라를 데려갔다.

3 하나님께서 밤에 꿈속에서 아비멜레크에게 오셔서 그에게 말씀하셨다. "보라, 너는 네가 데려온 그 여자의 일로 인하여[3] 죽을 것이니, 그녀는 남편이 있는 여자이다."

4 그런데 아비멜레크는 아직 그녀를 가까이하지 않았으므로 대답하였다. "주여 당신은 의로운 백성도 죽이십니까?

5 그가 내게 말하기를 '그녀는 나의 누이'라고 하지 않았으며, 그녀도 말하기를 '그는 나의 형제'라고 하지 않았습니까? 나의 마음이 완전하고 나의 손이 깨끗한 가운데 내가 이 일을 행하였습니다."

6 하나님께서 꿈에서 그에게 말씀하셨다. "나도 역시 너의 마음의 완

---

1. הִוא(히): 영구 커리(qᵉre perpetuum)에 해당한다. 창세기 3장의 노트 3을 참고하라(Gesenius-Kautzch, 1910: §17c).

2. אֲבִימֶלֶךְ(아비멜레크): '나의 아버지는 왕'이라는 뜻이다. 여기서는 고유명사이다.

3. 마소라 본문(MT)은 עַל־הָאִשָּׁה(알 하이쇠, '그 여자에 관하여')로 읽고 있지만, 사마리아 오경(SP)은 עַל אֹדֹת(알 오토트, '그 여자의 일 때문에[on account of]')로 읽는다. 마소라 본문(MT)도 창세기 21장 11, 25절에서는 사마리아 오경(SP)과 같이 읽는다.

전함 가운데서 네가 이것을 행하였음을 안다. 그래서 나도 너를 막아 나에게 죄를 짓지 못하게 하였다. 그래서 네가 그녀를 건드리는 것을 허락하지 않았다.

7 그러므로 지금 그의 아내를 돌려보내라 그는 선지자이다. 그리고 그가 너를 위해서 기도하면 너는 살 것이다. 만일 네가 돌려보내지 않으면, 너와 네게 속한 모든 자가 반드시 죽을 것이다.”

8 아비멜레크는 아침 일찍 일어나서 그의 모든 종들을 부르고 그들의 귀에 이 모든 일들을 말하였다. 그러자 그 사람들은 몹시 두려워하였다.

9 아비멜레크는 아브라함을 부르고 그에게 말하였다. “당신은 도대체 우리에게 무슨 짓을 했습니까? 내가 당신에게 무슨 죄를 지었기에 당신은 나에게 그리고 나의 왕국에 큰 죄를 가져왔습니까? 당신은 행해져서는 안 될 행위들을 내게 행하였습니다.

10 아비멜레크는 또 아브라함에게 말하였다. “당신은 무엇을 보았기에[4] 이 일을 행하였습니까?”

11 아브라함이 대답하였다. “내 생각에[5] 이곳에는 하나님을 두려워하는

---

4. 즉, ‘내 안에 어떤 죄를 보았기에’라는 의미이다. 7절에 하나님께서 ‘그는 선지자이다’라고 하셨음을 참조하라.

5. 아브라함은 여기서 כִּי אָמַרְתִּי(키 아마르티, ‘내가 말하였기 때문이다’)라고 했는데, 이는 누구에게 말한 것이 아니라 자기 스스로 말한 것이다. 따라서 이는 그가 생각한 것으로 보아야 한다. אָמַר(아마르)가 ‘생각하다’라는 의미로 쓰인 곳은 성경에 여러 군데 있다(창8:21; 신8:17; 삼상27:1; 시10:6,11,13; 14:1; 35:25; 사14:13; 47:8,10; 49:21; 전2:1,15; 3:17,18; 애3:24; 호7:2 등).

일이 없기에 나의 아내로 인해서 나를 죽일 것이고,

12 사실 그녀는 내 누이요, 내 아버지의 딸이요 (그러나) 내 어머니의 딸
은 아닌 바 내 아내가 되었기 때문입니다.

13 하나님께서 내 아버지 집으로부터 나를 이리저리로 다니게[6] 하실 때
에, 나는 그녀에게 '이것이 그대가 나에게 베풀 은혜이니, 우리가 가
는 모든 곳에서, 거기서 그는 나의 오라비라고 말하십시오'라고 말
하였습니다."

14 아비멜레크는 양떼와 소떼와 종들과 여종들을 취하여 아브라함에게
주었다. 그리고 그의 아내 사라를 그에게 돌려보냈다.

15 아비멜레크가 말하였다. "보시오, 나의 땅이 당신 앞에 있으니, 당신
의 눈에 보기 좋은 대로 거하십시오".

16 그리고 사라에게 말하였다. "보시오, 내가 은화 천 개를 당신의 오라
비에게 주노니, 이것은 당신과 함께하는 모든 사람에게 당신의 무죄
입증이[7] 될 것이요, 그리고 모든 것에 대해서 당신은 입증이 된 것

---

6. הַתְעוּ(히트우): '이리저리 다니게 하다'라는 뜻이다. 이 문장의 주어는 '하나님
(אֱלֹהִים)'이시다. 마소라 본문(MT)은 이를 복수형 동사로 수식한다. 물론 불가능
한 것은 아니지만 사마리아 오경(SP)은 이를 단수형 동사(התעה[히트아])로 교
정한다. 사마리아 오경(SP)은 창세기 31장 53절, 35장 7절, 출애굽기 22장 8절의
경우에서도 '엘로힘'을 수식하는 동사를 단수형 동사로 고쳤다. 사마리아 오경
(SP)이 '엘로힘'을 수식하는 동사가 아니라도 문법적으로 고친 부분은 여러 군
데 있다(예. 창13:6; 30:42; 49:15,20; 출17:12; 18:20; 민9:6 등; 참고. Tov, 2012:
85).

7. כְּסוּת עֵינַיִם(커수트 에이나임): 직역하면, '눈이 가려진다'라는 뜻으로, '정당성을
입증하다, 해명하다'라는 뜻을 지닌다(BDB, 492).

입니다."

17 그러자 아브라함은 하나님께 기도했고, 하나님께서는 아비멜레크
와 그의 아내와 그의 여종들을 치료하시니 그들이 자녀를 낳게 되
었는데

18 이는 **주**께서 이제까지 아비멜레크의 집의 모든 태를 정녕 막으신 것
이 아브라함의 아내 사라의 사건 때문이었기 때문이다.

창세기 21장

1 **주**께서 그가 말씀하신 대로 사라를 돌보셨고 말씀하신 대로 사라에게 행하심으로

2 사라가 잉태하여 아브라함의 노년에 그에게 아이를 낳아주었으니, 이는 하나님께서 그에게 말씀하여 정하신 그때였다.

3 아브라함이 자기에게 태어난, 곧 사라가 그에게 낳아준, 아들의 이름을 '이츠하크'라고 하였다.

4 그리고 아브라함은 그의 아들 이츠하크가 태어난 지 팔 일만에 그에게 할례를 행하였으니, 이는 하나님께서 그에게 명하신 대로였다.

5 그의 아들 이츠하크가 태어났을 때에 아브라함은 백 세였다.

6 그리고 사라는 "하나님께서 나를 웃게 하셨다. 모든 듣는 자들이 나로 인하여 웃을 것이다."라고 말하였다.

7 사라가 또 말하였다. "사라가 아들들을 젖 먹일 것이라고 누가 아브라함에게 말하겠는가? 그러나 그의 노년에 내가 아들을 낳았다."

8 아이가 자라나서 젖을 떼게 되었을 때에 아브라함은 이츠하크가 젖을 떼는 그날 연회를 열었다.

9 그때 사라는 이집트인 하가르가 아브라함에게 낳은 아들을 보았는데, 그가 (이츠하크를) 조롱하고[1] 있었다.

10 그래서 그녀는 아브라함에게 말하였다. "저 여종과 그녀의 아들을

---

1. מְצַחֵק (메짜헤크): 이 동사가 *Piel* 형에서는 '조롱하다'의 의미가 된다.

쫓아내십시오, 저 여종의 아들은 결코 내 아들 이츠하크와 함께 기업을 받지 못할 것입니다."

11 이 일은 아브라함의 눈에 그의 아들로 인해서 매우 고통스러운 일이었다.

12 하나님께서 아브라함에게 말씀하셨다. "너는 나쁘게 여기지 말고[2] 그 소년과 너의 여종에 관하여 사라가 너에게 말한 모든 것을 너는 그녀의 말대로 순종하라. 왜냐하면 이츠하크를 통해서만 너의 후손이라 일컬어지게 될 것이기 때문이다.

13 그러나 내가 그 여종의 아들을 한 민족을 이루게 하겠다, 왜냐하면 그도 네 후손이기 때문이다."

14 그래서 아브라함은 아침 일찍 일어나 빵과 물 가죽부대를 취하여 하가르에게 주어서 그녀의 어깨에 올려주었고, 아이와 함께 그녀를 보냈다. 그녀는 갔으며 브에르 쉐바 광야에서 길을 잃었다.

15 가죽부대의 물이 다 떨어지게 되었을 때에 그녀는 아이를 한 덤불[3] 아래로 보내고

16 그리고 가서 활 쏘는[4] 거리 정도 떨어져 반대 방향으로 앉았으니, 이

---

2. אַל־יֵרַע בְּעֵינֶיךָ (알 예라 베에이네카): 히브리어 관용구로서 '악하다, 불쾌하다(be evil, displeasing in someone's eyes)' 등의 의미가 있다(참조. 창21:11; 38:10; 48:17; 민11:10; 22:34; 수24:15 등).

3. 랍비 메이르는 여기서의 שִׂיחַ(시아흐, '덤불')를 '로템(broom bush)'으로 본다 (Hareuveni, 1984: 27).

4. כִּמְטַחֲוֵי(키메타하붸이): 이는 טחה(타하)에서 온 말인데, 이 טחה(타하)라는 낱말은 히브리어 성경에 한 번만 나온다(*Hapax legomenon*). '(활)쏘는'이라는 의

는 그녀가 말하기를 '아이의 죽음을 내가 보지 않겠다' 함이었다. 그녀는 앉아서 목소리 높여 울었다.

17 하나님께서 그 소년의 목소리를 들으셨다. 하나님의 천사가 하늘에서 하가르를 불러 그녀에게 말하였다. "하가르야 네게 무슨 일이냐? 두려워하지 말라, 왜냐하면 하나님께서 그 소년의 소리를 그가 있는 자리에서 들으셨기 때문이다.

18 너는 일어나라, 그 아이를 일으켜 세우고 너의 손으로 그를 붙잡으라. 왜냐하면 내가 그를 큰 민족으로 세울 것이기 때문이다."

19 그때 하나님께서 그녀의 눈을 열어 주시니, 그녀가 샘을 보고 가서 물 가죽부대를 채워 그 소년에게 마시게 하였다.

20 하나님께서 그 소년과 함께 계시니 그가 자라났고, 그는 광야에 거주하였고, 활을 쏘는 자가 되었다.

21 그는 파란 광야에 거주하였고, 그의 어머니는 그를 위해서 이집트 여인을 주어 아내가 되게 하였다.

22 그 즈음에 아비멜레크와 그의 군대장관 피콜이 아브라함에게 말하였다. "하나님께서 당신의 행하는 모든 일에 당신과 함께하십니다.

23 그래서 지금 여기서 당신은 하나님으로 내게 맹세하십시오, 당신이 나와 나의 아들들과 나의 손자들에게 불의하게 행하지 않을 것을,[5]

미는 문맥상으로, 그리고 아랍어에서 동일어근(cognate)을 가진 낱말로 알 수 있다(Greenspahn, 1984: 119).

5. אִם ⋯ הִשָּׁבְעָה(히쉬바아 ⋯ 임): 히브리어에서 맹세와 관련된 구문인데, '~하지 않기를 맹세하라'는 뜻이다. 만일 '~하기를 맹세하라'고 하려면, 오히려 אִם לֹא ⋯ הִשָּׁבְעָה(히쉬바아 ⋯ 임 로)의 구문을 취해야 한다(Hirsch, 1959: 300).

내가 당신에게 베푼 은혜와 같이 당신도 나에게 그리고 당신이 살고 있는 땅(의 사람들)에게 행하십시오."

24 아브라함이 말하였다. "내가 맹세합니다."

25 그리고 아브라함은 아비멜레크의 종들이 강탈해 간 우물에 대하여 아비멜레크를 책망하였다.

26 아비멜레크가 대답하였다. "누가 그 일을 행했는지 내가 알지 못했습니다. 당신도 내게 알리지 않았고 오늘까지[6] 나도 듣지 못했습니다."

27 아브라함이 양과 소를 취하여 아비멜레크에게 주었다. 그리고 두 사람은 언약을 체결하였다.[7]

28 아브라함이 일곱 암양을 따로 놓았는데

29 아비멜레크가 아브라함에게 말하였다. "당신이 따로 놓은 이 일곱은 무엇입니까?"

30 아브라함이 말하였다. "일곱 암양을 내 손에서 취하십시오. 내가 이 우물을 팠다는 증거가 됨을 위함입니다."[8]

31 그러므로 그 장소를 '브에르 쉐바'[9]라 불렀는데, 왜냐하면 거기서 그

---

6. בִּלְתִּי(빌티)는 '~없이, 예외로'라는 뜻이다. 따라서 שָׁמַעְתִּי בִּלְתִּי הַיּוֹם(쇠말티 빌티 하욤)은 '오늘 외에는 내가 알지 못했다'라는 말이므로 '오늘까지 내가 듣지 못했다'라고 번역함이 좋다.

7. 성경의 히브리어에서 언약을 체결하는 데 사용되는 어구로는 כרית ברית(카라트 브리트, '언약을 자르다, 언약을 맺다'), הקים ברית(헤킴 브리트, '언약을 세우다') 등의 표현이 있다.

8. עֲבוּר(아부르): '~을 위하여'라는 뜻이다.

9. בְּאֵר שֶׁבַע(브에르 쉐바): '맹세의 우물/샘'이라는 뜻이다.

들이 서로 맹세하였기 때문이다.

32 그들이 브에르 쉐바에서 언약을 맺었고, 아비멜레크와 그의 군대장
관 피콜은 일어나 플리쉬팀[10] 땅으로 돌아갔다.

33 아브라함은 브에르 쉐바에 능수버들을[11] 심었고 거기서 **주** 영원하신
하나님의 이름을 불렀다.

34 아브라함은 플리쉬팀 땅에서 오랫동안 살았다.

---

10. פְּלִשְׁתִּים(플리쉬팀): '블레셋'을 뜻한다.

11. אֶשֶׁל(에쉘): '능수버들나무(tamarisk)'를 뜻한다.

창세기 22장

1 이러한 일들 후에 하나님께서 아브라함을 시험하셨다. 그에게 말씀하시기를 "아브라함아"[1] 하시니 그가 대답하였다. "내가 여기 있습니다."

2 말씀하시기를 "네가 사랑하는 이츠하크, 너의 외아들을 데리고 모리아 땅으로[2] 가라. 거기서 내가 너에게 말하는 한 산 위에서 그를 번제로 드리라."고 하시니

3 아브라함이 아침 일찍 일어나 그의 나귀의 안장을 묶고 소년 둘과 그의 아들 이츠하크를 그와 함께 데리고, 번제를 위한 나무를 쪼갰으며, 일어나서 하나님께서 그에게 말씀하시는 그 장소로 갔다.

4 셋째 날이 되었을 때에 아브라함이 그의 눈을 들어 멀리서 그 장소를 보았다.

5 아브라함이 그의 소년들에게 말하였다. "너희는 여기에 나귀와 함께 있어라, 나와 아이는 저기까지 가서 경배하고 너희에게 돌아오겠다."

6 아브라함은 번제를 위한 나무를 취하여 그의 아들 이츠하크에게 지우고 그의 손에는 불과 칼을 들었으며 그 두 사람이 함께 갔다.

7 이츠하크가 그의 아버지 아브라함에게 물어 이르기를 "나의 아버지여" 하니 그가 대답하였다. "나의 아들아 내가 여기 있다." 이츠하크

---

1. 일부 히브리어 사본들과 칠십인역(LXX), 벌게이트역(V)은 '아브라함아'를 두 번 기록한다.
2. 타르굼 요나탄(T')과 페쉬타(S)는 '에모리 땅으로'라고 읽는다.

가 다시 묻기를 "여기에 불과 나무가 있는데 번제를 위한 양은 어디에 있습니까?"라고 하자

8 아브라함이 대답하기를 "하나님께서 그 자신을 위해서 번제를 위한 양을 선택하실[3] 것이다, 내 아들아" 하고 그들 두 사람이 함께 계속 갔다.

9 하나님께서 그에게 말씀하신 그 장소에 이르게 되었을 때에 아브라함은 거기에 제단을 만들고 나무를 배열하였으며 그의 아들 이츠하크를 묶어서 그를 제단 위, 곧 나무 위에 올려놓았다.

10 그리고 아브라함은 그의 손을 내밀어 칼을 잡고 그의 아들을 죽이려 하였다.

11 그때 **주**의 천사가 하늘에서부터 그를 불러 이르기를 "아브라함아 아브라함아" 하니 그가 대답하였다. "제가 여기 있습니다."

12 이르시기를 "너의 손을 그 아이에게 내밀지 말라, 그리고 어떤 일이라도 그에게 행하지 말라. 왜냐하면 네가 하나님을 경외하여 나로부터 말미암은[4] 너의 하나뿐인 아들도 아끼지 아니함을 지금 내가 알았기 때문이다."라고 하시니

---

3. יְרָאֶה־לֹּו(이르에 로): 직역하면, '스스로 보실 것이다'라는 뜻이다. 칠십인역 (LXX)도 ὁ θεὸς ὄψεται ἑαυτῷ(호 쎄오스 옵세타이 헤아우토, '하나님께서 스스로 보실 것이다')라고 하여 직역을 취하고 있다. 그러나 רָאָה(라아)가 목적격과 전치사 לְ(레)와 함께 올 때는 '선택하다(to choose, select)'의 뜻을 가진다. 이와 같은 용례로 창세기 41장 33절, 신명기 12장 13절, 33장 21절, 사무엘상 16장 1, 17절에 사용되었다(KB).

4. מִמֶּנִּי(미메니): '나로부터' 또는 '내가 너에게 준'이라는 뜻이다.

13 아브라함이 그의 눈을 들어 보니, 보라, 숫양 한 마리가⁵ 수풀에 그의 뿔이 걸려있었다. 그래서 아브라함은 가서 그 아들을 대신하여 그 숫양을 잡아 그것을 번제로 올려드렸다.

14 아브라함이 그 장소의 이름을 '아도나이 이르에'라⁶ 불렀으니 오늘까지 일컬어 '**주**의 산에서 그가 나타나실 것이다'라고 한다.

15 **주**의 천사가 하늘에서 두 번째로 아브라함을 불렀다.

16 말씀하시기를 "내가 맹세하여 선포한다. 네가 이 일을 행하여 너의 독자라도 아끼지 않았으니,

17 내가 진정 너에게 복을 주어 너의 후손의 수가 증가하게 하여 하늘의 별들 같이 그리고 해변의 모래알 같이 할 것이며, 너의 후손은 그의 적들의 성문을 기업으로 얻을 것이다.

18 그리고 너의 후손으로 말미암아 그 땅의 모든 민족이 복을 얻으리니 이는 네가 내 목소리를 순종함을 인함이라."고 하셨다.

19 아브라함이 그의 소년들에게 돌아왔고, 그들은 함께 일어나 브에르 쉐바로 돌아갔다. 그리고 아브라함은 브에르 쉐바에서 거주하였다.

---

5. אַיִל אַחַר(아일 아하르): 이를 '그의 뒤에 숫양 한 마리, 그의 뒤에' 등으로 잘못 번역하는 것은 해석에 오해를 불러온다. 칠십인역(LXX)은 이를 κριὸς εἷς(크리오스 헤이스, '숫양 한 마리', אחד[에하드])로 읽고 있다. 칠십인역(LXX)과 같이 사마이라 오경, 페쉬타(S), 타르굼 요나탄(T')도 אחד(에하드)로 읽는다. 마소라 본문(MT)에서 אחר(아하르, '뒤쪽')는 אחד(에하드, '하나')를 서기관이 잘못 읽고 필사한 것으로 보아야 한다(총회성경연구소, 2019: 46~48; Tov, 2012: 229).

6. יְהוָה יִרְאֶה(아도나이 이르에): '주께서 보신다'라는 뜻이다. BHS 편집자들은 여기에도 문장의 끝에서와 같이 יֵרָאֶה(예라에, Nifal, '나타나심')의 가능성을 제시한다.

20 이런 일이 있은 후에, 아브라함에게 알려졌다. "보시오, 밀카가 당신의 형제 나호르에게 아들들을 낳았으니,

21 곧 그 장남인 우츠와 그의 동생 부즈와 아람의 조상인 크무엘과

22 케세드와 하조와 필다쉬와 이들라프와 브투엘입니다."

23 그리고 브투엘은 리브카를 낳았으니 밀카가 아브라함의 형제 나호르에게 이 여덟 명을 낳았다.

24 그의 첩인 레우마도 역시 테바흐와 가함과 타하쉬와 마아카를 낳았다.

창세기 23장

1 사라의 생명의 연수는[1] 일백 이십 칠 년이었으니, 이것이 사라의 산 햇수이다.

2 사라가 키리얏 아르바, 곧 크나안 땅의 헤브론에서 죽었고, 아브라함은 사라를 애도하려고 갔으며 그녀의 죽음을 슬퍼하였다.

3 아브라함이 그의 죽은 자 곁으로부터 일어나 가서 헤트 족속에게 이야기하여 말하였다.

4 "나는 나그네요 여러분과 함께 있는 거주민입니다. 당신들에게 있는 무덤을 위한 부지를 나에게 주십시오, 내가 내 앞에서 나의 죽은 자를 매장하려 합니다."

5 헤트 족속이 아브라함에게 대답하여 그에게 말하였다.

6 "내 주여, 우리는 당신이 우리 가운데에서 하나님께 속한 족장임을 들었습니다. 우리의 장지들 가운데서 선택하여 당신의 죽은 자를 매장하십시오. 우리 중 누구도 자기의 매장지에 당신의 죽은 자를 매장하는 것을 금하지 않을 것입니다."

---

1. BHS 비평장치에서는 여기에 שְׁנֵי(쉬네이, '연수, 년')을 넣어서 읽으라고 한다. 그렇게 읽는 것은 창세기 47장 28절에서 보면 그것이 생애를 표현하는 공식이기 때문이다. יְמֵי־יַעֲקֹב שְׁנֵי חַיָּיו שֶׁבַע שָׁנִים וְאַרְבָּעִים וּמְאַת שָׁנָה(예메이 야아콥 쉬네이 하야브 쉐바 샤님 베아르바임 우메아트 샤나, '야아콥의 생명의 날은 일백 사십 칠 년이었다').

7 그래서 아브라함은 일어나서 그 땅의 백성, 곧 헤트 족속에게 절하였고

8 그들에게 말하기를 "나의 죽은 자를 내 앞으로부터 매장하는데 당신들이 진심으로 그렇다면, 내 말을 들으십시오, 쪼하르의 아들 에프론을 만나주십시오.

9 만일 그가 그의 들판 끝에 있는 그의 마크펠라 동굴을 나에게 준다면, 충분한 은으로 그는 내게 양도하게 될 것이고 당신들 안에 있는 매장지가 될 것입니다."라고 하였다.

10 그때 에프론이 헤트 족속 가운데 앉았고 에프론이 아브라함에게 대답하였는데, 그 도시의 성문에 오는 모든 헤트 족속의 귀에 말하였다.

11 "나의 주여, 그렇지 않습니다. 내 말을 들으십시오, 그 들판은 내가 당신에게 드리겠습니다. 그리고 그 안에 있는 동굴도 당신에게 드립니다. 내 백성들의 눈 앞에서 그것을 당신에게 드리겠으니 당신의 죽은 자를 매장하십시오."

12 아브라함은 그 땅의 백성 앞에 절을 하였다.

13 그리고 그 땅의 백성들의 귀가 듣는 데서 에프론에게 말하기를 "그러나 당신은 내 말을 들으시기를 바랍니다. 내가 그 들의 가격을 드리겠으니 나에게서 받으십시오. 그러면 나는 나의 죽은 자를 거기에 매장하겠습니다."라고 하였다.

14 에프론이 아브라함에게 대답하여 그에게 말하였다.

15 "내 주여, 내 말을 들으십시오, 그 땅 값은 은 사백 쉐켈입니다만 나와 당신 사이에 그것이 무엇이란 말입니까? 그러니 당신의 죽은 자를 매장하십시오."

16 아브라함이 에프론의 말을 듣고, 아브라함은 에프론이 헤트 족속의 귀에 말한 것과 같이 그에게 그 은을 달아주었으니, 곧 상인들의 통용하는 대로 은 사백 쉐켈이었다.

17 그래서 마므레 옆² 마크펠라에 있는 에프론의 들판은 아브라함에게 그의 소유로³ 세워지게⁴ 되었으니, 곧 들판과 들판 안에 있는 동굴과 들판 주변의 모든 경계 안에 둘러있는 모든 나무들이다.

18 (이 일은) 헤트 족속의 눈 앞, 곧 그 성의 성문에 온 모든 사람들 가운데서 (일어난 일이다).

19 그 이후에 아브라함은 그의 아내 사라를 크나안 땅 마므레, 곧 헤브론 옆 마크펠라 들판의 동굴에 매장하였다.

20 이것이 들판과 그 안에 있는 동굴이 헤트 자손으로부터 아브라함 소유의 매장지로 세워지게 된 일이다.

---

2. 마소라 본문(MT)은 **לִפְנֵי מַמְרֵא**(리프네이 마므레, '마므레 앞에')로 읽고 있으나, 일부 히브리어 사본들과 사마리아 오경(SP)은 **עַל־פְּנֵי מַמְרֵא**(알 프네이 마므레, '마므레 옆에')로 읽는다. 마소라 본문(MT)의 19절과 25장 9절에서도 **מַמְרֵא עַל־פְּנֵי**(알 프네이 마므레, '마므레 옆에')로 읽고 있음에 주의하라.

3. '아브라함에게 그의 소유로'라고 한 부분은 18절에 나오는 **לְאַבְרָהָם לְמִקְנָה**(레아브라함 레미크나)를 번역한 것이다. 한글의 연결상 17절에 그 번역을 두었다.

4. **וַיָּקָם**(봐야콤): 직역하면, '그가 일어섰다' 또는 '그것이 세워졌다'라는 의미로 아브라함의 소유가 되었음을 뜻한다. 따라서 다음 절의 **לְאַבְרָהָם**(레아브라함)과 연관하여 '아브라함에게 속하여 세워졌다'로 번역하는 것이 좋다.

창세기 24장

1 이제 아브라함도 늙었고, 나이가 많아졌으며 **주**께서 범사에 아브라함을 축복하셨다.

2 아브라함이 그에게 속한 모든 것을 관리하는 그의 집의 종에게 말하였다. "너의 손을 나의 허벅지 아래에 놓아라,

3 내가 너를 하늘의 하나님과 땅의 하나님이신 **주님**으로 맹세하게 하니, 내 아들을 위해서 내가 그 안에 거주하는 크나안 족속의 딸들 중에서 내 아들을 위한 아내를 데려오지 말고

4 너는 나의 땅, 곧 나의 고향 땅으로 가서 내 아들 이츠하크를 위해 아내를 데려오라."

5 그 종이 아브라함에게 말하였다. "혹시 그 여자가 나를 따라 이 땅으로 오기를 좋아하지 않거든, 내가 진정 당신의 아들을 당신이 거기로부터 나온 그 땅으로 돌아가게 할까요?"

6 아브라함이 그에게 말하였다. "너는 내 아들을 그곳으로 데려가지 않도록 하라.

7 나의 고향 땅, 곧 나의 아버지의 집으로부터 나를 데리고 오신 **주** 하늘의 하나님께서 나에게 말씀하시고 맹세시켜 말씀하시기를 '너의 후손에게 내가 이 땅을 주겠다'고 하셨으니, 주님께서 그분의 천사를 네 앞에 보내어 거기로부터 내 아들을 위해서 아내를 데려오게 하실 것이다.

8 그러므로 만일 그 여자가 너를 따라서 오기를 좋아하지 않거든 너는 나의 이 맹세로부터 깨끗할 것이다. 다만 내 아들을 그곳으로 데려가지 말라.”

9 그 종은 자기 손을 그의 주인 아브라함의 허벅지 밑에 놓았고, 그에게 이 말에 대해서 맹세하였다.

10 그 종은 그 주인의 낙타 중에서 열 마리를 취하였으니 그의 주인의 모든 좋은 것들이 그의 손에 있었다. 그가 일어나 아람 나하라임으로 가서 나호르의 성읍으로 갔다.

11 그가 그 성읍 바깥에 있는 우물 곁에서 낙타들을 무릎 꿇게 하였는데, 저녁 때요, 곧 물 길러 나오는 때라

12 그가 마음속으로 말하였다.¹ “내 주인 아브라함의 **주** 하나님 오늘 내 앞에서 역사가 일어나게 하여 주십시오.² 내 주 아브라함에게 은총을 베풀어 주십시오.

13 보십시오, 나는 지금 우물 옆에 서 있습니다. 그리고 이 도시의 딸들이 물을 길으러 나오고 있습니다.

14 그런데, 한 소녀가 있어 내가 그녀에게 말하기를 ‘당신의 항아리를 기울여 주십시오 그러면 내가 마시겠습니다’라고 하고, 그녀가 ‘마

---

1. וַיֹּאמַר(봐이오마르): ‘그리고 그가 말하였다’라는 뜻이다. 그러나 אָמַר(아마르)는 혼자 마음속으로 말할 때에도 쓰인다. 여기서는 마음속으로 하는 말로 보아야 한다. 아래의 45절을 보면, 아브라함의 종은 마음속으로 말했음을 알 수 있다 (אֶל־לִבִּי[엘 리비, ‘마음속으로’]).

2. הַקְרֵה־נָא(하크레 나): קרה(카라, ‘발생하다’)의 *Hifil* 명령형이다. 직역하면, ‘발생되게 하십시오’, 곧 ‘역사하여 주십시오’라는 뜻이 된다.

시세요, 그리고 당신의 낙타에게도 내가 마시게 하겠습니다'라고 말하면, 바로 당신께서 그녀를 이츠하크를 위해서 당신의 종에게 증거하신 것이고, 그녀로 인해서 내가 당신께서 나의 주인에게 은총을 베푸신 줄을 내가 알겠습니다."

15 그가 ³말하기를 마치기 전에, 보라, 리브카가 나왔으니 그녀는 아브라함의 형제 나호르의 아내 밀가의 아들인 브투엘에게 태어난 딸이었다. 그때 그녀의 물 항아리가 그녀의 어깨 위에 있었다.

16 그녀는 매우 아름다웠으며 처녀였고 아직 남자를 알지 않았다. 그녀는 우물로 내려왔고 그녀의 항아리를 가득 채워 다시 올라왔다.

17 그 종은 그녀에게 뛰어가서 말하기를 "당신의 항아리에서 물을 조금만 주어 마시게 하십시오."라고 하자,

18 그녀가 말하기를 "주여 드십시오."라고 하였으며, 그리고 그녀는 급히 자기 항아리를 팔 위로 내려서 그를 마시게 하였다.

19 그리고 그를 마시게 하기를 끝냈을 때에 그녀가 말하였다. "당신의 낙타들을 위해서도 마시기를 끝낼 때까지 내가 물을 길어오겠습니다."

20 그리고 그녀는 서둘러 그녀의 항아리를 구유에 비우고 다시 물을 길으러 우물로 달려갔고 결국 그 종의 모든 낙타를 위해 물을 길었다.

21 그 사람은 그녀를 주목하여 보고 있었으니, 그는 **주**께서 그의 길을 성공적으로 인도하시는지 아닌지를 알기 위해서 잠잠히 있었다.

---

3. 칠십인역(LXX)과 사마리아 오경(SP), 벌게이트역(V)은 λαλοῦντα τα ἐν τῇ διανοία(랄룬타 타 엔 테 디아노이아, '마음속으로 말하여')를 추가하여 '그가 그의 마음속으로 말하기를'이라고 읽는다. 마소라 본문(MT)도 아래의 45절에서는 לְדַבֵּר אֶל־לִבִּי (레다베르 엘 리비, '마음속으로 말하기를')로 읽는다.

22 그의 낙타들이 마시기를 다 하였을 때에 그 사람은 반 쉐켈 금 고리와[4] 그녀의 손에 금 십 쉐켈 나가는 두 개의 팔찌를 취하여

23 묻기를 "당신은 누구의 딸입니까, 나에게 말씀해 주십시오, 당신의 아버지의 집에 우리가 묵을 곳이 있습니까?"라고 하였다.

24 그러자 그녀가 그에게 대답하였다. "저는 밀카가 나호르에게 낳은 아들 브투엘의 딸입니다."

25 또 그에게 말하기를 "짚과 여물도 우리에게 많이 있고 묵을 곳도 있습니다."라고 하였다.

26 그러자 그 사람이 절을 하고 **주**께 경배하며

27 말하였다. "내 주인 아브라함의 하나님 **주**여, (주의) 은총과 신실함이 내 주인으로부터 떠나지 않았으며, **주**께서 길에서 나를 인도하셔서 내가 내 주인의 동생 집에 이르게 되었습니다."

28 그러자 그 소녀는 뛰어가서 그녀의 어머니의 집에 이 모든 일을 알렸다.

29 리브카에게 형제가 있었는데, 그의 이름은 라반이었다. 라반은 바깥에 그 사람에게, 곧 우물로 달려갔다.

30 이는 그가 고리와 자기 여동생의 손에 있는 팔찌를 보았기 때문이며, 이는 그가 그의 여동생 리브카의 말에 "그 사람이 나에게 이렇게 이야기하더라."는 것을 들었기 때문이다. 라반이 그 사람에게 가니, 보라, 우물 곁, 낙타 옆에 그가 서 있었다.

31 그가 말하였다. "오라 **주**의 축복받은 자여! 당신은 왜 바깥에 서 계십

---

4. '코에 거는 고리'이다. 아래의 47절을 보라.

니까? 내가 집과 낙타들을 위한 장소도 준비해 놓았습니다."

32 그 사람이 집으로 들어갔고 낙타들을 풀어놓았다. 그는 짚과 여물을 낙타들에게 주고 그 사람과 그와 함께한 사람들의 발을 씻을 물을 주었다.

33 그리고 그 앞에 먹을 음식이 차려졌는데[5] 그 종이 라반에게 말하기를 "내 말을 하기까지는[6] 내가 먹지 않겠습니다."라고 하자, 그가 말하기를 "말씀하십시오."라고 하였다.

34 그가 말하였다. "나는 아브라함의 종입니다.

35 주께서 내 주인을 크게 축복하셔서 그가 창대하게 되었습니다. 주께서 그에게 양떼와 소떼와 은과 금과 종들과 여종들과 낙타들과 나귀들을 주셨습니다.

36 그리고 내 주인의 아내인 사라는 그녀가 늙은 후에 내 주인에게 아들을 낳았는데, 그 아들에게 그에게 속한 모든 것을 주었습니다.

37 내 주인이 나로 맹세하게 하여 말씀하셨습니다. '너는 내가 지금 살고 있는 크나안 족속의 딸들로부터 내 아들의 아내를 얻지 말고,

---

5. וַיִּישֶׂם(봐이셈): Qᵉre(커리-마소라 학자들의 고쳐 읽기)는 Hofal 어간으로 고쳐서 וַיּוּשַׂם(봐유삼)으로 읽는다. 그러므로 이는 수동형으로, 즉 '음식이 차려졌다'로 번역해야 한다(참고. Tov, 2012: 57).

6. עַד אִם־דִּבַּרְתִּי דְּבָרָי(아드 임 디바르티 드바라이): דְּבָרָי(드바라이, '나의 말')는 여기서 특별히 목적어를 말하는 것이 아니라, 인칭접미사의 특별용법으로 사용된다. 즉, '주어를 의미하는 소유격(subjective genitive)'으로 사용되어 말하는 주체를 강조하는 것이다. 따라서 이는 '내가 말하기까지'로 번역해야 한다(Waltke & O'Connor, 1990: 143).

38 오히려[7] 내 아버지의 집, 내 친족이 있는 곳으로 가서 내 아들의 아내를 얻으라'

39 그래서 내가 내 주인에게 말하기를 '혹시 그 여자가 나를 따라오지 않으면 어떻게 합니까?'라고 하였더니,

40 그가 나에게 말씀하시길 '내가 동행한 **주**께서 그 앞에 너와 함께 주의 천사를 보내실 것이며 너의 길이 평탄할 것이니, 내 아버지의 집, 내 친족에게서 내 아들의 아내를 얻으라

41 네가 내 친족에게 갔으므로 너는 내 맹세에서 깨끗하리라, 만일 그들이 너에게 주지 않으면 너는 나의 맹세에서 깨끗할 것이다'라고 하셨습니다.

42 그런데 내가 오늘 그 우물로 갔고, 내가 말하기를 '나의 주인 아브라함의 하나님 **주**여, 당신께서 내가 가는 이 길을 형통하게 하신다면

43 보십시오, 내가 우물 곁에 서고 젊은 여자가 물을 길으러 나올 때에 내가 그녀에게 말하기를, 그대의 항아리에게서 나에게 물 조금만 마시게 해 주십시오 할 때,

44 그녀가 나에게 말하기를, 당신도 마시고 당신의 낙타들을 위해서도 내가 물을 떠오겠습니다 하면, 그녀가 바로 내 주인의 아들을 위한 여자임을 **주**께서 증명하시는 것입니다' 하고

45 내가 마음속으로 말하기를 미처 끝내기 전에, 보라, 리브카가 나왔으니 그녀의 항아리를 그녀의 어깨에 메고 우물 쪽으로 내려와서 물

---

7. 마소라 본문(MT)의 אִם־לֹא(임 로, '만약에 ~ 않는다면[if not ~]'; 참고. 49절)와 달리 사마리아 오경(SP)은 אִם־כִּי(임 키, '그러나, 오히려')로 읽는다.

을 길었습니다. 그래서 내가 그녀에게 말하기를 '저에게 물 좀 마시게 해 주십시오'라고 하였더니,

46 그녀는 서둘러서 그녀의 항아리를 어깨에서 내려 말하기를 '마시지요, 그리고 당신의 낙타들을 위해서도 내가 마시게 하겠습니다'라고 하였습니다. 그래서 내가 마셨고 그녀는 낙타들도 마시게 하였습니다.

47 그래서 내가 물어 말하기를 '당신은 누구의 딸입니까?'라고 하니, 그녀는 '밀카가 나호르에게 낳아준 아들 브투엘의 딸입니다'라고 대답하였고, 그래서 내가 그녀에게 코걸이와 그녀에게 팔찌를 주었습니다.

48 그래서 내가 엎드려 **주**께 경배하고 내 주인 아브라함의 하나님이신 **주**를 찬양하였으니 (이는) 주께서 신실하게 길에서 나를 인도하셔서 내 주인의 아들을 위해 그 형제의 딸을 주시게 하셨기 때문입니다.

49 그러므로 지금 당신들이 은총을 베푸시고 나의 주인께 신실함을 베푸시려면 나에게 말씀하십시오. 그리고 그렇지 않더라도 말씀하십시오. 그리하면 내가 오른쪽으로나 왼쪽으로 방향을 정하겠습니다."

50 라반과 브투엘[8]이 대답하여 말하였다. "이 일은 **주**께로 나왔으니 우리가 당신에게 나쁜 것이든지 좋은 것이든지 말할 수 없습니다.

51 리브카가 여기 당신 앞에 있으니 그녀를 데리고 가십시오. 그래서 **주**

---

8. 여기서 בְּתוּאֵל(브투엘)이 말하였다는 것은 무리가 있어 보인다. 라반의 아버지인 브투엘은 이미 죽은 것 같다. 왜냐하면 28절과 55절을 보면, 리브카의 오라비와 어머니만 언급되고 있기 때문이다. 그래서 BHS는 לָבָן וּבֵיתוֹ(라반 우베이토, '라반과 그의 집')로 읽기를 권한다.

께서 말씀하신 것과 같이 그녀가 당신 주인의 아들의 아내가 되게
하십시오."

52 아브라함의 종이 그들의 말을 들었을 때에⁹ 그는 땅에 엎드려 **주**께
경배하였다.

53 그 종은 금은으로 된 물건들과 옷들을 꺼내어 리브가에게 주었고 그
오라비와 그녀의 어머니에게도 좋은 선물들을 주었다.

54 그 종과 그와 함께한 사람들은 먹고 마시고 묵었으며 아침에 일어나
서 말하였다. "나의 주인에게 가게 하십시오."

55 리브가의 오라비와 어머니가 말하였다. "그 아이가 며칠 혹은 열흘
이라도 우리와 머물게 하십시오. 그 이후에 그녀가 갈 것입니다."

56 그들에게 말하였다. "나를 늦어지게 하지 마십시오. **주**께서 나의 길
을 형통하게 하셨으니, 나를 보내주어서 내 주인에게 가게 하십시오."

57 그들이 말하였다. "우리가 소녀를 불러서 그녀의 입이 말하는 바를
물어보겠습니다."

58 그들이 리브가를 불러서 그녀에게 말하기를 "너는 이 사람과 함께
가겠느냐?"라고 하자, 그녀가 대답하였다. "내가 가겠습니다."

59 그러자 그들은 그들의 누이동생 리브가와 그녀의 유모를 아브라함
의 종과 그의 사람들과 함께 보냈다.

60 그들이 리브가를 축복하여 그녀에게 말하였다. "너 우리의 누이동
생아, 너는 천만인의 (어머니가) 될 것이다. 너의 후손은 그의 미워하
는 자들의 성문을 얻을 것이다."

---

9. כַּאֲשֶׁר(카아쉐르): 여기서는 시간절을 이끄는 접속사 역할을 한다.

61 리브카와 그녀의 여종들이 일어나서 낙타를 타고 그 사람을 따라서 갔으니, 그 종이 리브카를 데리고 갔다.

62 한편, 이츠하크는 브에르 라하이 로이에서 돌아와서 네게브에 거주하였다.

63 저녁 때가 될 때에 이츠하크가 산책하려고[10] 들로 나갔는데, 그가 눈을 들어보니, 보라, 낙타들이 오고 있었다.

64 리브카도 눈을 들어서 이츠하크를 보았고 낙타에서 내렸다.

65 그녀가 그 종에게 물었다. "들판에서 우리 쪽으로 걸어오고 있는 저 사람은 누구입니까?" 그 종이 대답하였다. "그가 바로 나의 주인입니다." 그러자 그녀는 베일을 취하여 자신을 가렸다.

66 그리고 그 종은 이츠하크에게 일어난 모든 일을 말하였다.

67 그러자 이츠하크가 그의 모친 사라의 장막으로 리브카를 데려가 그녀를 취하였으니, 그녀는 그에게 아내가 되었고, 그녀를 사랑했으니, 이츠하크는 그의 어머니 이후에 위로를 받았다.

---

10. לָשׂוּחַ(라슈아흐): 여기에 사용된 히브리어 단어는 성경에 단 한 번밖에 쓰이지 않는 말(*hapax legomenon*)로서 그 뜻이 불분명하다. 여러 번역들에서는 이 단어를 '묵상하려고(to meditate: NIV, RSV, NASB, ESV 등)'로 번역하려 하지만, 특별히 여기서 이츠하크가 기도하러 들판에 나가야 하는 근거가 미약하다. 아랍어의 동일어근은 '산책하다, 방황하다(to stroll, to wander)'라는 의미가 있다(참고. Greenspahn, 1984: 160). 이것을 반영하여 번역한 것이 JPS(walking in the field)이다. 참고로, 팔레스타인 지역의 기후는 낮에는 뜨겁고 저녁 때가 되면 서늘한 기온이라서 산책하기에 좋다.

창세기 25장

1 아브라함이 또 아내를 맞이하였으니 그녀의 이름은 크투라였다.

2 그녀는 아브라함에게 지므란과 욕산과 메단과 미디안과 이쉬바크와 수아흐을 낳았다.

3 그리고 욕산은 스바와 드단을 낳았고 드단의 아들들은 아수림과 튜심과 레우밈이었다.[1]

4 그리고 미디안의 아들들은 에이파와 에페르와 하노크와 아비다와 엘다아였는데, 이 모두는 크투라의 후손들이었다.

5 아브라함은 그의 모든 소유를 이츠하크에게 주었으며

6 그의 첩들에게서 아브라함에게 난 아들들에게도 아브라함은 재물을 주어서 그가 살아있을 동안에 그의 아들 이츠하크로부터 그들을 동쪽으로, 동쪽에 있는 나라들로 보냈다.

7 그리고 이것이 아브라함의 살았던 햇수이니, 일백 칠십 오 년이었다.

8 아브라함이 기한이 끝나고[2] 죽었으니, 그는 아름다운 노년을 살았

---

1. "드단의 아들들은 아수림과 튜심과 레우밈이었다.": 역대상 1장 33절과 비교하라. 그 구절에는 이 부분이 없다.

2. גָּוַע(가봐): '죽다(to die)', '끝나다(expire)', '없애다 또는 제거하다(remove)' 등의 의미이다(TDOT). גָּוַע가 단독으로 쓰일 때에는 '죽다'의 의미로, וַיִּגְוַע וַיָּמָת(봐이그봐 봐야모트)로 מוּת(무트, '죽다')란 말과 함께 쓰일 때에는 '기한이 다하여 죽었다'로 번역하는 것이 좋다. 이럴 경우, 그 앞 절에 보통 살았던 기간이 나온다. 창세기 25장 17절, 35장 29절, 49장 33절 등을 보라.

고, 장수하고 만족한[3] 삶이었다. 그리고 그는 그의 백성들에게 연합하였다.

9 그의 아들들 이츠하크와 이쉬마엘은 마크펠라에 그를 매장하였다. 그곳은 마므레 옆 헤트 족속 쪼하르의 아들 에프론의 들판에 있던 곳이었으며

10 그 들판은 아브라함이 헤트 족의 후손으로부터 샀던 것이요, 아브라함과 그의 아내 사라가 매장된 곳이다.

11 아브라함이 죽은 이후 하나님께서 그의 아들 이츠하크를 축복하셨으며 이츠하크는 브에르 라하이 로이 옆에 거주하였다.

12 이것은 아브라함의 아들 이쉬마엘의 계보이다. 그는 이집트 여인 하가르, 곧 사라의 여종이 아브라함에게 낳은 아들이었다.

13 그리고 이것이 이쉬마엘의 후손들의 이름인데 그 이름과 계보를 따라서이다. 이쉬마엘의 장남은 느바욧이요 다음은 케다르와 아드베엘이요 미브삼과

14 미스마와 두마와 마사요

15 하다드와 테마, 예투르, 나피쉬와 케드마였다.

16 이들은 이쉬마엘의 아들들이요 또한 그들의 마을과 거주지를 딴 이름들이니, 그 백성을 따라 열 두 족장들이었다.

17 그리고 이쉬마엘의 생의 년수는 일백 삼십 칠 년이었다. 그의 기한이 끝나고[4] 죽었으며 그의 백성에게 연합하였다.

---

3. 몇 개의 히브리어 사본, 사마리아 오경(SP)과 칠십인역(LXX) 페쉬타(S) 등은 ושבע ימים(우스바 야밈, '만족한 날들')으로 읽는다.

4. 위의 노트 2를 보라.

18 그들은 하빌라에서부터 수르까지 이집트 옆에서 아수르까지 그들의 모든 형제들의 옆에서 흩어져⁵ 살았다.

19 그리고 아브라함의 아들 이츠하크의 계보는 이러하니, 아브라함은 이츠하크를 낳았다.

20 이츠하크가 리브카를 취하였을 때는 사십 세 때였다. 그녀는 아람 사람 파단 아람 출신의 브투엘의 딸이요 아람 사람 라반의 누이동생이 었는데 이츠하크의 아내가 되었다.

21 이츠하크는 그의 아내를 위하여 **주**께 간구하였는데, 이는 그녀는 불임이었기 때문이다. **주**께서 그의 간구를 받으셨고 그의 아내 리브카는 임신하게 되었다.

22 아들들이 그녀의 배 안에서 싸웠는데, 그녀가 말하기를 "이것이 내게 무슨 소용인가?"⁶ 하고, 그녀는 하나님께 여쭈러 나아갔다.

23 **주**께서 그녀에게 대답하셨다. "두 민족이 너의 뱃속에 있고 두 국민

---

5. נָפַל(나팔, '떨어지다, 정착하다')은 창세기 16장 12절과 비교해 볼 때, שָׁכַן(샤칸, '거주하다')과 동의어의 개념이라고 할 수 있다. 그러나 좀 더 정확하게 표현하자면, '흩어져 살았다'라는 뜻도 있다. '떨어지다'라는 기본적인 개념을 적용하는 것도 좋다. 위에서 혹은 옆에서 '떨어져/분리되어'의 의미인 것이다. 창세기 6장에 나오는 נְפִלִים(네필림)과 비교하라. 이는 '하늘에서 떨어진/분리된 자들'이라고도 할 수 있다.

6. לָמָּה זֶּה אָנֹכִי(라마 제 아노키): '이것이 내게 무슨 소용인가?'라는 뜻이다. 유사한 표현이 아래의 32절에도 나온다. 즉, וְלָמָּה־זֶּה לִי(붸라마 제 리, '이것이 내게 무슨 소용인가?')이다. 이는 오랫동안 아이를 낳지 못하고 기도했는데, 드디어 응답을 받고 잉태하게 되었다. 그러나 서로 싸우는 두 형제라면 내게 무슨 소용이 있단 말인가?라는 의미이다.

이 네 속에서 나누어질 것이다. 한 국민이 다른 국민보다 더 강하겠고, 큰 자가 작은 자를 섬길 것이다."

24 그리고 출산할 날이 찼는데, 보라, 그녀의 뱃속에 쌍둥이가 있었다.

25 첫째가 나왔는데, 그는 붉었으며 온몸이 털로 덮여 있었다. 그래서 그의 이름을 '에사브'라고 지었다.

26 그 후에 그의 동생이 나왔는데, 에사브의 발꿈치를 잡은 채였다. 그래서 그의 이름을 '야아콥'이라고 불렀다. 이츠하크가 그들을 낳았을 때에는 육십 세였다.

27 아이들은 자라났고, 에사브는 사냥을 할 줄 아는 자요 들 사람이었고, 야아콥은 온전한[7] 사람이요 목축하는 자였다.[8]

28 이츠하크는 에사브를 사랑하였는데, 사냥한 것이 그의 입에 맞았기 때문이다. 그러나 리브카는 야아콥을 사랑하였다.

29 야아콥이 죽을 끓였는데, 마침 에사브가 들에서 왔다. 그가 피곤하였으므로

---

7. אִישׁ תָּם(이쉬 탐): '온전한 사람'(창6:9)이라는 뜻이나, '공격적이지 않은 사람, 유순한 사람'이라는 뜻도 될 수 있다(참고. '조용한 사람'. Wenham, 2006: 337; 총회성경연구소, 2019: 50~52).

8. יֹשֵׁב אֹהָלִים(요세브 오할림): '텐트에 거주하는 자'라는 뜻이다. 곧, 야곱이 목축하는 자임을 말하는 것이다. 이 말을 자칫 '텐트에 거주하는 자'라거나 '좀 더 여성성이 있는 사람'으로 오해해서는 안 된다. 당시에는 이츠하크와 에사브 모두가 텐트에 거주하는 자였다. 그리고 텐트에 거주하는 자는 창세기 4장 21절에서도 볼 수 있는데, 거기서도 '목축하는 자'를 의미한다(참고. 총회성경연구소, 2019: 50~52).

30 에사브가 야아콥에게 말하였다. "내가 이 빨간 것을 삼켜버리게[9] 하라. 나는 매우 피곤하기 때문이다." 그러므로 그의 이름을 '에돔'이라 불렀다.

31 야아콥이 말하였다. "오늘 당신의 장자권을 내게 파십시오."

32 에사브가 말하였다. "보라, 내가 지금 죽게 되었는데 장자권이 내게 무슨 소용이냐?"[10]

33 야아콥이 말하였다. "오늘 내게 맹세하십시오." 그러자 그가 맹세하고 야아콥에게 그의 장자권을 팔았다.

34 그러자 야아콥은 에사브에게 빵과 렌틸 죽을 주었고 그는 먹었으며 또 마셨고 일어나 나갔다. 에사브는 장자권을 경시하였다.

---

9. הַלְעִיטֵנִי(할이테니): הַלְעִיט(할이트, לָעַט[라아트]의 *Hifil* 명령형) + נִי(니, 1인칭 접미어). 히브리어 성경에 한 번만 출현하는(*Hapax legomenon*) 이 단어는 '게걸스럽게 먹다'라는 의미로 알려져 왔다(Greenspahn, 1984: 132). 혹은 '(꿀꺽) 들이키게 하라'의 의미도 있다(הַלְעִיטֵנִי BDB, *let me swallow*).

10. 위의 노트 6을 보라.

창세기 26장

1 아브라함의 때에 처음 기근 이외에 그 땅에 또 기근이 들었다. 그래서 이츠하크는 그라르에 있는 플리쉬팀의 왕 아비멜레크에게 나아갔다.

2 **주**께서 그에게 나타나셔서 말씀하셨다. "이집트로 내려가지 말라. 내가 너에게 말하는 이 땅에 거주하라.

3 이 땅에 머물라. 내가 너와 함께하며 복을 주리니 내가 너와 너의 후손에게 이[1] 모든 땅을 줄 것이며 내가 너의 아버지 아브라함에게 맹세한 그 맹세를 지킬 것이다.

4 내가 너의 후손의 수가 증가하게 하여 하늘의 별들 같이 하며 네 자손에게 이[2] 모든 땅을 줄 것이다. 너의 후손을 통해서 땅의 모든 민족이 복을 받을 것이다.

5 이는 아브라함이[3] 내 목소리를 순종하였고 나의 금지사항과[4] 명령과

---

1. הָאֵל הָאֲרָצֹת(하아르쪼트 하엘): 이 구문은 직역할 경우, 자칫 '하나님의 땅들'로 해석될 가능성이 있으나, הָאֵל(하엘)은 사마리아 오경(SP)과 칠십인역(LXX)을 따라 הָאֵלֶּה(하엘레, '이러한[these]')의 짧은 형으로 보아야 한다. 즉, '이러한 땅들'인 것이다. 창세기 19장 8절과 25절을 참고하라.

2. 위의 노트 1를 보라.

3. 칠십인역(LXX)과 사마리아 오경(SP)은 '너의 아버지'를 추가하여 '너의 아버지 아브라함이'라고 읽는다.

4. 히브리어 낱말 מִשְׁמֶרֶת(미쉬메레트)는 금기하는 명령을 말한다. 레위기 18장 30절과 22장 9절을 보라.

규례와 법도를 지켰기 때문이다."

6 그러므로 이츠하크는 그라르에 거주하였다.

7 그곳 사람들이 그의 아내에 관하여 묻자, 그가 대답하기를 "그녀는 나의 누이다."라고 했는데, 이는 "내 아내"라고 말하기 두려웠기 때문이요, 그곳 사람들이 그녀를 인하여 그를⁵ 죽이지 못하게 하려 함이었다. 그녀는 아름다웠기 때문이다.

8 그러나 그가 거기에 오래 머물게 되었을 때에 플리쉬팀의 왕 아비멜레크는 창을 통하여 보게 되었는데, 보라, 이츠하크가 그의 아내 리브카를 애무하고 있었다.

9 아비멜레크는 이츠하크를 불러서 말하였다. "그녀는 정녕 네 아내이다. 그런데 어떻게 '그녀가 내 누이다'라고 말할 수 있느냐?" 이츠하크가 그에게 대답하였다. "나는 '내가 그녀로 인해서 죽지 않기 위해서'라고 생각했습니다."

10 그러자 아비멜레크가 말하였다. "네가 우리에게 무슨 일을 하였느냐, 백성 중의 한 사람이 거의 너의 아내와 동침할 뻔하였고, 그러면 너는 우리에게 죄를 가져왔을 것이다."

11 아비멜레크는 모든 백성에게 명령하여 말하였다. "이 사람이나 그의 아내를 건드리는 사람은 반드시 죽을 것이다."

12 이츠하크가 그 땅에 씨를 뿌렸고, 그 해에 그는 백 배를 얻었다. 그리

---

5. פֶּן־יַהַרְגֻנִי(펜 야하르구니, '나를 죽이지 못하도록'): 마소라 본문(MT)은 1인칭 목적어미를 사용하여 '나를 죽이지 못하도록'으로 표현하나, 칠십인역(LXX)은 3인칭 남성단수 대명사 목적격을 사용하여 μήποτε ἀποκτείνωσιν αὐτὸν(메포테 아포크테이노신 아우톤, '그를 죽이지 못하도록')이라고 읽는다.

고 **주**께서 그를 축복하셨다.

13 그 사람이 번성하고 점점 더 번성하여 매우 창대하게 되었다.

14 그에게 양떼와 소떼와 엄청난 경작이⁶ 있게 되자, 플리쉬팀 사람들이 그를 시기하였다.

15 그들은 이츠하크의 아버지인 아브라함의 때에 그의 아버지의 종들이 파 놓은 모든 우물들을 막고 흙으로 메웠다.

16 아비멜레크가 이츠하크에게 말하였다. "우리에게서 떠나가라. 네가 우리보다 훨씬 강해졌기 때문이다."

17 그래서 이츠하크는 거기서 갔고 그라르 와디에⁷ 장막을 쳤으며, 거기에 거주하였다.

18 이츠하크는 그의 아버지 아브라함의 시대에⁸ 팠던 우물들을 다시 팠다. 그것들은 아브라함이 죽은 후에 플리쉬팀 사람들이 막았던 것들이었다. 그래서 이츠하크는 그것들의 이름들을 그의 아버지가 불렀던 이름과 같이 불렀다.

19 이츠하크의 종들이 와디에 팠을 때에 그들은 그곳에서 생수의 우물⁹

―――

6. וְעֲבֻדָּה רַבָּה(봐아부다 라바): 이것은 '많은 종'을 의미하지 않고, 농업 경작 (husbandry) 등이 엄청나게 번성하게 된 것을 말한다.

7. נַחַל(나할)은 상시천이 아니고 건천이다. 비가 올 때는 물이 넘치기도 하지만 금방 바짝 마른 땅이 되고 만다. 이것은 정확히 계곡의 의미는 아니다.

8. 칠십인역(LXX)과 사마리아 오경(SP)과 벌게이트역(V)은 '종들이', 즉 '아브라함의 종들이'를 추가하여 읽는다. 15, 19, 25절은 모두 우물을 판 사람을 기록하는 구조로 되어 있다.

9. מַיִם חַיִּים(마임 하임): '생수', 곧 '살아있는 물'을 뜻한다. 이는 땅 속에서 흐르는 물을 발견했다는 뜻이다.

을 발견하였다.

20 그러자 그라르의 목자들과 이츠하크의 목자들이 서로 싸우며 말하기를 "그 물은 우리 것이다."라고 하였다. 그래서 그 우물의 이름을 '에세크'¹⁰라고 하였는데, 왜냐하면 그것으로 인해서 서로 다투었기 때문이다.

21 그들이 다른 우물을 팠고 그 사람들은 그것으로 인해서 또 싸웠으며, 그래서 그 이름을 '시트나'¹¹라고 하였다.

22 그래서 이츠하크는 그곳을 떠나서 다른 우물을 팠고 이제는 그것으로 인해서 싸움이 없었다. 그래서 그곳의 이름을 '레호보트'¹²라고 지었다. 그가 말하였다. "지금 **주**께서 우리를 넓히시고 이 땅에서 열매를 맺으신다."

23 이츠하크는 그곳에서 브에르 쉐바로 올라갔다.

24 **주**께서 그날 밤에 그에게 나타나셔서 말씀하셨다. "나는 네 아버지 아브라함의 하나님이다. 두려워 말라 내가 너와 함께함이라. 내가 나의 종 아브라함을 인하여 너에게 복을 주며 너의 후손을 번성하

---

10. עֵשֶׂק(에세크): 히브리어 성경에 한 번만 나오는 단어이다(*Hapax Legomenon*). 이 단어의 어근은 עסק(에세크)와 연관이 있는데, 이는 히브리어의 '사메크(ס)'와 '신(שׂ)'은 종종 혼용되기 때문이다. עסק(에세크)의 의미는 '다툼(contend, querrel)'이란 뜻이다. 바로 이어서 나오는 이 단어의 *Hithpael* 형인 הִתְעַשְׂקוּ(히트아스쿠)도 문맥적으로 '그들이 서로 다투었다'라는 의미가 된다(Greenspahn, 1984: 147~148).

11. שִׂטְנָה(시트나): 이 단어의 어원은 불확실하다. 고통과 관계가 있는 것으로 보인다.

12. רְחֹבוֹת(레호보트): '넓은 곳'이라는 의미이다.

게 하리라."

25 이츠하크는 거기에 제단을 쌓고 **주**의 이름을 불렀으며 그곳에 그의 장막을 쳤다. 그리고 이츠하크의 종들은 그곳에 우물을 팠다.

26 그때 아비멜레크와 그의 이웃인 아후자트와 군대장관 피콜이 그라르에서 그에게로 갔다.

27 이츠하크가 그들에게 말하였다. "당신들이 여기에 왜 왔습니까? 당신들은 나를 미워하여 당신들로부터 나를 쫓아내지 않았습니까!"

28 그들이 말하였다. "우리가 진정 **주**께서 당신과 함께하심을 보았습니다. 그래서 우리는 우리 사이에, 곧 우리와 당신 사이에, 조약이[13] 있게 하자고 생각했습니다. 우리는 당신과 언약을 맺고자 합니다.

29 우리가 당신을 건들지 않은 것같이 그리고 우리가 당신에게 오직 선을 행한 것같이, 당신이 우리에게 악을 행하지 않는다면,[14] 우리는 당신을 평안히 보낼 것이요, 지금부터 당신은 **주**께 축복된 사람입니다."

30 이츠하크는 그들에게 만찬을 베풀었고 그들은 먹고 마셨다.

31 그들은 아침에 일어나서 서로서로[15] 맹세하고, 이츠하크가 그들을 보

---

13. אָלָה(알라): '맹세(oath)'라는 뜻이다. 조약을 맺어 그것을 어기는 자에게 임할 저주의 언약을 뜻한다.

14. אִם־תַּעֲשֵׂה(임 타아세): '당신이 ~을 행하지 않는다면'이라는 뜻이다. 부정어인 לֹא(로) 없이도 '~하지 않는다면'이라는 의미가 있다(Gesenius-Kautzch, 1910: §149c). 본문에서 칠십인역(LXX)은 μὴ ποιήσειν(메 포이에세인)이라고 읽음으로 그 의미를 잘 보여 준다.

15. 마소라 본문(MT)은 '각 사람이 그 형제와(אִישׁ לְאָחִיו[이쉬 레아히브]) 더불

냈고 그들은 평안 가운데 그로부터 떠나갔다.

32 바로 그날 이츠하크의 종들이 와서 그에게 그들이 판 우물에 관하여 알려주었는데 그들이 말하기를 "우리가 물을 발견하였습니다." 라고 하였다.

33 그래서 그것의 이름을 '쉐바'[16]라고 불렀다. 그리하여 그 도시의 이름이 오늘까지 브에르 쉐바였다.

34 에사브가 사십 세가 되었을 대에 그는 헤트 족의 브에리의 딸 예후디트와 헤트 족 엘론의 딸 바스마트를 아내로 맞이하였다.

35 그녀들은 이츠하크와 리브카에게 마음의 고통이[17] 되었다.

어'로 읽지만, 칠십인역(LXX)과 사마리아 오경(SP)은 '서로가 그 이웃과 (ἄνθρωπος τῷ πλησίον[안쓰로포스 토 플레시온]) 더불어'로 읽는다. 따라서 그 뜻은 '서로서로'가 된다.

16. שִׁבְעָה(쉬브아): '맹세'라는 뜻이다.

17. מֹרַת רוּחַ(모라트 루아흐): '영혼의(마음의) 괴로움'을 의미한다. 사무엘상 1장 10절의 מָרַת נֶפֶשׁ(모라트 네페쉬, '영혼이 괴로워서')를 참고하라.

창세기 27장

1 이츠하크가 늙었고 그의 눈이 어두워져서 잘 보지 못하였다. 그가 그의 큰 아들 에사브를 불러 "내 아들아" 하니, 그가 아버지에게 "내가 여기 있습니다."라고 대답하였다.

2 이츠하크가 말하였다. "보라, 나는 늙었고 내가 죽을 날을 알지 못한다.

3 그러므로 지금 너는 너의 장비와 화살통을 들고 들판으로 나가서 나를 위해서 사냥하라.

4 나를 위해서 나의 진미, 곧 내가 좋아하는 것을 만들어 내게 가져오라. 내가 먹고[1] 그리하여 내가 죽기 전에 내 생명이 너를 축복하겠다."

5 그런데 리브카가 이츠하크가 그의 아들 에사브에게 하는 이야기를 들었다. 그리고 에사브가 사냥하여 가져오려고 들판으로 나간 후,

6 리브카는 그녀의 아들 야아콥에게 말하였다. "보라 너의 아버지를 엿들었는데 그가 네 형 에사브에게 말하기를

7 '내게 사냥물을 가져오라, 그리고 나를 위해 진미를 만들라, 그러면 내가 먹고 내가 죽기 전에 주 앞에 너를 축복할 것이다'라고 하였다.

8 그러므로 내 아들아, 너는 지금 내 말을 들어, 내가 너에게 명령하는 대로 하라.

9 양떼로 가서 거기서 두 마리 좋은 어린 염소를 취하여 가져오라, 그

---

1. וְאֹכֵלָה(붸오켈라): אכל(아칼)의 1인칭 격려-의지형(cohortative)으로, '그리고 내가 먹으리라'는 뜻이다.

러면 내가 그것으로 네 아버지의 진미, 곧 그가 좋아하는 음식을 만들겠다.

10 그러면 네가 네 아버지에게 가져가서 그가 먹고, 죽기 전에 너를 축복하도록 하라."

11 야아콥이 그의 어머니 리브카에게 말하였다. "보십시오, 나의 형 에사브는 털 사람인데 나는 부드러운 사람입니다.

12 혹시 내 아버지께서 나를 만져 보시고 그의 눈에 조롱거리가 될 것입니다. 그렇게 되면 나는 내게 축복이 아니라 저주를 가져오게 될 것입니다."

13 그의 어머니가 그에게 말하였다. "아들아 너의 저주는 내게 임할 것이니, 다만 너는 내 말을 듣고 내게 가져오라."

14 야아콥은 가서 그의 어머니에게 가져왔으며 그의 어머니는 그의 아버지가 좋아하는 것과 같은 진미를 만들었다.

15 그리고 리브카는 집에 있는 그녀의 큰 아들 에사브의 좋은 옷을 가져와서 그녀의 작은 아들 야아콥에게 입혔다.

16 그리고 어린 암염소의 가죽을 그의 손과 그의 목의 부드러운[2] 부분에 덮고

17 그녀가 만든 진미와 빵을 그녀의 아들 야아콥의 손에 주었다.

18 야아콥이 그의 아버지에게 가서 말하였다. "아버지여" 그가 대답하되 "내가 여기 있다. 내 아들아 너는 누구냐?"라고 하자

---

2. חֶלְקַת(헬카트): חֶלְקָה(헬카)의 연계형으로, 그 뜻은 '부드러운 곳(smoothness)'이다, 즉, 그의 목의 부드러운 부분을 뜻한다.

19 야아콥이 그의 아버지에게 말하였다. "나는 당신의 장남 에사브입니다. 당신의 말씀하신 대로 내가 행하였으니 일어나 앉으셔서 나의 사냥한 것을 먹으시고³ 당신의 생명의 축복을 주십시오."

20 이츠하크가 그의 아들에게 말하기를 "와, 내 아들아 정말로 서둘러 찾았구나."라고 하자, 그가 대답하기를 "내 앞에서 당신의 하나님 주께서 역사하셨습니다."라고 말하였다.

21 이츠하크가 야아콥에게 말하였다. "내 아들아, 가까이 오라, 내가 너를 만져보겠다, 네가 진정 내 아들 에사브가 맞느냐?"

22 야아콥이 그의 아버지 이츠하크에게 가까이 가니 이츠하크가 그를 만져보았다. 그리고 말하였다. "목소리는 야아콥의 목소리인데 그 손은 에사브의 손이구나."

23 이츠하크는 그것이 야아콥의 손인지 알지 못하였다. 왜냐하면 그의 형제 에사브의 손처럼 털이 있었기 때문이다. 그래서 이츠하크는 그를 축복하였다.

24 그가 다시 말하기를 "네가 내 아들 에사브냐?"라고 묻자, 그가 대답하여 "접니다."라고 말하였다.

25 "가까이 가져오라, 내가 사냥물을 먹고 내 생명이 너를 축복할 것이다." 그가 이츠하크에게 가까이 가져가니, 그가 먹었고 또 그에게 포도주를 가져오니 그가 마셨다.

26 그의 아버지 이츠하크가 그에게 말하였다. "내 아들아, 이제 내게 가

---

3. וְאָכְלָה(붸오클라): אכל(아칼, '먹다')의 *Qal*, 명령형, 2인칭 단수 + '헤(ה)' 어미 첨가형(paragogic heh)이다.

까이 와서 내게 입맞추라."

27 야아콥은 가까이 가서 그에게 입맞추었다. 이츠하크는 그의 옷의 냄새를 맡고 그리고 그를 축복하였다. 말하기를 "보라 내 아들의 냄새는 **주**의 축복하신 들판의⁴ 냄새이다.

28 하나님께서 너에게 하늘의 이슬과 땅의 기름진 것과 풍요한 곡식과 신선한 포도주를 주시기를

29 민족들이 너를 섬기며 백성들이 너에게 경배하고 너의 형제들에게는 군주가 되고 네 어머니의 아들들이 네게 경배할 것이다. 너를 저주하는 자를 내가 저주하며 너를 축복하는 자는 축복을 받을 것이다."

30 이츠하크가 야아콥을 축복하기를 마쳤을 때에, 그리고 야아콥이 그의 아버지 이츠하크의 앞에서 막 나갔을 때에 그의 형 에사브가 그의 사냥에서 돌아왔다.

31 그도 역시 진미를 만들어 그의 아버지에게 가져가서 말하였다. "내 아버지여 일어나십시오, 당신의 아들의 사냥물을 잡수십시오, 그리하여 당신의 생명의 축복을 내려주십시오."

32 이츠하크가 그에게 말하였다. "너는 누구냐?" 그가 대답하였다. "나는 당신의 아들 장남 에사브입니다."

33 그러자 이츠하크는 매우 심하게 떨었다. 그리고 말하였다. "그러면 사냥물을 나에게 가져온 자는 누구냐? 네가 오기 전에 내가 다 먹고 그를 축복하였으니 그가 복된 자가 되었다."

34 에사브가 그의 아버지의 말을 들었을 때에 그는 큰 소리를 질렀으며

---

4. 칠십인역(LXX)은 ἀγροῦ πλήρους(아그루 플레루스, '풍성한 들판의')로 읽는다.

그는 매우 비통해하였다. 그리고 그의 아버지에게 "내 아버지여, 나도 축복하여 주소서."라고 말하였다.

35 이츠하크가 말하였다. "너의 동생이 속임수로 와서 너의 축복을 취하였구나."

36 에사브가 말하기를 "그러기에 그의 이름이 야아콥 아닙니까? 그는 내 발꿈치를 두 번 잡은 자입니다. 그가 나의 장자권을 가져가더니, 보십시오, 나의 축복도 가져갔습니다."라고 하고, 또 "나를 위하여 남겨둔 복은 없습니까?"라고 말하였다.

37 이츠하크가 에사브에게 대답하였다. "보라, 그에게 너의 군주가 되도록 하였고, 그의 모든 형제를 그에게 종으로 주었고, 곡식과 포도주를 그에게 주었으니, 그런즉 너를 위해 내가 무엇을 할 수 있겠느냐, 내 아들아."

38 에사브가 그의 아버지에게 말하였다. "내 아버지여 당신께 축복이 하나밖에 없습니까? 내게도 복을 주십시오 내 아버지여." 그리고 에서는 목소리를 높여서 울었다.

39 그의 아버지 이츠하크가 대답하여 그에게 말하였다. "보라, 너의 거주지는 땅의 기름진 것과 위로 하늘의 이슬부터 멀어질 것이요,

40 너는 너의 칼에 의지하여 살 것이요, 너는 너의 동생을 섬길 것이다. 네가 방랑할 때가 이르면⁵ 너의 목에서 그의 멍에를 떼어낼 것이다."

41 에사브는 그의 아버지가 그에게 축복한 그 축복으로 인해서 야아콥

---

5. תָּרִיד(타리드): '휴식이 없다(restless)' 혹은 '방황하다'라는 뜻이다. 시편 55편 3절에서도 같은 의미로 이 단어가 쓰인다.

에게 원한을 품고, 그의 마음속에 생각하였다. '내 아버지의 슬퍼할 날이 가까이 왔으니 그때 내가 나의 동생 야아콥을 죽이리라'

42 큰 아들 에서의 말이 리브카에게 들리니 그녀는 사람을 보내어 그녀의 작은 아들 야아콥을 불렀다. 그에게 말하기를 "보라, 너의 형 에서가 너를 죽이려고 계획하고[6] 있다.

43 그러므로 내 아들아 내 말을 들으라, 너는 일어나 내 오라비 라반에게 하란으로 도망가서

44 네 형의 분노가 가라앉을 때까지 그(라반)와 함께 얼마간 살아라.

45 네 형의 분노가 너에게서 떠나 네가 그에게 행한 일들을 잊어버리면, 내가 보내서 너를 거기서 데려오겠다. 왜 내가 너희 둘을 하루에 잃어버리겠느냐?"라고 하였다.

46 그리고 리브카는 이츠하크에게 말하였다. "내가 헤트 족 딸들로 인해서 내 생명을 미워했는데, 만일 야아콥마저 이런 헤트 족의 딸들, 곧 이 땅의 딸들 가운데 아내를 얻으면 내가 왜 살겠습니까?"

---

6. מִתְנַחֵם לְךָ(미트나헴 레카): מִתְנַחֵם(미트나헴)은 נחם(나함)의 *hithpael* 형이다. 따라서 이 문구의 뜻은 '~에게 복수할 계획을 하다'가 된다.

창세기 28장

1 이츠하크가 야아콥을 불러서 그를 축복하여 그에게 말하였다. "크나안의 딸들 가운데 네 아내를 얻지 말라.

2 일어나 파단[1] 아람으로 가라. 거기에 네 어머니의 아버지인 브투엘의 집이 있다. 거기서 네 어머니의 오라비 라반의 딸들 가운데 네 아내를 얻으라.

3 전능하신 하나님께서 너를 축복하시며 너를 생육케 하여 번성케 하실 것이다. 그리하여 너는 여러 백성들의 총회가 될 것이다.

4 주께서 아브라함의 복을 주시며 너와 또 너와 함께하는 너의 후손에게 주실 것이요, 하나님께서 아브라함에게 주신 너의 거주지 그 땅을 기업으로 받을 것이다."

5 이츠하크가 야아콥을 보내매, 그가 파단 아람으로 가서 라반에게 갔으니, 그는 아람 사람 브투엘의 아들이요, 에사브와 야아콥의 어머니 리브카의 오라비였다.

6 에사브는 이츠하크가 야아콥을 축복하여 그를 파단 아람으로 보내어 거기서 아내를 얻게 하려 하고, 그를 축복하며 명령하여 말하기를 "크나안의 딸들 중에 아내를 취하지 말라."고 한 것과

7 야아콥이 그의 아버지와 그의 어머니의 말을 순종하여 파단 아람으

---

1. פַדֶּנָה(파데나): 지명 פַדָּן(파단)에 방향격 '헤(ה)'가 붙은 형태로, '파단 (아람)으로'의 의미를 지닌다.

로 간 것을 보고[2]

8 또 에사브는 크나안의 딸들이 그의 아버지 이츠하크의 눈에 들지 않는 것을[3] 보았다.

9 에사브는 이쉬마엘에게 가서 아브라함의 아들 이쉬마엘의 딸이요 네바요트의 자매인 마할라트를 그의 아내들에 더하여 아내로 얻었다.

10 야아콥은 브에르 쉐바에서 나와서 하란 쪽으로 갔다.

11 그가 한 장소를 만나서 거기서 유숙하였다. 왜냐하면 해가 졌기 때문이다. 그래서 그곳 돌들 중의 하나를 취하여 머리 받침대로 두고 그곳에서 누웠다.

12 그가 꿈을 꾸었는데, 보라, 땅에 사다리가 있는데 그 꼭대기는 하늘까지 뻗어 있었다. 그리고 하나님의 천사들이 그 위에 오르락내리락 하였다.

13 그리고, 보라, **주**께서 그의 맞은 편에 서셔서 말씀하셨다. "나는 네 조상 아브라함의 하나님이요 이츠하크의 하나님 **주**이니 네가 지금 그 위에 누워 있는 그 땅을 너와 너의 후손에게 주겠다.

14 그리고 너의 후손은 땅의 먼지와 같이 되고, 너는 서쪽과 동쪽과 북

---

2. 여기서 '보고'로 번역한 부분은 히브리어 본문에는 6절에 있으나, 한글 번역상 7절 내용과 연계되므로 같이 7절에 배정한다. 6~7절은 '에사브는 보았다, …을'의 구조이다.

3. בְּעֵינֵי … בְעֵינֵי(라오트 … 베에이네이)는 관용어구로 '용납되지 않는/받아들여지지 않는'이라는 의미이다. 그러므로 본문은 '크나안의 여인들이 이츠하크에게 받아들여지지 않았다(KB: Canaanite women were unacceptable to Isaac)'라는 의미가 된다.

쪽과 남쪽으로 퍼져 나가며 땅 위의 모든 족속은 너와 너의 후손을 통하여 복을 얻게 될 것이다.

15 보라, 내가 너와 함께하여 네가 어디를 가던지 너를 지키고 너를 이 땅으로 돌아오게 할 것이니, 내가 너에게 말한 것을 다 행하기까지 내가 너를 떠나지 않을 것이다."

16 야아콥이 잠에서 깨어났을 때에 말하였다. "진실로 **주**께서 이 자리에 계시는구나. 그런데 내가 몰랐도다."

17 그가 두려워하여 말하였다. "이 장소는 얼마나 경이로운가? 이곳이 하나님의 집이 아니면 무엇인가? 그리고 이것이 하늘의 문이다."

18 야아콥이 아침 일찍 일어나 그의 머리 받침대로 두었던 돌을 취하여 기둥으로 세웠다. 그리고 그 꼭대기에 기름을 부었다.

19 그리고 그 장소의 이름을 '베이트 엘'[4]이라고 불렀다. 그런데 그 도시의 원래 이름은 루즈였다.

20 야아콥이 서원하여 말하였다. "만일 하나님께서 나와 함께하시고 내가 가는 이 여정길에서 나를 지키시며 나에게 먹을 빵과 입을 옷을 주셔서

21 내가 나의 아버지의 집으로 평안 가운데 돌아오면, **주**께서는 내게 하나님이 되실 것이요

22 내가 기둥으로 세운 이 돌은 하나님의 집이 될 것이요, 나에게 주시는 모든 것의 십 분의 일을[5] 반드시 당신께 드릴 것입니다."

---

4. בֵּית־אֵל(베이트 엘): '하나님의 집'이란 뜻이다.

5. עַשֵּׂר אֲעַשְּׂרֶנּוּ(아세르 아아스레누): 부정사 절대형(עַשֵּׂר) + 미완료형(אֲעַשְּׂרֶנּוּ)의 구문으로 강조의 의미를 가진다. 즉, '반드시 십일조를 드리겠습니다'라는 의미이다.

창세기 29장

1 야아콥이 그의 발을 옮겨 동방 사람의 땅으로 갔다.

2 그가 보니, 보라, 들판에 우물이 있는데 거기에 세 양무리가 그 옆에 엎드려 있었다. 이는 그 우물로부터 떼들을 마시게 해야 하는데, 큰 돌이 그 우물의 입구에 있었기 때문이다.

3 그래서 모든 떼들이 거기에 모여 있었고, 사람들이 그 우물의 입구에서 돌을 옮기면 양떼를 먹이고 그 돌을 우물 입구 제자리에 돌려 놓았다.

4 야아콥이 그들에게 말하기를 "형제여 당신들은 어디서 오셨습니까?"라고 하니, 그들이 대답하기를 "우리는 하란에서 왔습니다."라고 하였다.

5 그가 묻기를 "당신들은 나호르의 아들 라반을 아십니까?"라고 하니, 그들이 대답하기를 "우리가 압니다."라고 하였다.

6 그가 다시 묻기를 "그가 평안하십니까?" 하니 그들이 대답하기를 "평안합니다. 보십시오, 그의 딸 라헬이 양떼와 함께 오고 있습니다."라고 하였다.

7 그러자 그가 말하기를 "보라, 아직 해가 중천에 떠 있습니다. 지금은 떼를 모을 때가 아닙니다. 양떼에 물을 먹이고 가서 풀을 먹이십시오."라고 하니,

8 그들이 말하기를 "모든 양떼들이 모이기까지 우리가 할 수 없습니다,

또 그들이 우물의 입구에서 돌을 옮겨야 우리가 양떼를 마시게 합니
다.”라고 하였다.

9 그가 아직 그들과 이야기하고 있을 때에 라헬이 그 아버지에게 속한
양떼와 함께 왔으니, 그녀는 목동이었기 때문이다.

10 야아콥이 그의 어머니의 오라비 라반의 딸 라헬과 그의 어머니의 오
라비 라반의 양떼를 보고 야아콥은 그 우물 입구의 돌을 굴려 그의
어머니의 오라비 라반의 양떼를 마시게 하였다.

11 야아콥이 라헬에게 (뺨에) 입맞추고 그의 목소리를 높여 울었다.

12 야아콥은 라헬에게 자기는 그녀의 아버지의 친족이요 리브카의 아
들이라고 알리고, 그녀는 자기 아버지에게 알렸다.

13 라반이 그의 누이의 아들 야아콥에 관한 소식을 들었을 때에 그에게
뛰어가서 그를 껴안고 그에게 입맞춤하였으며[1] 그의 집으로 데리고
왔다. 야아콥은 이 모든 것을 라반에게 이야기하였다.

14 라반이 그에게 “너는 나의 골육지친[2]이다.”라고 말하고, 야아콥은 그
와 함께 한 달간 머물렀다.

15 라반이 야아콥에게 말하였다. “네가 나의 친족이라고 해서, 나를 위해
서 무임으로 일하겠느냐, 너의 삯을 무엇으로 할지 나에게 말하라.”

---

1. וַיְנַשֶּׁק־לֹו(봐예나쉐크 로): ‘그에게 입맞춤했다’로 번역할 수 있다. 실제로 יְנַשֵּׁק
(예나쉐크)는 *Piel* 형으로 되어 있는 동사이므로, 이는 라반이 야아콥을 안고 여
러 번 반복적으로 키스한 동작을 의미한다고 하겠다. 이와 비교하여 위의 11절에
서는 야곱이 라헬에게 한 번 입맞춤한다(וַיִּשַּׁק[봐이솨크], *Qal*).

2. עַצְמִי וּבְשָׂרִי(아쯔미 우베사리): 직역하면, ‘나의 뼈요 나의 살이다’라는 뜻이다.
즉, ‘골육지친’을 의미한다.

16 라반에게는 두 딸이 있었는데, 큰 딸의 이름은 레아요 작은 딸의 이름은 라헬이었다.[3]

17 레아는 눈이 부드러웠고[4] 라헬은 사랑스럽고 예뻤다.

18 야아콥은 라헬을 사랑하였기에 "당신의 작은 딸 라헬을 인하여 내가 당신을 칠 년간 섬기겠습니다."라고 말하였다.

19 라반이 말하였다. "내가 그녀를 네게 주는 것이 다른 사람에게 주는 것보다 나으니, 나와 함께 거하라."

20 그래서 야아콥은 라헬로 인하여 칠 년을 일하였는데, 그녀를 사랑하기에 그의 눈에는 며칠 같았다.

21 야아콥이 라반에게 말하기를 "내가 나의 날들을 채웠으니 나의 아내를 주십시오, 내가 그녀에게 들어가겠습니다."라고 하였다.

22 그러자 라반은 그곳의 모든 사람을 불러모아서 잔치를 하였다.

23 그러나 저녁이 되었을 때에 그는 그의 딸 레아를 야아콥에게 들여보냈고, 야아콥은 그녀에게 들어갔다.

24 그리고 라반은 그의 여종인 질파를 그의 딸 레아에게 여종으로 주었다.

---

3. 'לֵאָה(레아)'는 아카드어로 '야생암소'를 의미하는 '리투(littu)'에서 왔고, 'רָחֵל(라헬)'은 히브리어로 '암양'을 의미한다(Wenham, 2016: 427).

4. רַכּוֹת(라코트): '부드럽다(tender, soft)'라는 뜻의 히브리어 רַך(라크)의 복수형이다. 그런데 이 말은 아랍어로 '라키크(rakiÒk)'라고 하여 '약한(weak, thin)'의 의미를 지니기도 한다. S.R. 히르쉬(Hirsch)는 이를 '부드럽다'로 번역한다. 이는 레아의 외모가 아름답지 못하다는 것을 말한다기보다 그녀의 좋은 점을 섬세하게 표현한 것이라 하겠다(Hirsch, 1959: 470).

25 아침이 되었을 때에, 보라, 그녀는 레아가 아닌가! 그래서 야아콥은 라반에게 "당신이 도대체 나에게 무슨 짓을 하였습니까? 내가 당신과 함께 일한 것은 라헬을 위한 것이 아니었습니까? 왜 당신은 나를 속였습니까?"라고 말하니,

26 라반이 말하기를 "우리 지방에서는 차녀를 장녀보다 먼저 주는 그런 일은 하지 않는다.

27 혼인의 일곱 날을⁵ 채우라. 그러면 우리가 그녀도 너에게 줄 것이니, 너는 또 다른 칠 년을 나를 섬겨야 한다."라고 하였다.

28 야아콥은 그렇게 하여 혼인의 일곱 날을 채웠다. 라반은 그의 딸 라헬을 아내로 주었다.

29 라반은 그의 딸 라헬에게 그의 여종인 빌하를 여종으로 주었다.

30 그리고 야아콥은 라헬에게도 역시 들어갔고, 라헬을 많이 사랑하였다. 그리고 그는 또 칠 년간 라반을 섬겼다.

31 주께서 레아의 미움 받음을 보시고 그녀의 자궁을 여셨으나, 라헬은 불임이었다.

32 그래서 레아는 임신하여 아들을 낳았는데, 그 이름을 '르우벤'⁶이라 불렀다. 이는 그녀가 말하기를 "주께서 나의 고통을 보셨다. 이제 나의 남편이 나를 사랑하리라."고 하였기 때문이다.

33 그녀는 또 임신하였고 아들을 낳았다. 그러자 그녀는 말하기를 "주께서 내가 미움을 받는 자임을 들으시고, 그가 나에게 이 아들을 주

---

5. שִׁבְעַ(샤부아): '결혼의 완성(충족)을 위한 한 주간'을 뜻한다. 현대 히브리어에서는 '일주일'이란 뜻이다.

6. רְאוּבֵן(르우벤)은 '보라(רְאוּ[르우]) + 아들이다(בֵּן[벤])'라는 뜻이다.

셨다."라고 하고, 그의 이름을 '쉬므온'[7]이라 불렀다.

34 그리고 그녀는 또 임신하여 아들을 낳았다. 그녀는 말하기를 "지금 이번에는 나의 남편이 나와 동행하리라, 내가 그에게 세명의 아들을 낳았다."라고 하였다. 그러므로 그의 이름을 '레뷔'[8]라고 불렀다.

35 그녀가 또 임신하고 아들을 낳았다. 그녀가 말하기를 "이번에 내가 주를 찬양하리라."고 하였으므로 그의 이름을 '예후다'[9]라 불렀다. 그리고 그녀의 출산이 멈추었다.

---

7. שִׁמְעוֹן(쉬므온)은 שָׁמַע(솨마, '듣다')에서 유래된 이름이다(참고. Kutscher, 1974: 470, "the original form of the personal name should be taken as *SèamÁaÒn*.")

8. לֵוִי(레뷔)는 '동행하다'라는 의미의 어근 לוה(라바)에서 왔다.

9. יְהוּדָה(예후다)는 '하나님을 찬양하라'는 뜻이다.

창세기 30장

1 라헬은 그녀가 야아콥에게 아이를 낳지 못하는 것을 알고 라헬은 그녀의 언니를 시기하였다. 그래서 그녀는 야아콥에게 말하기를 "나에게 아이를 주시오,[1] 그렇지 않으면 나는 죽겠소."라고 하였다.

2 야아콥은 라헬에게 분노하여 말하였다. "주께서 당신의 배의 열매를 막으셨거늘, 내가 하나님을 대신하겠소?"

3 그러자 라헬은 말하였다. "보십시오, 여기 나의 여종인 빌하가 있습니다. 그녀에게 들어가십시오, 그러면 그녀가 내 무릎에 아이를 낳을 것입니다. 그러면 그녀로 말미암아 나도 (얼굴이) 세워질[2] 것입니다."

4 라헬은 그녀의 여종 빌하를 야아콥에게 아내로 주었으니 야아콥이 그녀에게 들어갔다.

5 빌하는 임신하였고 야아콥에게 아들을 낳아주었다.

6 라헬이 말하기를 "하나님께서 나를 판단하시고 나의 목소리를 들으시고 나에게 아들을 주셨다."라고 하고, 그의 이름을 '단'[3]이라 불렀다.

7 라헬의 여종 빌하가 또 임신하여 두 번째 아들을 야아콥에게 낳아 주었다.

---

1. הָבָה(하바): 아람어 יהב(예하브, '주다')의 명령형이다.
2. וְאִבָּנֶה(붸이바네): בנה(바나, '세우다')의 *Nifal* 수동태형이므로 이를 살려 번역한 것이다.
3. דָן(단): '심판하다'라는 뜻이다.

8 그러자 라헬이 말하기를 "내가 하나님의 경쟁으로 내 언니와 경쟁하고 또한 이겼다."라고 하고, 그 아이의 이름을 '나프탈리'[4]라 불렀다.

9 한편, 레아는 출산이 멈춘 줄을 보고, 그녀의 여종 질파를 취하여 그녀를 야아콥에게 아내로 주었다.

10 레아의 여종 질파가 야아콥에게 아들을 낳아 주자,

11 레아가 말하기를 "행운이 왔도다."[5]라고 하고 그의 이름을 '가드'[6]라 불렀다.

12 레아의 여종 질파가 두 번째 아들을 야아콥에게 낳아주었다.

13 그러자 레아는 말하기를 "나는 행복한 자이다, 여인들이 나를 복된 여자라 할 것이다."라고 하고, 레아는 그의 이름을 '아쉐르'[7]라 불렀다.

14 밀 추수 때에 르우벤이 나가서 들판에서 두다임[8]을 발견하였다. 그것들을 그의 어머니 레아에게 가져왔는데, 라헬이 레아에게 말하였다. "언니의 아들의 두다임을 내게 조금 주시오."

15 레아가 그녀에게 말하였다. "네가 나의 남편을 가져간 것이 적은 일이냐, 그런데 너는 내 아들의 두다임도 가져가려 하느냐?" 그러자 라

---

4. נַפְתָּלִי(나프탈리): '나의 경쟁'이란 뜻이다.

5. 마소라 본문(MT)의 크티브(*k^etib*, '기록된')는 בְּגָד(베가드)로 되어 있으나, 커리 (*q^ere*, '읽기는')는 בָּא גָד(바 가드, '행운이 오다')로 읽는다. *Q^ere* (커리, 읽기)는 마소라 학자들이 기록된 본문의 오류를 알고, 본문은 못 고치나 바로 읽고 이해해야 한다는 오류 수정 장치로서 마소라 본문(MT)의 옆의 여백에 표시하고 기록한다.

6. גָד(가드): '행운(fortune, luck)'이란 뜻이다.

7. אָשֵׁר(아쉐르): '행복'이란 뜻이다.

8. דּוּדָאִים(두다임): 맨드레이크에 열리는 사랑의 열매이다.

헬이 말하였다. "그러면 언니 아들의 두다임 값으로 오늘 밤에는 야아콥이 언니와 함께 잘 것입니다."

16 저녁 때에 야아콥이 들에서 돌아왔을 때에 레아가 그에게 나아가서 말하기를 "당신은 나에게 들어오시오. 왜냐하면 내가 내 아들의 두다임으로 당신의 값을 치렀기 때문입니다."라고 하니 야아콥은 그날 밤 레아와 함께 잤다.

17 하나님께서 레아를 들으셨으니 그녀가 임신하고 야아콥에게 다섯 번째 아들을 낳아주었다.

18 그러자 레아가 말하기를 "하나님께서 내가 나의 여종을 내 남편에게 준 보상을 주셨다."라고 하고, 그의 이름을 '이사카르'⁹라 불렀다.

19 레아가 또 임신하여 야아콥에게 여섯 번째 아들을 낳아주었다.

20 레아가 말하기를 "하나님께서 내게 좋은 선물을 주셨다. 이번에는 내 남편이 나를 높이리니 이는 내가 그에게 여섯 명의 아들을 낳아주었기 때문이다."라고 하고, 그의 이름을 '즈불룬'¹⁰이라 불렀다.

21 그 이후에 그녀는 딸을 낳았으니, 그녀의 이름을 '디나'¹¹라 불렀다.

22 그때, 하나님께서 라헬을 기억하시고 하나님께서 그녀를 들으셨으

---

9. יִשָּׂשׂכָר(이사카르): שָׂכָר(사카르) + אִישׁ(이쉬)의 합성어로, '보상의 사람(아들)'이란 뜻이다. 이 이름은 '이사스카르'로도 읽을 가능성이 있지만, 본 번역에는 마소라 학자들의 qᵉre(커리: 읽기전승)의 יִשָּׂכָר(이사카르)와 칠십인역(LXX)을 따라 Ισσαχαρ(이사카르)로 읽는다.

10. זְבֻלוּן(즈불룬): זָבַל(자발, '높임, 영광')에서 온 단어로 '높여진, 영광된'이라는 뜻이다.

11. דִּינָה(디나): '심판'을 의미하는 단어에서 유래했다.

며 그녀의 자궁을 열어 주셨다.

23 그러자 그녀는 임신하여 아들을 낳았다. 그녀가 말하기를 "하나님께서 나의 수치를 없애 버리셨다."라고 하고,

24 그녀는 그 이름을 '요세프'라 불렀으며, 또 말하기를 "주께서 나에게 또 다른 아들을 더하시리라."고 하였다.

25 라헬이 요세프를 낳았을 때, 야아콥이 라반에게 말하였다. "나를 보내주시면, 내가 나의 본향 나의 땅으로 가겠습니다.

26 나의 아내들과 나의 아이들을 주십시오. 내가 그들을 위해 당신을 섬겼고 이제 내가 가려고 합니다. 당신도 내가 당신을 섬긴 나의 섬김을 아십니다."

27 라반이 그에게 말하기를 "내가 너에게 은총을 입었으니, 내가 짐작하기는 주께서 너로 인하여 나를 축복하셨다."라고 하고

28 또 말하기를 "너의 삯을 내게 정하라, 그러면 내가 주리라."고 하니,

29 야아콥이 그에게 말하였다. "당신도 내가 당신을 섬긴 것을 아는 바 당신의 떼는 나와 함께 있었습니다.

30 내 이전에는 당신의 소유가 적었는데 내가 그것을 많게 하였습니다. 주께서 내가 가는 곳마다¹² 당신을 복 주셨으니, 이제 나는 언제 내 집을 위하여 일하겠습니까?"

31 라반이 말하기를 "내가 너에게 무엇을 주랴?"고 하니, 야아콥이 대답하였다. "당신은 나에게 어떤 것도 주지 마십시오, 당신이 내게 이것을 행하시려 하거든 내가 다시 당신의 양떼를 목축하고 지키겠습

---

12. לְרַגְלִי (레라글리): '내가 행하는 것마다, 내 발걸음이 닿는 곳마다'라는 뜻이다.

니다.

32 내가 오늘 당신의 양떼로 건너가서 거기서 양들 가운데 점 있거나 얼룩 있거나 어두운 색깔 있는 것들과 암염소 가운데 얼룩 있고 점 있는 것들을 빼낼 것이니 그것이 나의 삯이 될 것입니다.

33 나의 의로움이 분명히 대답할 것이니, 나중에 당신 앞에 있는 나의 삯으로 인하여 당신이 왔을 때, 암염소 가운데 점이 없거나 얼룩이 없거나 혹은 양들 가운데 어두운 색이 아니거나 하면 그것은 내가 훔친 것이 될 것입니다."   ·

34 라반이 말하기를 "좋다, 너의 말한 바와 같이 될 것이다."라고 하고,

35 바로 그날 라반은 줄 있고 얼룩진 모든 숫염소와 라반에게 있는 점 있고 어두운 모든 암염소들과 그리고 양들 가운데 색깔이 어두운 모든 것들을 빼 돌려서 그의 아들들에게 주었다.

36 그리고 그의 아들과 야아콥 사이에 삼 일 길을 두었으며 야아콥은 라반의 남은 양떼를 목축하였다.

37 야아콥은 싱싱한 포플러나무와 아몬드나무 그리고 플라타너스 싱싱한 가지를 취하여 그 껍질을 벗겨 가지 위에 흰 줄무늬를 만들었다.

38 그리고 그는 껍질을 벗긴 가지들을 물 마시는 구유, 그곳으로 양떼가 마시러 오는 곳에 세웠다. 그래서 양떼들은 물 마시려고 왔을 때에 그곳에서 짝짓기를 하였다.

39 양떼는 그 가지 앞에서 새끼를 잉태하였으며, 양들은 줄간 것, 점 있는 것, 그리고 얼룩진 새끼들을 낳았다.

40 야아콥은 그 새끼 양들을 분리하였다. 그리고 양떼의 얼굴들을 라

반의 양떼 중 모든[13] 줄 간 것과 모든 어두운 색깔 있는 쪽으로 향하게 하였다. 그리고 그의 것은 따로 떼어 놓아서 라반의 양떼 옆에 두지 않았다.

41 그리고 모든 튼튼한 양이 교미를 할 때에, 야아콥은 물 구유에 그 양의 눈 앞에 가지를 두어서 그 옆에서 새끼를 배게 하였다.

42 그러나 약한 양들에게는 놓지 않았다, 그래서 결국 약한 것들은 라반의 것이 되고 강한 것들은 야아콥의 것이 되었다.

43 그래서 그 사람은 매우 번성하게 되어 그에게 많은 양떼와 여종들과 남종들과 낙타들과 나귀들이 있었다.

---

13. BHS 비평장치는 '모든'을 넣으라고 수정한다.

창세기 31장

1 야아콥은 라반의 아들들이 "야아콥이 우리 아버지에게 속한 모든 것을 다 취하였고, 우리 아버지에게 속하였던 것으로 말미암아 그가 이 모든 부를 얻었다"라고 말하는 것을 들었다.

2 야아콥이 라반의 얼굴을 보았더니, 보라, 예전과¹ 같지 않았다.

3 주께서 야아콥에게 말씀하셨다. "네 아버지의 땅, 곧 네가 태어난 땅으로 돌아가라, 내가 너와 함께할 것이다."

4 야아콥이 들판의 양떼로 사람을 보내어 라헬과 레아를 불렀다.

5 그리고 그녀들에게 말하였다. "보시오, 내가 당신들의 아버지의 얼굴을 보니 내게 예전 같지 않소. 그러나 내 아버지의 하나님께서 나와 함께 계셨소.

6 그리고 당신들이 알고 있듯이 나는 나의 온 힘을 다하여 당신들의 아버지를 섬겨 왔소.

7 그런데 당신들의 아버지는 나를 속이고 나의 품삯을 열 번이나 바꾸었소, 그러나 하나님께서 그가 나에게 악을 행하도록 허락하지 않으셨소.

8 만일 그가 말하기를 '점 있는 것이 너의 품삯이 되리라'고 하면, 모든 양들이 점 있는 것을 낳았고, 그가 말하기를 '줄 간 것이 너의 품삯이

---

1. כְּתְמֹ(וֹ)ל שִׁלְשֹׁ(וֹ)ם(키트몰 쉴숌): 직역하면, '어제나 그제와 같다'라는 뜻이다. 즉, 예전과 같다는 것이다.

되리라'고 하면, 모든 양들은 줄 간 것을 낳았소.

9 하나님께서 당신들의 아버지의 떼를 취하여 나에게 넘겨주셨소.

10 그래서 양떼들이 때가 되었을 때에 꿈속에 내가 눈을 들어 보았는데, 보라, 양떼에 올라탄 놈들은 줄 간 것들과 점 있는 것들과 얼룩이 있는 것들뿐이었소.

11 그리고 꿈에 하나님의 천사가 나에게 말하기를 '야아콥아' 하여, 내가 대답하기를 '제가 여기 있습니다'라고 하였는데,

12 그가 말하기를 '너의 눈을 들어보라, 양떼에 올라탄 모든 숫양들이 줄 간 것들과 점 있는 것들과 얼룩이 있는 것들이다. 라반이 네게 행하는 것을 내가 다 보았다.

13 나는 베이트 엘의² 하나님이니 네가 거기에서 기둥에 기름을 붓고 거기서 나에게 서원하였나니, 지금 일어나서 이 땅에서 나가라. 그리고 네가 태어난 땅으로 돌아가라'고 하셨소."

14 라헬과 레아가 대답하여 그에게 말하였다. "우리 아버지 집에 아직 우리에게 몫이나 유산이 남아 있습니까?

15 우리는 그에게 이방인으로 여겨지고 있지 않습니까? 그는 우리를 팔고 그는 진정 우리의 돈을 먹어 치웠습니다.

16 모든 부는 하나님께서 우리 아버지에게서 취하셔서 우리와 우리 자녀들에게 넘겨준 것이니, 지금 당신은 하나님께서 당신에게 말씀하신 것을 모두 행하십시오."

------

2. 칠십인역(LXX)은 ὁ θεὸς ὁ ὀφθείς σοι(호 쎄오스 호 오프쎄이스 소이, '너에게 나타난 하나님')로 읽는다. 즉, 베이트 엘에서 너에게 나타났던 하나님이라는 것이다.

17 야아콥은 일어나 그의 아들들과 그의 아내들을[3] 낙타들 위에 태워서

18 그의 모든 떼와 모든 재산을 이끌고—모든 짐승은 그가 파단 아람에서 소유하게 된 것이다—크나안 땅 그의 아버지 이츠하크에게로 가려고 하였다.

19 라반이 자기의 양떼의 털을 깎으러 갔을 때에 라헬은 자기 아버지의 테라핌[4]을 훔쳤다.

20 야아콥은 아람 사람 라반을 속였으니[5] 그가 도망간다는 것을 알리지 않았다.

21 그와 그에게 속한 모든 사람이 도망갔으니, 일어나 그 강을[6] 건넜다. 그리고 길아드 산[7] 쪽으로 향하였다.

22 셋째 날에 야아콥이 도망갔다는 것이 라반에게 알려졌다.

23 그러자 그는 그와 함께한 친척들을 데리고 칠 일 길을 추격하여 길아드 산에서 그를 따라잡았다.

24 그날 밤, 꿈에 하나님께서 아람 사람 라반에게 오셔서 그에게 말씀하시길 "너는 자신을 지켜 야아콥과 선악 간에 말하지 말라."고 하

---

3. 칠십인역(LXX)과 사마리아 오경(SP)은 '그의 아내들과 그의 아들들'이라고 해서 순서를 바꿔 읽는다.

4. תְּרָפִים(테라핌): 이방의 가정우상(pagan household idols). 헤트 족으로부터 유래된 것으로 추정된다(TWOT).

5. וַיִּגְנֹב יַעֲקֹב אֶת־לֵב לָבָן(봐이그노브 야아콥 에트 레브 라반): 직역하면, '야아콥은 라반의 마음을 훔쳤다'라는 뜻이다. גנב ... לב(가나브 ... 레브)는 히브리어 관용구로, '속이다(deceive)'라는 뜻이다.

6. '유프라테스 강'을 말한다.

7. 요단강 건너편의 '길르앗'을 말한다.

셨다.

25 라반은 야아콥을 따라잡았다. 야아콥은 산에 그의 텐트를 쳤고 라반
은 그의 친족들을[8] 길아드 산지에 머물게 하였다.

26 라반이 야아콥에게 말하였다. "네가 행한 일이 무엇이냐? 너는 나를
속여 내 딸들을 마치 칼로 잡은 포로와 같이 끌고 왔느냐?

27 너는 왜 숨기고 도망함으로 나를 속여 나에게 알리지 않았느냐? 내
가 너를 기쁨과 노래와 탬버린과 수금으로 보냈을 것이다.

28 너는 나로 하여금 내 후손들과 내 딸들에게 입맞추지도[9] 못하게 하
였다. 지금 그 행위가[10] 어리석다.

29 내 손에 너희를 해칠 능력이 있으나 너희 아버지의 하나님께서 어젯
밤 나에게 말씀하시기를 '너 스스로 삼가 야아콥과 선악 간에 말하

---

8. 마소라 본문(MT)에 따라 אֶת־אֶחָיו(에트 에하브)를 번역하면, '그의 친척과 함께'
가 되나, 이는 문장구조상 문제가 있어 보인다. 왜냐하면 히브리어 본문을 직역하
면, '야곱은 산에 그의 텐트를 치고, 라반은 길아드 산에 그의 친척과 함께 쳤다'
가 되는데, 뒷 문장에 목적어가 없기 때문이다. 이에 BHS는 '라반은 그의 텐트를
(אֶת־אָהֳלוֹ[에트 오할로]) 길아드 산에 치고'로 읽으라고 한다. 그러나 이와 관련
해 사본의 증거는 없다. 한편, 칠십인역(LXX)의 읽기가 해결점을 제시하는데, 곧
Λαβαν δὲ ἔστησεν τοὺς ἀδελφοὺς αὐτοῦ(라반 데 에스테센 투스 아델푸스 아
우투, '그리고 라반은 그의 형제/친척들을 [~에] 머물게 했다')라고 읽는 것이다.

9. נְטַשְׁתַּנִי(네타쉬타니): נָטַשׁ(나타쉬)는 목적어와 함께 쓰일 때, '누구에게 가능
성을 주다(to give someone the possibility of)'라는 의미를 가진다. 본문에서
는 야아콥이 라반에게 그 자녀들과 작별키스를 할 기회도 주지 않은 것을 말한
다(KB).

10. עָשׂוֹ(아소): 짧은 불완전 형이다. 사마리아 오경(SP)은 עָשׂוֹת(아소트, עָשָׂה[아
사]의 부정사 절대형)로 읽는다.

지 말라'고 하셨다.

30 그러므로 지금 네가 네 아버지 집을 진정 사모하니 너는 가라, 그런데 왜 나의 신을 도둑질하였느냐?"

31 야아콥이 라반에게 대답하여 말하기를 "내가 두려웠기 때문이며 내 생각에 당신이 나로부터 당신의 딸들을 빼앗아 갈 것 같았습니다.

32 당신의 신을 누구에게서 발견하면, 그는 우리 친족 앞에서 살지 못할 것입니다. 당신은 내게 있는 것 중 당신의 것을 지명하시고 가져가십시오."라고 했는데, 야아콥은 라헬이 그것들을 훔친 것을 알지 못하였다.

33 라반은 야아콥의 텐트로 들어갔고 레아의 텐트와 두 여종의 텐트로 들어갔으나 발견하지 못하였다. 그래서 그는 레아의 텐트에서 나와 라헬의 텐트로 들어갔다.

34 라헬은 그 테라핌들을 취하여 낙타의 안장에 놓고 그것 위에 앉았다. 라반은 모든 텐트를 자세히 더듬어 찾아보았으나 발견하지 못하였다.

35 라헬은 그녀의 아버지에게 말하기를 "내 주여 분노하지 마십시오, 내가 아버지 앞에 일어날 수 없습니다. 왜냐하면 생리가[11] 내게 있습니다."라고 하였고, 그는 더 찾아보았으나[12] 테라핌들을 발견하지 못

---

11. **דֶּרֶךְ נָשִׁים**(데레크 나쉼): 직역하면, '여자들의 길/주기', 즉 '월경'을 말한다. 창세기 18장의 노트 4를 참고하라.

12. 칠십인역(LXX)은 ἠρεύνησεν δὲ Λαβαν ἐν ὅλῳ τῷ οἴκῳ(에류네센 데 라반 엔 홀로 토 오이코, '라반이 그 온 집을 찾았으나')를 더하여 읽는다. 마소라 본문(MT)은 **וַיְחַפֵּשׂ**(바예하페스, '찾다')의 목적어가 없다.

하였다.

36 야아콥이 분노하여 라반과 다투었다. 그가 대답하여 라반에게 말하였다. "나의 불법이 무엇이며 내가 무슨 죄를 지었기에 당신이 내 뒤를 불이 나게 추격하였습니까?

37 당신이 나의 모든 짐들을 자세히 더듬어 살폈는데 당신 집에 속한 무엇을 발견하였습니까? 여기 나의 친족과 당신의 친족들 앞에 이 문제를 놓고 이 사람들이 우리 둘 사이를 판단하게 합시다.

38 내가 당신과 함께 이십 년이었지만 당신의 암양들이나 암염소들이 낙태하지 않았고 당신 양떼의 숫양들을 내가 먹지 않았습니다.

39 찢긴 것은 내가 당신에게 가져가지 않았고 당신이 그것에 대해 요구할 때 내 손으로 보상했으니 낮에나 밤에나 도둑맞은 것들이 그러했습니다.

40 낮의 열기와[13] 밤의 추위가 나를 삼키는 가운데 내가 견뎠으며 내 잠이 내 눈에서 도망갔었습니다.

41 내가 당신의 집에 있었던 이십 년 동안 내가 당신을 섬겼으니, 십 사 년은 당신의 두 딸들을 위해서 그리고 육 년은 당신의 양떼를 위함이었습니다. 그런데 당신은 내 품삯을 열 번이나 바꾸었습니다.

42 내 아버지의 하나님, 아브라함의 하나님 이츠하크의 두려우신 하나님께서 나에게 계시지 않으셨으면, 지금 당신은 나를 빈손으로 보냈을 것입니다. 나의 고난과 내 손의 수고를 하나님께서 보시고 어젯밤에 책망하신 것입니다."

---

13. חֹרֶב(호레브): 광야(wilderness)의 건조하고 뜨거운 열기를 말한다.

43 라반이 대답하여 야아콥에게 말하였다. "딸들은 나의 딸들이요, 아들들은 나의 아들들이요, 양떼는 나의 양떼이니 네가 보는 모든 것은 나의 것이니, 내 딸들에게나 그리고 그들이 낳은 내 자식들에게나 오늘 내가 무슨 일을 행하겠느냐?

44 그러니 너는 지금 가라, 나와 너는 언약을 맺자, 그리고 나와 너 사이에 증거를 두자."

45 그래서 야아콥은 돌을 가져와 그것으로 기둥을 세웠다.

46 야아콥은 그의 친족에게 말하기를 "돌을 모아오라."고 하니, 그들이 돌들을 모아오자 무더기를 만들었다. 그리고 그들은 무더기 옆에서 먹었다.

47 라반은 그 무더기를 '예가르 사하두타'[14]라고 하였고, 야아콥은 그것을 '갈에드'[15]라고 하였다.

48 라반이 말하였다 "이 무더기는 오늘 나와 너 사이의 증거이다.", 그러므로 그 이름이 갈 에드[16]였다.

49 또 그것은 '미츠파'[17]라고 불렸는데, 그가 말하기를 "우리가 서로에게 멀리 있을 때라도, **주**께서 나와 너 사이를 보실 것이다.

50 만일 네가 내 딸들을 학대하거나 내 딸들 외에 여인들을 취하거나 하면 비록 우리와 함께 아무도 없을지라도, 하나님께서 나와 너 사이의 증거를 보시옵소서."라고 하였기 때문이다.

---

14. יְגַר שָׂהֲדוּתָא(예가르 사하두타): 아람어로 '증거의 무더기'라는 뜻이다.

15. גַּלְעֵד(갈에드): 히브리어로 '증거의 무더기'라는 뜻이다.

16. 후대의 길르앗은 גַּלְעֵד(갈에드)에서 온 이름이다.

17. מִצְפָּה(미츠파): 길르앗에 있는 지명이다.

51 라반이 야아콥에게 말하였다. "보라, 이 무더기를, 그리고, 보라, 내가 너와 나 사이에 세워놓은 이 기둥을,

52 이는 증거의 무더기와 증거의 돌기둥이니 이는 악을 행하기 위해서 내가 이 무더기를 넘어 너에게 건너가지 않고, 또 네가 이 무더기와 이 기둥을 넘어서 나에게 오지 않겠다는 것이다.

53 아브라함의 하나님 그리고 나호르의 하나님께서 우리 사이를 심판하소서,[18] 그들의 조상의 하나님이시여!" 야아콥이 그의 아버지의 경외함으로[19] 맹세하였다.

54 야아콥은 그 산에 희생제사를 드리고 그의 친족을 불러 떡을 먹도록 하였으며 그들은 떡을 먹고 그 산에서 밤을 지냈다.

55[20] 라반이 아침 일찍 일어나 그의 손주들에게 입맞춤하고 그의 딸들에게도 그리하였으며 그들을 축복하였다. 그리고 그의 처소로 돌아갔다.

---

18. יִשְׁפְּטוּ(이스페투): 마소라 본문(MT)의 오류로, 단수형(יִשְׁפֹּט[이쉬포트])으로 표기해야 한다.

19. 이츠하크가 경외하고 두려워하는 자, 곧 하나님을 가리킨다.

20. 히브리어 성경(마소라 본문[MT])에서는 본 절이 창세기 32장 1절로 배정되어 있다. 그래서 히브리어 성경의 32장은 한 절씩 미루어져서, 한글성경의 창세기 32장 32절이 히브리어 성경에서는 창세기 32장 33절이 된다.

창세기 32장

1 그리고 야아콥도 자기의 길을 갔는데 하나님의 사자들이 그를 만났다.

2 야아콥이 그들을 보았을 때에 말하기를 "이곳은 하나님의 진영이다." 라고 하고, 그 장소의 이름을 '마하나임'[1]이라고 불렀다.

3 야아콥이 그에 앞서 그의 형 에사브에게 사자들을 보냈는데, 곧 에돔 평원 세이르 땅 쪽이었다.

4 그들에게 명하여 말하기를 "너희들은 내 주 에사브에게 이렇게 말하라. '당신의 종 나 야아콥이 라반과 함께 살았고 지금까지 지체하였습니다.

5 내게 소와 나귀와 양떼와 남종과 여종이 있어, 내가 내 주께 보내어 당신의 눈에 은총 입기 원함을 고합니다'"라고 하였다.

6 그 사자들이 야아콥에게 돌아와서 말하기를 "우리가 당신의 형 에사브에게 갔는데 그도 역시 당신에게 오고 있었습니다. 그런데 그에게 사백 명의 남자가 함께 있었습니다."라고 하였다.

7 야아콥은 매우 두려워하였으며 걱정하였다.[2] 그리고 그에게 있는 사람들과 양떼와 소떼와 낙타들을 두 개의 진영으로 나누었다.

8 그가 말하기를 "만일 에사브가 와서 하나의 진영을 공격하면 남은 진

---

1. מַחֲנָיִם(마하나임): מַחֲנֶה(마하네, '진영')의 쌍수형으로, '진영들'이란 뜻이다.
2. 히브리어 어근 צרר(짜라르)는 '묶다, 좁다' 등의 의미이지만, 전치사구 לוֹ(로, '~에게')와 함께 쓰일 경우, '두려워하다, 걱정하다'의 의미가 된다.

영은 도망가리라.”고 하였다.

9 야아콥이 말하였다. “내 아버지 아브라함의 하나님, 내 아버지 이츠하크의 하나님, **주여**, 당신께서 내게 말씀하시기를 ‘너의 땅, 너의 태어난 곳으로 가라 내가 너에게 선을 베풀리라’고 하시지 않았습니까?

10 나는 당신께서 당신의 종에게 베푸신 모든 은혜와 진리를 감당하기에는 너무 미물이오나 내가 나의 막대기 하나로 이 요단을 건넜는데 지금은 두 진영을 이루게 되었습니다.

11 내 형의 손, 곧 에사브의 손에서 나를 구원하소서. 나는 그가 두렵습니다. 그가 와서 나와 어머니와 아이들을 치지 않게 하소서.

12 당신께서 말씀하시기를 ‘진실로 너와 함께 하겠다, 내가 너의 후손을 바다의 모래알 같이 하여 아무도 그것을 셀 수 없게 하겠다’라고 하셨습니다.”

13 그 밤에 거기서 유숙하고 그의 손에 있는 것들 중에 그의 형 에사브를 위해서 예물을 취하였으니

14 암염소 이백 마리와 숫염소 이십 마리, 암양 이백 마리와 숫양 이십 마리,

15 젖먹이는 낙타들과 그 새끼들 삼십 마리, 암소 사십과 황소 열 마리, 암나귀 이십 마리와 수나귀 열 마리였다.

16 그가 그의 종들의 손에 한 떼씩 따로 맡기고 그의 종들에게 말하였다. “내 앞에서 건너가라 그리고 각 떼 사이의 거리를 유지하라.”

17 그리고 제일 앞에 있는 사람에게 명하여 말하였다. “네가 나의 형 에사브를 만나 그가 너에게 물어서 ‘너는 누구에게 속하였느냐? 너는 어디로 가느냐, 그리고 너의 앞에 있는 이것들은 누구의 것이냐?’라

고 하면,

18 너는 대답하기를 '이것은 당신의 종 야아콥에게 속한 예물이며 나의 주 에사브에게 보내지는 것입니다. 보십시오, 그는 우리 뒤에 있습니다'라고 하라."

19 그리고 두 번째로 가는 사람과 세 번째로 가는 사람, 그리고 무리 뒤에 걸어가는 모든 사람들에게도 명령하여 말하였다. "너희가 에서를 만나거든 이 말과 같이 너희는 그에게 말하라.

20 너희는 말하기를 '보십시오, 당신의 종 야아콥이 우리 뒤에 있습니다'라고 하라." 그가 생각하기를 '내가 내 앞에 가는 이 예물로 그를 진정시키고3 그 이후에 그의 얼굴을 보리라. 혹시 그가 나를 받아들이리라'4고 하였기 때문이다.

21 예물이 그의 앞서서 건너간 후, 야아콥은 그 밤에 진영에서 유숙하였다.

22 야아콥은 그날 밤에 일어나서 그의 두 아내와 그의 두 여종과 그의 열 한 명의 아이들을 데리고 야보크 여울을 건넜는데

23 그는 그들을 데리고 강을 건너게 했으며, 그에게 있는 것들을 건넸다.

24 그리고 야아콥은 혼자 남았다. 그때 어떤 사람이 그와 새벽 동트기까지 씨름을 하였는데

---

3. כִּפֶּר פָנָיו בְ (키페르 파나브 베): 마소라 본문(MT)에서는 19절에 위치한다. 직역하면, '그의 얼굴을 덮고'라는 뜻이다. 이는 어떤 이가 자기 스스로를 긍정적/호의적으로 생각하게 만드는 것을 의미한다. 즉, '마음을 진정시키는 것'을 말한다 (KB).

4. יִשָּׂא פָנָי (이사 파나이): 직역하면, '그가 나의 얼굴을 들리라'는 뜻이다. 이는 '즐거워하다' 혹은 '누구에게 마음이 기울어지다'라는 의미이다.

25 그가 보니, 그를 이길 수 없음을 보고 그의 고관절을[5] 쳤다. 그래서 야아콥은 그와 씨름하는 동안 고관절이 탈구되었다.

26 그가 말하였다. "나를 보내라 새벽동이 트고 있다." 야아콥이 대답하기를 "당신께서 만일 나를 축복하지 않으시면 내가 당신을 보내지 않겠습니다."라고 하자,

27 그가 야아콥에게 말하기를 "너의 이름이 무엇이냐?"라고 하니, 그가 말하기를 "야아콥입니다."라고 하였다.

28 그가 말하기를 "너의 이름을 더 이상 야아콥이라 부르지 아니하고 이스라엘이라 할 것이다. 왜냐하면 네가 하나님과 저항했으니 사람과도 저항할 수 있을 것이기 때문이다."라고 하였다.

29 야아콥이 물어 말하기를 "당신의 이름을 알려주십시오."라고 하니, 그가 대답하기를 "너는 내 이름을 왜 묻느냐?"라고 하시고, 거기서 야아콥을 축복하셨다.

30 그래서 야아콥이 그 장소의 이름을 '프니엘'[6]이라고 불렀으니, 이는 내가 대면하여[7] 하나님을 보았으나 내 생명이 살아남았기 때문이다.

---

5. בְּכַף־יֶרֶכוֹ(베카프 예라코): 의학 용어로서 '고관절(hip sucket)'을 뜻한다. 고관절이 탈골되면 엄청난 고통을 동반한다.

6. פְּנִיאֵל(프니엘): 장소의 이름으로, 직역하면, '하나님의 얼굴'이란 뜻이다. 사마리아 오경(SP), 칠십인역(LXX) 심파쿠스역, 페쉬타(S)와 벌게이트역(V)은 פְּנוּאֵל (프누엘)로 읽는다.

7. פָּנִים אֶל־פָּנִים(파님 엘 파님): '얼굴과 얼굴로'라는 뜻을 지닌 관용어구이다. 즉, '대면하여(face to face)'라는 의미이다(참조. 출33:11; 신34:10; 삿6:22; 겔20:35 등).

31 야아콥이 프니엘을[8] 건넜을 때에는 해가 그의 위로 떠올랐고 그는 넓적다리로 인해서 절뚝거렸다.

32 그러므로 이스라엘의 후손들은 오늘날까지 고관절 위의 넓적다리 근육을 먹지 않았으니, 이는 그가 야아콥의 넓적다리 근육 안에 있는 고관절을 쳤기 때문이다.

---

8. פְּנוּאֵל(프누엘): 마소라 본문(MT)은 여기서는 바로 앞 절과는 달리 '프니엘'이 아니라 '프누엘'로 읽는다. 차이는 히브리어의 '요드(י)'와 '바브(ו)'의 차이인데, 두 글자의 유사모양(graphic similarity)으로 인해 혼동이 생긴 것으로 보인다. 적어도 두 곳은 같은 것으로 읽어야 한다.

창세기 33장

1 야아콥이 눈을 들어 보니, 보라, 에사브가 오고 있고 사백 명이 그와 함께 하고 있었다. 그래서 아이들을 나누어 레아와 라헬과 그리고 두 여종에게 맡겨

2 여종들과 그들의 아이들을 앞에, 레아와 그녀의 아이들은 그들 뒤에, 라헬과 요세프는 제일 뒤에 두었다.

3 야아콥은 그들 앞에 건너가 땅에 일곱 번 엎드려 절을 하며 그의 형에게 가까이 나아갔다.

4 에사브가 야아콥에게로 달려와서 그를 안고 그의 목 위에 엎드려져[1] 그에게 입맞춤하였으며 그들은 울었다.

5 그리고 그의 눈을 들어서 여자들과 아이들을 보고 말하기를 "너에게 있는 이 사람들은 누구냐?"라고 하니, 야아콥이 대답하기를 "이 아이들은 하나님께서 당신의 종을 불쌍히 여기사 주신 자식들입니다."라고 하였다.

6 그리고 여종들과 그 자녀들이 가까이 가서 절하였다.

7 그리고 레아와 그녀의 아이들도 가까이 가서 절을 하였고, 그 후에 요

---

1. וַיִּפֹּל עַל־צַוָּארָו(봐이폴 알 짜바라브): 직역하면, '그의 목 위에 떨어져서(falling on his neck)'라는 뜻인데, 이를 풀어 설명하자면, 그의 목 위에 엎드려져 우는 모습이라고 할 수 있다. 야아콥은 지금 형 에사브의 앞에 무릎을 꿇고 엎드린 상태라 여겨진다.

세프와 라헬이[2] 절하였다.

8 에사브가 말하기를 "내가 만났던 네게 있는 이 모든 무리는 누구냐?"라고 하니, 야아콥이 대답하기를 "내 주께 은총을 입기[3] 위한 것입니다."라고 하였다.

9 그러자 에사브가 말하기를 "내 동생아 나에게도 많이 있다. 네 것은 네게 두어라."고 하니,

10 야아콥이 말하기를 "그렇게 하지 마십시오. 내가 당신의 눈에 은총을 입었거든 나의 예물을 내 손에서 받으십시오. 내가 당신의 얼굴을 보니 하나님의 얼굴을 보는 것 같습니다. 당신께서 나를 기쁘게 받으셨으니,

11 하나님께서 나를 불쌍히 여기셨고 제게 또 모든 것이 있으니, 당신에게 가져온 나의 축복(의 예물)을 받으십시오."라고 하고, 야아콥이 에사브를 강권하니 그가 받았다.

12 에사브가 말하기를 "이제 여정을 떠나 가자, 내가 함께[4] 가겠다."라고 하자,

13 야아콥이 그에게 말하였다. "나의 주여, 아이들이 아직 약하고, 양떼와 소떼는 젖을 먹여야 하니, 하루라도 재촉하면 모든 양떼들이 죽

---

2. 칠십인역(LXX)과 페쉬타(S)는 '라헬과 요세프가'로 읽는다.

3. 창세기 6장의 노트 6을 참조하라.

4. לְנֶגְדֶּךָ(레네그데카): 대부분의 번역들이 '앞서서'라는 의미로 번역하지만, 사실 이에 대한 특별한 근거는 없다. 그 외에 '옆에서 또는 마주보고'라는 의미로도 사용될 수 있다('앞서서'로 번역하는 성경은 NASB, JPS, ESV 등이고, 이와 달리 '동행하여'로 번역하는 성경은 NIV이다).

을 것입니다.

14 내 주께서는 종을 지나 가십시오.[5] 나는 내 앞에 있는 일들의[6] 속도와 아이들의 속도대로 세이르 쪽 내 주께 나아가겠습니다."

15 에사브가 말하기를 "내가 나와 함께 있는 사람 중 지명하여 너와 함께 두겠다."라고 하니, 야아콥이 말하기를 "왜 그렇게 하십니까? 나로 내 주에게 은혜를 입게 하소서."라고 하였다.

16 그래서 그날 에사브는 그의 길을 갔으니 세이르로 돌아갔다.

17 그리고 야아콥은 수고트로[7] 갔고, 자기를 위해서 집을 짓고 그의 가축들을 위해서는 우리를 지었다. 그러므로 그 장소의 이름을 수코트라고 불렀다.

---

5. יַעֲבָר-נָא אֲדֹנִי לִפְנֵי עַבְדּוֹ (야아보르 나 아도니 리프네이 아브도): 직역하면, '주께서는 그의 종을 (앞서) 지나가소서'이다. יַעֲבָר(야아보르)는 עבר(아바르, '건너다, 지나가다')의 미완료 3인칭이나 청유형(jussive)이다. 본문에서는 '긴급한 요청'을 뜻하는 것으로, 그 의미는 '내 주께서 먼저 가십시오'가 된다(Waltke & O'Connor, 1990: 569).

6. לְרֶגֶל הַמְּלָאכָה(레레겔 하믈라아카): '일이나 직업의 속도, 페이스' 등을 말한다. 여기에는 앞서간 짐승들과 종들, 그리고 그들이 동물들에게 젖을 먹이는 것 등의 일들을 모두 포함한다. 바로 앞 절에 이에 관한 내용이 있다.

7. 칠십인역(LXX)은 סֻכֹּת(수코트)를 Σκηναί(스케나이, '장막을 치다')로 읽는다. 이는 칠십인역(LXX) 번역자들에게 '수코트'에 대한 지리적 개념이 없었기 때문에 장소의 이름을 그와 같은 어근을 사용하는 일반명사로 번역한 것이다. 히브리어 סֻכֹּת(수코트)는 '장막들'이란 뜻도 있고 고유명사이기도 하다. 본 절에서는 두 가지 의미가 다 사용되었는데, 칠십인역(LXX) 번역자들은 이를 구별하지 않고 있다.

18 드디어 야아콥은 크나안 땅의 쉬켐에 평안히[8] 왔으며—그는 파단 아람[9]에서부터 온 것이었다—그는 그 도시 옆에 장막을 쳤다.

19 그리고 야아콥은 그의 장막을 쳤던 밭을 하모르의 아들들의 손으로부터 일백 크쉬타[10]로 샀다—하모르는 쉬켐의 아버지이다.

20 야아콥은 거기에 제단을 쌓았고, 그것을 '엘 엘로헤이 이스라엘'[11]이라고 불렀다.

---

8. 칠십인역(LXX)은 이를 Σαλημ(살렘)이라는 도시 이름으로 음역한다. 이 역시 애굽에 거주하였던 칠십인역(LXX) 번역자들로서는 팔레스타인의 지리를 잘 알 수 없었기 때문에 형용사인 שָׁלֵם(솰렘, '평안히')을 도시의 이름으로 음역한 것이다 (참고. 창14:18). 만일 솰렘이 예루살렘을 의미하는 것이라면, 야아콥이 세겜에 이르렀을 때 그는 아직 솰렘에 도착할 수 없었다.

9. 칠십인역(LXX)은 이를 τῆς Μεσοποταμίας Συρίας(테스 메소포타미아스 쉬리아스, '메소포타미아 수리아')로 읽는다. 이는 칠십인역(LXX)을 번역할 당시의 지명으로, 즉 번역자 시대의 지명으로 현대화한 것이다.

10. קְשִׂיטָה(크쉬타): 고대의 무게 단위인데, 어근은 불분명하다. 정확한 중량도 알 수 없다. 다만 아람어로는 양 한 마리를 '크쉬타'로 여기기도 한다.

11. אֵל אֱלֹהֵי יִשְׂרָאֵל(엘 엘로헤이 이스라엘): '하나님 이스라엘의 하나님'이란 뜻이다.

창세기 34장

1 레아가 야아콥에게 낳은 그녀의 딸 디나가 그 땅의 딸들을 보려고 나
갔다.

2 히뷔 족 하모르[1]의 아들이며 그 땅의 족장인 쉬켐이 그녀를 보고 그녀
를 취하여 그녀와 함께[2] 누웠고 그녀를 수치스럽게 하였다.

3 그리고 그의 마음은 야아콥의 딸 디나에게 집착하고 그 소녀를[3] 사랑
하여 그녀를 위로하였다.[4]

-----

1. חֲמוֹר(하모르)는 히브리어 일반명사로 사용될 때, '나귀'를 의미하기도 한다. 그
   리고 이것의 상징적인 의미는 '어리석은 자'이다. 히브리 속담에 '나귀와 같이 어
   리석은 자'라는 말이 있다.

2. 마소라 본문(MT)은 אֹתָהּ(오타흐, '그녀를')를 목적격으로 취한다. 이에 반해 칠
   십인역(LXX)은 μετ' αὐτῆς(메트 아우테스, '그녀와 함께'=히, אִתָהּ[이타])로 읽
   는다(=페쉬타(S), 타르굼 요나탄(T'), 벌게이트역(V); 비교. 창34:7, לִשְׁכַּב אֵת־[리
   쉬카브 에트~, '~와 함께 동침하였다']).

3. הַנַּעֲרָ(하나아라): 마소라 자음 본문은 '하나아르'로 '그 소년'을 의미하게 되지만,
   커리(qᵉre) 읽기는 여성형 '하나아라(그 소녀)'로 읽도록 모음부호를 붙여 놓아서
   항상 모음부호를 따라 읽도록 요구한다(Qᵉre perpetuum-영구커리). 칠십인역
   (LXX)은 τὴν παρθένον(테인 파르쎄논, '처녀')로 바로 이해한다. 창세기 3장의
   노트 3을 참고하라(Gesenius-Kautzch, 1910: §17c).

4. וַיְדַבֵּר עַל־לֵב(봐예다베르 알 레브): 히브리어 관용어구로서 '위로하다, 격려하다'
   라는 의미이다. 창세기 50장 21절, 사사기 19장 3절, 사무엘하 19장 8절, 이사야
   40장 2절, 호세아 2장 16절, 룻기 2장 13절, 역대하 30장 22절, 32장 6절에도 같

4 쉬켐은 그의 아버지 하모르에게 말하여 "이 소녀를 나의 아내로 삼게 해 주십시오."라고 하였다.

5 야아콥은 쉬켐이 그의 딸 디나를 더럽게 하였다는 소식을 들었는데, 그때 그의 아들들은 그의 가축떼와 함께 들에 있었다. 야아콥은 그들이 올 때까지 침묵하였다.

6 쉬켐의 아버지 하모르가 야아콥에게 나아가서 그와 이야기하였다.

7 야아콥의 아들들이 들에서 돌아왔고 그들이 그 일들을 들었을 때에 그들은 슬퍼하였으며 그리고 매우 분노하게 되었다. 왜냐하면 쉬켐이 이스라엘에게 매우 악한 일을 하였으며 야아콥의 딸과 동침하였기 때문이요, 이는 해서는 안 될 일이었기 때문이다.

8 하모르가 그들과 이야기하여 말하기를 "내 아들 쉬켐은 그의 마음으로 그대들의 딸을 사랑하고 있습니다. 그녀를 내 아들에게 주어서 아내가 되게 하십시오.

9 그리고 우리와 서로 통혼하여 당신들의 딸들을 우리에게 주고 우리의 딸들은 당신들이 취하십시오.

10 그리하여 당신들은 우리와 함께 거주하십시오. 이 땅이 당신들의 눈앞에 있으니 당신들은 그 안에서 거주하시고 왕래하시고 또 소유하십시오."라고 하였다.

11 쉬켐이 그녀의 아버지와 그 형제들에게 말하였다. "내가 당신들께 은총을 구하오니, 당신들께서 말하는 것을 내가 드리겠습니다.

은 표현이 사용되었다. 사용된 모든 문맥에서 'to build up morale, encourage' 라는 의미로 사용되었다(Babut, 1999: 75~83).

12 아무리 많은 결혼 지참금과 선물을 내게 부과해도 당신들이 내게 말하는 대로 내가 주겠습니다, 다만 그 소녀를 내게 주어 아내가 되게 하십시오.”

13 야아콥의 아들들은 쉬켐과 그의 아버지 하모르에게 거짓말로 대답하였는데, 이는 쉬켐이 그들의 누이 디나를 더럽혔기 때문이다.

14 야콥의 아들들이 그들에게 말하기를 “우리는 우리 누이를 무할례자에게 주는 일을 할 수 없습니다. 왜냐하면 그 일은 우리에게 수치스러운 일이기 때문입니다

15 그러나 당신네 모든 남자가 할례를 받아 우리와 같이 되면 우리는 당신들에게 동의하겠습니다.

16 그러면 우리는 우리의 딸들을 당신들에게 줄 것이며 당신들의 딸들은 우리를 위해 데려올 것이고 우리는 당신들과 거주하여 우리는 하나의 백성이 될 것입니다.

17 그러나 당신들이 할례를 행하라는 우리의 말을 듣지 아니하면 우리는 우리의 딸을 데리고 갈 것입니다.”라고 하자,

18 그들의 말이 하모르와 하모르의 아들 쉬켐의 눈에 좋게 여겨졌다.

19 그 소년은 이 일을 행하는데 미루지 아니하였으니 이는 그가 야아콥의 딸을 기뻐하기 때문이고, 한편 그는 그의 아버지의 온 집에서 가장 존중히 여김을 받는 자였기 때문이다.

20 하모르와 그의 아들 쉬켐은 그들의 성문으로 가서 그들의 성읍의 사람들에게 말하여 이르기를

21 “이 사람들은 우리와 평화로운 관계에 있는 사람들이요, 그들을 이 땅에 거주하게 하고 상거래도 하게 하자. 보라, 이 땅은 그들 앞에 넓

으니5 우리가 그들의 딸들을 아내들로 데려오고, 우리의 딸들은 그
들에게 줍시다.

22 그러나 그 사람들은 한 가지 조건으로 우리에게 동의하고 우리와 함
께 거주하고 한 백성이 될 것인데, 그들이 할례를 받은 것처럼 우리
도 모든 남자는 할례를 받는 것입니다.

23 그들의 소떼와 그들의 소유와 그들의 모든 가축은 우리들의 것이 아
닙니까? 다만 그들에게 동의합시다. 그러면 그들이 우리와 함께 거
주할 것입니다."라고 하자,

24 그 성문에 나온 모든 사람들은 하모르와 그의 아들 쉬켐의 말에 순
종하고, 모든 남자, 곧 그 성문에 나온 모든 남자는 할례를 받았다.

25 세 번째 날에, 그들이 고통 가운데 있을 때 야아콥의 두 아들들, 곧
디나의 오라비들인 쉬므온과 레뷔는 각각 자기의 칼을 가지고 그 성
읍으로 방해받지 않고6 가서 모든 남자들을 죽였다.

26 그들은 하모르와 그의 아들 쉬켐도 칼날로 죽이고 쉬켐의 집에서 디
나를 데리고 돌아왔다.

27 야아콥의 아들들이 그 죽은 자들이 있는 곳으로 가서 그 성읍을 약
탈하였으니 바로 그 사람들이 자기들의 누이를 더럽힌 성읍이었다.

---

5. רַחֲבַת־יָדַיִם(라하바트 야다임): רָחָב(라하브, '넓은')라는 말과 יָד(야드, '손')의
쌍수인 יָדַיִם(야다임)이 합해진 관용어구로 '아주 넓은'이라는 뜻을 가지고 있다
(KB).

6. בֶּטַח(베타흐): 직역하면, '안전하게'라는 뜻인데, 본문에서는 문맥상으로 '방해받
지 않고(KB), 주목받지 않고'의 의미가 된다. 바로 앞 절에서 야아콥의 집안과 쉬
켐의 집안은 할례를 통해서 서로 계약을 맺은 상태이다.

28 그들의 양떼와 그들의 소떼와 그들의 나귀들과 그 성읍에 있는 것들과 그 들판에 있는 것들을 취하였고

29 그들의 모든 재물과 그들의 아이들과 그들의 여자들을 포로로 잡아 왔고 약탈하였으니, 즉 집에 있는 모든 것을 (취한 것이다).

30 야아콥이 쉬므온과 레뷔에게 말하기를 "너희는 나를 곤란하게 하여 이 땅에 거주하고 있는 사람들에게, 곧 크나안 족과 프리지 족에게, 나를 악취나게 하였다. 나는 사람이 적고, 그들이 나를 마주 향해 모여서, 나를 칠 것이요, 나는 멸망할 것이니 곧 나와 나의 집이다."라고 하자,

31 그들이 대답하였다. "그가 우리의 누이를 창녀와 같이 취급할 것이 아닙니까?"

창세기 35장

1 하나님께서 야아콥에게 말씀하시기를 "일어나 베이트 엘로 올라가서 거기에 거주하라. 그리고 거기에서 네가 너의 형 에사브에게서 도망할 때 네게 나타났던 하나님께 제단을 쌓으라."고 하시자,

2 야아콥이 그의 집안 사람들과 그와 함께 있는 모든 사람들에게 말하기를 "너희 가운데 있는 모든 이방신들을 제거하고 정결케 하며 너희의 옷을 바꾸라.

3 우리는 일어나서 베이트 엘로 올라갈 것이다. 거기서 내가 하나님께 제단을 쌓을 것이니, 그는 내가 곤란할 때에 나에게 응답하신 분이요, 내가 지나온 길에서 나와 함께하신 분이다."라고 하였다.

4 그들은 야아콥에게 그들 손에 있던 모든 이방신(상)들과 그들의 귀에 있던 모든 귀고리들을 주었다. 야아콥은 그것들을 쉬켐 옆에 있는 테레빈¹나무 아래 묻었다.

5 그들은 여정을 떠났고 하나님께서 주신 두려움이 그들 주변의 성읍들 위에 있으므로 아무도 야아콥의 아들들을 좇아오지 않았다.

---

1. אֵלָה(엘라): 옻나뭇과의 '테레빈나무'를 뜻한다. 이는 2~10미터에 이르는 나무로, 압살롬이 도망가다가 머리카락이 걸린 나무이기도 하다. 참나뭇과의 상수리나무와는 다른 종류이다. 상수리나무와 테레빈나무는 공통적으로 상징적인 의미를 가지는데, 즉 '멸망 이후에도 새로운 생명력이 시작되는' 것을 상징한다 (Hareuveni, 1984: 111~113).

6 야아콥이 크나안 땅의 루즈, 곧 베이트 엘로 갔으니, 야아콥 그리고 그와 함께한 모든 사람들이었다.

7 거기서 그는 제단을 쌓고 그 장소를 '베이트 엘의 하나님'이라고 불렀다. 왜냐하면 그가 에사브 앞에서 도망할 때 거기서 하나님께서 그에게 나타나셨기 때문이다.

8 그때에 리브카의 유모인 드보라가 죽었는데 베이트 엘 아래, 상수리나무² 아래에 매장되었다. 그래서 그곳의 이름을 '알론 바쿠트'³라고 불렀다.

9 야아콥이 파단 아람에서 돌아왔을 때에 하나님께서 그에게 또 나타나셔서 그를 축복하셨다.

10 하나님께서 그에게 말씀하셨다. "너의 이름은 야아콥이나 더 이상 너의 이름은 야아콥이라 불리지 않을 것이니 너의 이름은 이스라엘일 것이기 때문이다." 그리고 하나님께서는 그의 이름을 '이스라엘'이라 부르셨다.

11 하나님께서 그에게 말씀하셨다. "나는 전능하신 하나님이다, 너는 생육하고 증가하라. 백성과 백성들의 총회가 너로 말미암아 나올 것이다. 그리고 왕들이 네 허리에서⁴ 나올 것이다.

12 이 땅은 내가 아브라함에게 그리고 이츠하크에게 주었으니 내가 너

---

2. אַלּוֹן(알론): '상수리나무'를 뜻한다.

3. אַלּוֹן בָּכוּת(알론 바쿠트): '울음의 상수리나무'라는 뜻이다.

4. יָצָא מֵחֲלָצָיו(야짜 메할라짜브): '그의 옆구리에서 나오다'라는 뜻인데, 이는 육체적 후손이 그에게 생길 것을 이야기하는 것이다. 같은 표현이 열왕기상 8장 19절과 역대하 2장 6절에 나온다.

에게 주겠다. 그리고 너 이후의 네 후손에게 이 땅을 주겠다."

13 그리고 하나님께서는 그와 이야기하던 곳으로부터 올라가셨다.

14 야아콥은 그와 이야기하던 장소에 기둥을 세웠으니 돌기둥이요, 그
는 그 위에 전제를 드리고 기름을 그 위에 부었다.

15 야아콥은 하나님께서 거기서 그와 이야기하던 그 장소의 이름을 '베
이트 엘'이라고 불렀다.

16 그들은 베이트 엘에서 떠났고 그 땅에서 좀 떨어진 곳에 (있는) 에프
라트로 갔을 때에 라헬은 아이를 낳았는데 난산이었다.

17 그녀의 산고가 심할 때에 산파가 그녀에게 말하였다. "두려워하지 마
십시오, 왜냐하면 이 또한 당신의 아들이기 때문입니다."

18 그녀가 죽게 되어 영혼이 떠나갈 때에 그의 이름을 '벤 오니'⁵라고 불
렀다. 그러나 그의 아버지는 그를 '빈야민'⁶으로 불렀다.

19 라헬은 죽고, 그녀는 에프라트 방향 길에 묻혔으니, 곧 베이트 레헴⁷
이었다.

20 야아콥은 그녀의 무덤에 기둥을 세웠는데, 이것이 오늘까지 라헬의
무덤 기둥이었다.

21 이스라엘이 여정을 계속하여 미그달 에데르⁸ 너머에 그의 장막을

---

5. בֶּן־אוֹנִי(벤 오니): '내 슬픔의 아들'이란 뜻이다.

6. בִּנְיָמִן(빈야민): '오른손의 아들'이란 뜻이다. 아들을 의미하는 בֵּן(벤)과 오른손을
의미하는 יָמִן(야민)의 합성어인데 붙여 읽을 때에는 '빈야민'으로 읽는다.

7. בֵּית לֶחֶם(베이트 레헴): '빵 집'이란 뜻이다.

8. מִגְדַּל־עֵדֶר(미그달 에데르): '에데르 탑(망대)'이란 뜻이다. 한편, עֵדֶר(에데르)는
'무리'라는 뜻이 있어 '양떼의 망대'라는 의미로 이해될 수도 있지만, 여기서 '미

쳤다.

22 이스라엘이 그 땅에 거주할 때에 르우벤이 가서 그의 아버지의 첩 빌하와 동침했는데, 이스라엘이 들었다. 이들은 야아콥의 열 두 아들들이니,

23 레아의 아들들은 르우벤, 곧 장자와, 쉬므온, 레뷔, 예후다, 이사카르 그리고 즈불룬,

24 라헬의 아들들은 요세프와 빈야민,

25 라헬의 여종인 빌하의 아들들은 단과 나프탈리,

26 레아의 여종인 질파의 아들들은 가드와 아쉐르이니, 이들이 파단 아람[9]에서 그에게 태어난 야아콥의 아들들이다.

27 야아콥은 자기 아버지 이츠하크가 있는 키르야트 아르바—곧 헤브론—의 마므레로 갔으니, 곧 아브라함과 이츠하크가 살던 곳이다.

28 이것이 이츠하크의 날들이니 곧 일백 팔십 년이다.

29 그가 기한이 다하여[10] 죽었고, 그의 백성에게로 연합하니, 늙었고 장수하였다. 그의 아들 에사브와 야아콥이 그를 장사하였다.

그달 에데르'는 고유명사로 사용되었다.

9. 칠십인역(LXX)에서는 Μεσοποταμία τῆς Συρίας(메소포타미아 테스 쉬리아스, '메소포타미아 수리아', 지명의 현대화)로 읽는다. 창세기 33장의 노트 9를 보라.

10. יָגְוַע(가봐)는 '죽다(to die)', '끝나다(expire)', '없애다 또는 제거하다(remove)' 등의 의미이다(TDOT). יָגְוַע(가봐)가 단독으로 쓰일 때에는 '죽다'의 의미로, וַיִּגְוַע וַיָּמָת(봐이그봐 봐야모트)로 מות(무트, '죽다')와 함께 쓰일 때에는 '기한이 다하여 죽었다'로 번역하는 것이 좋다. 이럴 경우 그 앞 절에 보통 살았던 기간이 나온다. 창세기 25장 8, 17절, 35장 29절, 49장 33절을 보라.

창세기 36장

1 이것은 에사브의 계보이니 그는 에돔이다.

2 에사브가 크나안 여인 헤트 족속 엘론의 딸 아다와 헤트 족속 찌브온의 아들¹ 아나의 딸인 오홀리바마와

3 이쉬마엘의 딸이요 느바요트의 누이인 바스마트²를 아내로 얻었으니³

4 아다가 에사브에게 엘리파즈를 낳았고 바스마트는 르우엘을 낳았다.

5 그리고 오홀리바마는 예우쉬⁴와 야알람과 코라흐를 낳았으니, 이들은 에사브의 아들들이요 크나안 땅에서 그에게 태어났다.

6 에사브는 그의 부인들과 아들들과 딸들과 그의 집에 있는 모든 사람들과 소떼와 가축과 그가 크나안 땅에서 소유한 모든 소유를 가지고

---

1. 마소라 본문(MT)은 에사브의 부인 אָהֳלִיבָמָה(오홀리바마)를 בַּת־עֲנָה בַּת־צִבְעוֹן (바트 아나 바트 찌브온, '찌브온의 딸 아나의 딸')로 기록한다. 14절에서도 이와 마찬가지로 기록하는데, 이는 두 군데 모두 오기이다. 왜냐하면 עֲנָה(아나)는 צִבְעוֹן(찌브온)의 아들이기 때문이다(창36:24; 대상1:40). 그러므로 여기에선 칠십인역(LXX)에 따라 '찌브온의 아들 아나의 딸(θυγατέρα Ανα τοῦ υἱοῦ Σεβεγων[쥐가테라 아나 투 휘우 세베곤])'로 본문을 선택하고 번역해야 한다.

2. 에사브의 아내는 이쉬마엘의 딸 בָּשְׂמַת(바스마트; 참고. 창26:34; 36:3,10,13,17; 왕상4:15)로 기록되지만, 창세기 28장 9절에는 이쉬마엘의 딸 מָחֲלַת(마할라트)로 기록되어 있다.

3. '아내로 얻다'라는 לָקַח אֶת־נָשָׁיו(라카흐 에트 나쇄브)는 마소라 본문(MT)의 2절에 있으나 한국어 어법상 3절에 둔다.

4. 커리(마소라의 읽기 전승)에 따라 '예우쉬(יְעוּשׁ)'로 읽는다.

그의 형제 야아콥에게서 떠나 다른 땅으로 갔다.

7 왜냐하면 그들의 소유는 같이 거주하기에는 너무 많기 때문이요, 그들이 살고 있는 땅은 그들의 소유한 가축 떼들로 인해서 그들을 수용할 수가 없었다.

8 그래서 에사브는 세이르 산지에 거주하였으니 그곳은 바로 에돔이다.

9 이것이 세이르 산지에 있는 에돔의 조상 에사브의 계보이다.

10 이들은 에사브의 아들들의 이름들이다. 에사브의 부인 아다의 아들은 엘리파즈이고, 르우엘은 에사브의 부인 바스마트의 아들이다.

11 엘리파즈에게 아들들이 있었는데, 테만, 오마르, 쯔포, 가아탐 그리고 크나즈이다.

12 그리고 팀나는 에사브의 아들 엘리파즈의 첩이요 그녀는 아말렉을 엘리파즈에게 낳았으니, 이들이 에사브의 아내 아다의 자손들이다.

13 르우엘의 아들들은 나하트, 제라흐, 솨마 그리고 미재인데, 이들은 에사브의 아내 바스마트의 자손들이다.

14 그리고 이들은 찌브온의 손녀요 아나의 딸, 곧 에사브의 부인 오홀리바마의 아들들인데, 그녀가 에사브에게 예우쉬와 야알람과 코라흐를 낳았다.

15 이들은 에사브의 후손의 족장들이다. 에사브의 장남 엘리파즈의 자손들은 테만의 족장이며, 오마르의 족장이고, 쯔포의 족장이며, 크나즈의 족장

16 (코라흐 족장),⁵ 가아탐 족장, 아말렉 족장인데, 이들은 에돔 땅 엘리파

---

5. 마소라 본문(MT)에 있는 '고라흐 족장'은 사마리아 오경(SP)을 따라 빼야 한

즈의 족장들이며, 아다의 자손들이다.

17 그리고 에사브의 아들 르우엘의 자손은 나하트 족장, 제라흐 족장, 쌈
마 족장, 미재 족장인데, 이들은 에돔 땅에서 르우엘의 족장들이며,
에사브의 아내 바스마트의 자손들이다.

18 그리고 이들은 에사브의 아내 오홀리바마의 자손들인데, 예우쉬 족
장, 야알람 족장, 코라흐 족장이다. 이들은 아나의 딸 에사브의 아내
오홀리바마의 족장들이다.

19 이들이 에사브의 자손들이요, 또한 이들이 그 족장들이니, (에사브는)
곧 에돔이다.

20 그 땅에 거주하던 호리 족 세이르의 자손은 이러하니, 로탄, 쇼발, 찌
브온, 아나,

21 디숀, 에쩨르 그리고 디샨이니, 이들은 호리 족의 족장들이니 에돔
땅 세이르의 후손들이다.

22 그리고 로탄의 아들들은 호리와 헤맘이고 로탄의 누이는 팀나였다.

23 그리고 쇼발의 아들들은 알반, 만하트, 에발, 스포 그리고 오남이다.

24 그리고 찌브온의 아들들은 아야와 아나이다. 아나는 광야에서 그의
아버지 찌브온의 나귀들을 목축할 때에 온천⁶을 발견하였다.

다. 15~16절은 에사브와 아다 사이에 난 엘리파즈의 자녀들 중심의 족장들이다
(11~12절에 이 명단이 먼저 나온다). 그런데 고라흐는 아다의 아들 엘리파즈가 낳
은 아들이 아니고 에사브의 다른 부인 오홀리바마가 낳은 아들이다. 18절을 보
면, 고라흐는 에사브와 오홀리바마 사이의 아들로 족장이 되었다고 언급된다(14
절도 참고하라).

6. 사마리아 오경(SP)은 הַמַּיִם(하마임, '물')으로 읽는다.

25 아나의 아들은 디숀[7]이며 오홀리바마는 아나의 딸이다.

26 그리고 디숀의 자손은 햄단, 에쉬반, 이트란 그리고 크란이다.

27 에쩨르의 자손은 빌한, 자아반 그리고 아칸이다.

28 디샨의 자손은 우츠오 아란이다.

29 이들이 호리 족의 족장들이니 로탄 족장, 쇼발 족장, 찌브온 족장, 아나 족장

30 디숀 족장, 에쩨르 족장, 디샨 족장이니, 이들이 호리 족의 족장들이며 세이르 땅에 족장들의 계보대로이다.

31 그리고 이들은 에돔 땅을 다스렸던 왕들이니, 왕이 이스라엘 자손을 다스리기 전이었다.

32 브오르의 아들 벨라가 에돔을 다스렸는데, 그의 도성의 이름은 딘하바였다.

33 벨라가 죽고 그를 대신하여 보쯔라 출신이요 제라흐의 아들인 요밥이 다스렸다.

34 요밥이 죽고 그를 대신하여 테만 족의 땅 출신인 후샴이 다스렸다.

35 후샴이 죽고 그를 대신하여 브다드의 아들 하다드가 다스렸다. 그는 모압 평원에서 미디얀 족을 쳤고, 그의 도성은 아비트였다.

36 하다드가 죽고 그를 대신하여 마스레카 출신 삼라가 다스렸다.

37 삼라가 죽고 그를 대신하여 사울이 다스렸는데, 그는 유프라테스 강 레호보트 출신이다.

38 사울이 죽고 그를 대신하여 아크보르의 아들 바알 하난이 다스렸다.

---

7. דִּישָׁן(디샨): 역대상 1장 41절에서는 דִּישׁוֹן(디숀)으로 기록한다.

39 아크보르의 아들 바알 하난이 죽고 그를 대신하여 하다드[8]가 다스렸
으니, 그의 도성은 파우[9]였다. 그의 아내의 이름은 메헤타브엘이니
메이자합의 손녀요 마트레드의 딸이다.

40 그리고 이것은 그 족속과 지역과 그 이름을 따른 에사브의 족장들의
이름이다. 팀나 족장, 알바 족장, 예타트 족장,

41 오홀리바마 족장, 엘라 족장, 피논 족장,

42 크나즈 족장, 테만 족장, 미브짜르 족장,

43 마그디엘 족장, 이람 족장이니, 이들은 에돔의 족장들이요, 그 족속
과 그 땅에서의 그들의 거주지를 따라서이다. 에사브는 에돔의 조
상이다.

---

8. הֲדַר(하다르): 많은 히브리어 사본, 사마리아 오경(SP), 페쉬타(S)는 הֲדַד(하다드)
로 읽는다. 그런데 마소라 본문(MT)은 동일인물인 바알 하난의 아들의 이름을
여기에선 הֲדַר(하다르)로 읽고 있다. 그러나 역대상 1장 50절에는 הֲדַד(하다드)
로 읽는다. 히브리어에서 레이쉬(ר)와 달렛(ד)은 생김새가 유사하여 혼동이 자주
생긴다(graphical similarity). 그러나 적어도 동일인물에 대해서는 같이 번역해
주어야 한다. ESV, RSV, NASB(Hadar/Hadad), 개역개정, 바른성경(하달/하닷)
등도 마소라 본문(MT)을 따라 다르게 호칭하고 있다.

9. פָּעוּ(파우): 역대상 1장 50절의 פָּעִי(파이)와 비교하라. 히브리어 '바브(ו)'와 '요드
(י)'는 비슷하게 생긴 글자라서(graphic similarity) 히브리어 성경 본문에 착오로
잘못 기록되어 있는 부분이 여러 군데 있다(Tov, 2012: 228~229).

창세기 37장

1 야아콥은 그의 아버지의 거류하던 땅, 곧 크나안 땅에 정착하였다.

2 이것은 야아콥의 계보이니, 열 일곱 살의 요세프는 그의 형제들과 함께 목축하였다. 그는 그 아버지의 아내들인 빌하의 아들들 그리고 질파의 아들들과도 함께였다. 그런데 요세프는 그들의 좋지 않은 소식들을 아버지에게 가져왔다.

3 이스라엘은 그의 아들들 중 요세프를 가장 사랑하였는데, 이는 그가 그의 벤 즈쿠님[1]이었기 때문이다. 그래서 그에게 장식 달린 긴 옷[2]을 만들어주었다.

4 그의 형제들이 그들의 아버지가 모든 다른 형제보다[3] 그를 더 사랑

---

1. בֶּן־זְקֻנִים(벤 즈쿠님): '늙어서 낳은 아들'을 말하는 것이 아니다. 그보다 이것은 '노년을 위한 아들'이란 뜻인데, 곧 아버지가 나이 많아 보지 못하거나 기력이 없을 때에 아버지의 눈과 귀와 심부름 꾼으로서의 역할을 감당하면서 아버지의 노년을 돌보도록 책임을 맡은 아들을 말한다(참고. 김하연, 2016: 35~38).

2. כְּתֹנֶת פַּסִּים(크토네트 파심): 이 단어의 의미는 불분명하다. כְּתֹנֶת(크토네트)는 '무릎 아래까지 오는 긴 옷'을 말한다(tunic?). 그리고 פַּסִּים(파심)은 여러 개의 장식이 달린 것을 의미하는데, 여기에 화려한 색깔이 같이 들어가는 것도 포함된다(KB).

3. מִכָּל־אֶחָיו(미콜 에하브): 마소라 본문(MT)은 '그의 모든 형제들보다'로 읽고 있으나, 칠십인역(LXX)과 사마리아 오경(SP)은 '그의 모든 아들들 중에(ἐκ πάντων τῶν υἱῶν αὐτου[에크 판톤 톤 휘온 아우투] =מִכָּל־בָּנָיו[미콜 바나브])'로 읽는다.

하는 것을 보고 그를 미워하였으니, 그에게 평화롭게 말을 할 수가 없었다.

5 요세프가 꿈을 꾸었고 그의 형제들에게 말하였는데, 그들은 그를 더 미워하게 되었다.

6 요세프가 그들에게 말하기를 "내가 꿈꾼 이 꿈을 들어보시오.

7 보라, 우리는 들에서 단을 묶고 있었는데, 보라, 내 단이 일어나 섰고, 보라, 당신들의 단들이 둘러섰고, 내 단에게 절을 하였습니다."라고 하자,

8 그들이 요세프에게 이야기하기를 "네가 진정 우리 위에서 우리를 통치하며 네가 진정 우리를 다스리겠느냐?"라고 하였고, 그의 꿈으로 인하여 그리고 그의 이야기로 인하여 그를 더 미워하게 되었다.

9 그런데 요세프가 또 꿈을 꾸고 형들에게 이야기하였다. 그가 말하였다. "보라, 내가 또 꿈을 꾸었다. 보라, 해와 달과 열 한 개의 별들이 나에게 절하고 있었다."

10 요세프가 그의 아버지와 그의 형들에게 이야기하자, 그의 아버지가 그를 책망하고 그에게 말하였다. "이 꿈이 도대체 무엇이냐, 너는 나와 너의 어머니와 너의 형제들이 가서 너에게 땅에 엎드려 절한다는 것이냐?"라고 하였다.

11 요세프의 형들이 그를 시기하였으나 그의 아버지는 이 일을 마음에 두었다.

12 요세프의 형들이 나아가서 그들의 아버지의 양을 치러 쉬켐에 갔다.

13 이스라엘이 요세프에게 말하기를 "너의 형들이 쉬켐에서 양떼를 치고 있지 않느냐, 내가 너를 그들에게 보내겠다."라고 하자 그가 아버

지에게 "알겠습니다."라고 대답하였다.

14 다시 요셉에게 말하였다. "가서 너의 형들이 평안히 있는지 보라, 그리고 양떼가 평안한지를 보고 내게 보고하라." 그래서 헤브론 골짜기에서 그를 보내고 요셉은 쉬켐 방향으로 갔다.

15 그가 들판에서 방황하고 있는 것을 어떤 사람이 발견하고 그 사람은 요셉에게 물었다. "무엇을 찾느냐?"

16 그가 대답하기를 "나는 나의 형들을 찾고 있습니다, 그들이 어디서 목축하고 있는지 나에게 알려주십시오."라고 하자,

17 그 사람이 말하였다. "그들은 여기서 떠났다. 그들이 이야기하는 것을 들으니 '우리가 도탄 방향으로 가자'라고 하였다." 그래서 요셉은 그 형들의 뒤를 따라 갔고 도탄에서 그들을 발견하였다.

18 그들이 멀리서 요셉을 보고 요셉이 그들에게 가까이 오기 전에, 그를 죽이기로 음모를 꾸몄다.

19 그들이 서로서로[4] 말하기를 "보라, 이 꿈쟁이가 온다.

20 지금 그를 죽이고 여기에 있는 구덩이 중의 한 곳에 그를 던져버리자, 그리고 악한 짐승이 그를 먹었다고 말하자, 그러면 그의 꿈이 어떻게 되는지 보게 될 것이 아닌가?"라고 하였다.

21 르우벤이 듣고 그들의 손에서 요셉을 구하였다. 그가 말하였다. "생명을 죽이지 말자."

22 르우벤이 그들에게 또 말하기를 "피를 흘리지 말고 광야에 있는 이

---

4. אִישׁ אֶל־אָחִיו(이쉬 엘 아히브): 직역하면, '한 사람이 그의 형제에게'이지만, 관용어구로 사용되어 '서로서로'라는 의미를 가진다.

구덩이에 던져버리고 그에게 손을 대지는 말라."고 하였는데, 이는 요세프를 그들의 손에서 건져내고 그를 그의 아버지에게 돌리려고 한 것이었다.

23 그리고 요세프가 그의 형들에게 왔을 때에 그들은 요세프의 옷을 벗겼으니 그의 긴 겉옷이요, 곧 그가 입고 있는 장식이 있는 긴 옷을 벗겼다.

24 그리고 그를 붙잡아 구덩이로 던졌다. 그 구덩이는 비었고 물이 없었다.

25 그리고 그들은 빵을 먹기 위해 앉았다. 그때 그들이 눈을 들어 보니, 보라, 이쉬마엘 대상들이 길아드 방향에서 오고 있었다. 그들의 낙타들은 향신료와 향유와 몰약을 지고 이집트 쪽으로 내려가고 있었다.

26 예후다가 그의 형제들에게 말하기를 "우리가 우리의 형제를 죽이고 그의 피를 숨기는 것이 무슨 소득이 있겠느냐?

27 자, 이쉬마엘 사람들에게 그를 팔자 그리고 우리의 손을 그에게 대지 말자, 그는 우리와 한 혈육이고 우리의 형제이기 때문이다."라고 하자, 그의 형제들이 그 말을 들었다.

28 미디안 상인들이 지나갈 때, 그들은 요세프를 구덩이에서 꺼내어 올려서 요세프를 이쉬마엘 사람들에게 은 이십 개에 팔았다. 그들은 요세프를 이집트 쪽으로 데려갔다.

29 르우벤이 그 구덩이로 돌아와 보니, 보라, 요세프가 그 구덩이에 없었다. 그러자 그는 자기의 옷을 찢었다.

30 그가 자기 형제들에게 와서 말하였다. "아이가 없다, 내가 어디로 갈까?"

31 그들은 요세프의 긴 옷을 취하였고, 숫염소를 잡아 그 옷을 그 피에 담갔다.

32 그런 후 그들은 장식이 달린 긴 옷을 그들의 아버지에게 가져와서 말하기를 "우리가 이것을 발견하였습니다. 당신의 아들의 옷인지 아닌지 확인해 보십시오."라고 하자,

33 야아콥이 그것을 알아보고 말하였다. "내 아들의 옷이다. 나쁜 짐승이 그를 먹었구나 요세프는 진정 찢겼구나!"

34 야아콥은 그의 옷을 찢고, 베를 그의 허리에 묶고, 그의 아들로 인해서 여러 날 동안 애도하였다.

35 그러자 그의 모든 아들들과 딸들이 그를 위로하려고 일어났으나 그는 위로 받기를 거절하였다. 그리고 그는 말하기를 "내가 슬퍼하며 스올로 내 아들에게 내려가겠다."라고 하였다. 그의 아버지는 통곡하였다.

36 한편, 그 미디안 사람들은 요세프를 이집트 사람 파르오의 환관[5] 포티파르에게 팔았는데, 그는 경비대 장관이었다.

---

5. סָרִיס(사리스): '높은 관직', '군 장교(왕하17:17; 렘39:3,13 등)' 혹은 '환관(창 37:36; 39:1; 40:2,7; 왕하20:18; 사39:7 등)'이라는 뜻이 있다. 본 절에서는 '환관' 이 맞다. 칠십인역(LXX)도 σπάδων(스파돈, '환관')으로 번역하고 있다.

창세기 38장

1 그때에 예후다가 자기 형제들로부터 내려가서 아둘람 사람의 어떤 사람 가까이에 장막을 쳤는데, 그 사람의 이름은 히라였다.

2 예후다는 거기서 크나안 사람 슈아의 딸을 보았고, 그녀를 취하여 그녀에게 들어갔다.

3 그녀가 임신하고 아들을 낳았고, 그녀는[1] 그 이름을 '에르'[2]라고 하였다.

4 수아가 또 임신하여 아들을 낳았으며, 그녀는 그 이름을 '오난'이라고 하였다.

5 또 더하여 아들을 낳고, 그녀는 그 이름을 '쉘라'라 불렀다. 예후다는 그녀가 아들을 낳을 때에 크집[3]에 있었다.

6 예후다가 그의 장자 에르를 위하여 아내를 데려왔으니, 그녀의 이름은 타마르였다.

---

1. וַיִּקְרָא(봐이크라): יִקְרָא(이크라)는 남성 단수동사이다. 따라서 직역하면, '그리고 그가 불렀다'라는 뜻이다. 마소라 본문(MT)은 예후다가 이름을 지은 것으로 기록하지만, 사마리아 오경(SP)과 타르굼 요나탄(Tᴶ)은 '그녀'가 이름을 지었다고 한다. 아래의 4절과 5절을 보면(וַתִּקְרָא[봐티크라]: 여성 단수동사로, '그리고 그녀가 불렀다'라는 뜻이다), 예후다의 둘째, 셋째의 아이들의 이름을 예후다의 아내 수아가 짓는다.

2. 예후다의 장남으로, '수호자(protector)'라는 뜻이다.

3. 지명이다. 역대상 4장 22절의 כֹּזֵבָא(코제바)와 비교하라.

7 예후다의 장자 에르는 **주**의 눈 앞에 악하였으며 **주**께서 그를 죽이셨다.

8 예후다가 오난에게 말하였다. "너의 형수에게 들어가서 그녀에게 수혼계대결혼을 이행하여 네 형에게 자식이 있게 하라."

9 오난은 그 자식이 자기의 것이 되지 못함을 알았다. 그래서 그는 자기 형에게 자식을 주지 아니하려고 그의 형의 아내에게 들어갈 때에 땅에 쏟아버렸다.

10 그가 행한 일은 **주**의 눈에 악하였으므로 (주께서) 그를 죽이셨다.

11 예후다가 그의 며느리 타마르에게 말하기를 "너의 아버지의 집에서 내 아들 쉘라가 자랄 때까지 과부로 머물라."고 하였는데, 이는 그의 생각에 쉘라도 그의 형들처럼 죽지 않게 하기 위함이었다. 타마르는 그녀의 아버지 집으로 돌아갔다.

12 여러 날이 지난 후에, 슈아의 딸, 곧 예후다의 아내가 죽었다. 유다가 위로를 받고, 그의 이웃인 아둘람 사람 히라와 함께 팀나로 그의 양 떼의 털 깎는 자에게 올라갔다.

13 타마르에게 "네 시아버지가 양털 깎으러 팀나로 올라간다."라고 들려오자,

14 그녀는 그녀의 과부의 옷을 벗고 베일로 얼굴을 가리고,[4] 자기를 위

---

4. וַתְּכַס(봐테카스): כסה(카사, '덮다, 가리다')의 *Piel* 형이다. 사마리아 오경(SP), 페쉬타(S) 그리고 타르굼(T)은 *Hithpael* 형의 동사어간으로 תִּתְכָּס(티트카스)로 읽는다. 이 단어가 '얼굴을 가리다'라는 의미일 때는 일반적으로 *Hithpael* 형으로 쓰인다(예. 창세기 24장 65절에서 리브카는 베일로 얼굴을 תִּתְכָּס[티트카스] 한다). 이것은 마소라 본문(MT)의 서기관이 필사과정에서 같은 글자가 연속으로 나올 때에(예. תת) 한 번만 기록하는 실수(haplography)로 인하여 생긴 결과

장하여 팀나로 가는 길 위에 있는 에이나임 입구에 앉았다. 이는 쉘라가 이미 다 자란 것을 아는 데도 예후다가 그녀를 쉘라의 아내로 주지 않았기 때문이다.

15 예후다가 그녀를 보고, 그녀가 창녀인 줄로 여겼으니, 이는 그녀가 얼굴을 가렸기 때문이다.

16 그가 그녀에게 길 가로 돌이켜 말하기를 "내가 너에게 들어가고자 한다."라고 하였으니, 이는 그녀가 자기 며느리인 줄 알지 못하였기 때문이다. 그녀가 대답하기를 "당신이 내게 들어오고자 하니 나에게 무엇을 주겠습니까?"라고 하자,

17 그가 말하기를 "내가 양떼로부터 너에게 숫염소 새끼를 주겠다."라고 하니, 그녀가 말하기를 "당신이 그것을 보낼 때까지 내게 약조물을 주겠습니까?"라고 하였다.

18 그가 대답하기를 "내가 어떤 약조물을 주랴?"고 하니, 그녀가 말하기를 "당신의 도장과 당신의 줄과 당신의 손에 있는 지팡이입니다."라고 하였다. 그래서 그녀에게 주고, 그녀에게 들어가니 그녀는 그로 인해 임신하였다.

19 그리고 타마르는 일어나 갔으며 베일을 벗어버리고 그녀의 과부의 옷을 입었다.

20 예후다가 염소 새끼 한 마리를 그의 벗 아둘람 사람의 손에 보내어 그 여자에게서 약조물을 받아오게 하였는데, 그는 그녀를 찾지 못하였다.

───────

이다(참고. Tov, 2012: 220).

21 히라가 그곳의 사람들에게 물어 "에이나임의 길에 있던 창녀가 어디에 있습니까?"라고 하니, 그들이 대답하기를 "여기에는 창녀가 없습니다."라고 하였다.

22 그가 예후다에게 돌아와서 말하기를 "내가 그 여자를 찾지 못하였고, 그곳 사람들이 말하기를 그곳에는 창녀가 없다 하더라."고 하였다.

23 예후다가 말하기를 "우리가 웃음거리가 되지 않도록 그녀가 그냥 갖게 하자, 보라, 나는 분명히 이 염소 새끼를 보냈지만, 네가 그녀를 찾지 못하였다."라고 하였다.

24 대략 석 달쯤 지난 후에 예후다에게 들려오기를 "너의 며느리 타마르가 창녀 짓을 하였고 창녀 짓으로 임신까지 하였다."라고 하자, 예후다가 말하기를 "그 여자를 끌어내어 불사르라."고 하였다.

25 그녀가 끌려 나올 때에 그녀가 자기 시아버지에게 보내어 말하기를 "이 물건들의 주인으로 인해 내가 임신하였습니다, 이 도장과 줄과 지팡이가 누구의 것인지 살펴보십시오."라고 하였다.

26 예후다가 알아보고 말하기를 "나보다 더 의롭다, 왜냐하면 내가 그녀에게 내 아들 쉘라를 주지 않았기 때문이다."라고 하였고, 그녀와 더 이상 관계하지 않았다.

27 타마르가 해산할 때가 되었는데, 보라, 그녀의 배 속에 쌍둥이가 있었다.

28 해산할 때에 하나가 손을 내밀었다. 산파가 붉은 실을 취하여 그 손을 묶었으며 말하기를 "이 아이가 먼저 나왔다."라고 하니,

29 그가 손을 다시 넣으니, 그의 형제가 나왔다. 그래서 그녀가 말하기를

"돌파하고[5] 나왔구나."라고 하고, 그의 이름을 '페레츠'라고 불렀다.

30 그 뒤에 그의 형제가 나왔으니 그의 손에 붉은 실이 있었다. 그래서 그의 이름을 '제라흐'[6]라고 불렀다.

---

5. פָּרַץ(파라츠): '돌파하다, 뚫고 나오다'라는 뜻이다.

6. זֶרַח(제라흐): 이 단어의 어근의 의미에는 '올라오다', '비추다' 등의 뜻이 있다.

창세기 39장

1 요세프는 이집트로 끌려왔고 이집트 사람 바로의 경비대 장관인 환관[1] 포티파르가 요세프를 거기로 끌고 내려간 이쉬마엘 사람들로부터 그를 샀다.

2 주께서 요세프와 함께하시니 그가 형통한 자가 되어 이집트인 주인의 집에 있게 되었다.

3 그의 주인이 주께서 요세프와 함께하셔서 그의 손으로 행하는 모든 것이 형통하게 하시는 것을 보았다.

4 요세프는 그 주인에게 은총을 입었으며 요세프는 그를 섬겼다. 주인은 그를 지명하여 그의 집 총관리자로 세워서, 그에게 있는 모든 것을 요세프의 손에 맡겼다.

5 그의 집과 그에게 있는 모든 소유를 요세프의 손에 맡긴 이후부터 주께서 요세프로 인하여 이집트 사람의 집에 복을 주셨으니, 주의 축복이 집이나 들에 있는 그의 모든 소유에 임하였다.

6 그리고 그는 그의 먹는 것 외에 요세프의 손에 맡긴 것에 대해서는 간

---

1. סָרִיס(사리스): 이 단어는 '높은 관원(high official)' 또는 '환관(eunuch)'이라는 의미가 있다. 본문에서는 칠십인역(LXX)의 σπάδων(스파돈, '환관')에 근거하여 '환관'으로 번역하였다. 이 단어가 '환관'이라는 의미로 사용된 곳은 창세기 37장 36절, 40장 2, 7절, 에스더 1장 10, 12, 15절, 2장 3, 4f절, 6장 2, 14절, 이사야 56장 3f절 등이다(KB; 참고. Jordan, 2009: 147).

섭을 하지도 않고 어떤 일이던지 알려고 하지도 않았다. 요세프는 외모가 준수하고 용모가 아름다웠다.

7 이러한 일들 이후에 그의 주인의 아내가 눈을 들어 요세프를 보고 그에게 말하여 "나와 함께 자자."라고 하였다.

8 그가 거절하고 그 주인의 아내에게 말하였다. "보십시오, 주인이 집 안에 있는 것들 중 나에게 맡긴 것은 상관하지 않고, 그에게 속한 모든 것을 내 손에 맡기셨는데,

9 이 집에서 나보다 높은 자가 없으며, 주인이 당신을 제외하고는 나에게 어떤 것도 아끼지 아니하였으니, 이는 당신이 그의 아내이기 때문입니다. 그런데 내가 어떻게 이 큰 악을 행하여 내가 하나님께 죄를 짓겠습니까?"

10 그녀가 요세프에게 이렇게 말하는 것이 매일매일이었고, 요세프는 그녀와 자는 것을 듣지 않았고, 그녀의 집에서 그녀와 함께 있기도 거절하였다.

11 어느 날, 요세프가 그의 업무를 감당하려고 그 집으로 들어갔더니, 그 집의 사람들이 거기 집안에 아무도 없었다.

12 그녀는 요세프의 옷을 잡고 말하기를 "나와 같이 자자."라고 하니, 요세프는 그의 옷을 그 여자의 손에 남겨두고 도망쳐 바깥으로 나왔다.

13 그 여자가 요세프가 옷을 자기 손에 남겨두고 떠나 바깥으로 도망간 것을 보고

14 그녀의 집의 사람들을 불러 그들에게 말하였다. "보라, 주인이 우리를 조롱하려고 히브리 소년을 데리고 왔다. 그가 나와 자려고 내게 왔기에 내가 큰소리를 질렀다.

15 내가 소리를 높여 부르는 것을 그가 듣고는 그의 옷을 나에게 남겨두고 바깥으로 도망갔다."

16 그 여자는 그의 옷을 자기에게 두었으니, 곧 요세프의 주인이 자기 집으로 올 때까지였다.

17 그리고는 그에게 이렇게 말하였다. "당신이 우리에게 데려온 그 히브리 종이, 나를 희롱하려고 나에게 왔습니다.

18 내가 크게 소리질러 사람을 불렀는데, 그러자 그는 자기 옷을 내 처소에 남겨두고 바깥으로 도망갔습니다."

19 요세프의 주인이 그의 아내가 자기에게 하는 이야기, 곧 이러이러한 일을 당신의 종이 내게 행하였다 하는 것을 듣고 분노하였다.

20 그래서 요세프의 주인은 그를 잡아 왕의 죄수들만 가두는² 감옥으로 그를 넘겨주었다. 그래서 그는 감옥에 있었는데

21 **주**께서 요세프와 함께하셨고 그에게 계속 선을 베풀어주셔서 요세프가 감옥 관리자에게 은총을 입게 하셨다.

22 그래서 감옥 관리자는 요세프의 손에 그 감옥에 있는 모든 죄수들을 맡겼다. 그래서 요세프는 그곳의 모든 할 일들을 책임지게 되었다.

23 어떤 감옥 관리자도 요세프의 손에 맡겨진 일들은 어떤 것이라도 보지 아니하였으니, **주**께서 그와 함께하시고, **주**께서 그가 행하는 일을 형통하게 하셨다.

---

2. 기록된 본문(*kᵉtib*[크티브])에서는 אֲסוּרֵי(아수레이)로 읽고 마소라 학자들이 수정하여 읽기로 한 커리(*qᵉre*)에서는 אֲסִירֵי(아시레이)로 읽는다. 두 단어의 의미는 정확히 같다(참고. Tov, 2012: 57).

창세기 40장

1 이 일들 후에 이집트의 술관원과 빵 굽는 자가 그들의 주인 이집트 왕에게 죄를 지었다.

2 파르오가 두 관원에게 분노하였으니 곧 술 관원과 빵 관원이었다.

3 그래서 그들을 구금하여 경비대장의 집에 주었으니 곧 감옥이요, 거기는 요셉이 갇혀 있는 곳이었다.

4 경비대장은 요세프를 그들과 함께 있게 하여 그들을 섬기게 하였으며, 그들이 구금된 지 여러 날이 지났다.

5 그 두 사람이 꿈을 꾸었는데, 같은 날 각자 다른 꿈을 꾸고 그 해석도 각각이었다. 그들은 이집트 왕의 술 관원과 빵 관원이었으며 감옥에 갇혀 있는 사람들이었다.

6 아침에 요세프가 그들에게 가서 보니 그들은 완전히 정신이 나가 있었다.

7 그래서 요세프는 그와 함께 그의 주인의 집에 구금되어 있던 파르오의 장관들에게 물어 말하기를 "왜 당신들의 얼굴들이 풀이 죽어 있습니까?"라고 하자,

8 그들이 요세프에게 말하였다. "우리가 꿈을 꾸었는데 그것을 풀어줄 사람이 없다." 요세프가 그들에게 말하기를 "하나님께 해석이 있지 않습니까? 나에게 말하십시오."라고 하니,

9 술관원이 그의 꿈을 요세프에게 말하기를 "내 꿈에 보니 내 앞에 포

도나무가 있었다.

10 그리고 포도나무에는 세 개의 가지가 있었다. 싹이 올라왔을 때에, 꽃이 피어 포도송이가 익었다.

11 그리고 파르오의 잔이 내 손에 있어서, 내가 그 포도를 취하여 그것들을 파르오의 잔에 짜서 그 잔을 파르오의 손에 드렸다.”라고 하자,

12 요세프가 그에게 말하였다. “이것이 그 해석입니다.

13 세 개의 가지는 삼 일을 말합니다. 삼 일 후면 파르오께서 당신의 머리를 드시고 당신의 이전의 자리로 돌리실 것입니다. 그리고 당신이 파르오의 잔을 그의 손에 드렸으니, 이전의 자리와 같이 당신은 그의 술 관원이 되실 것입니다.

14 모든 것이 당신에게 선하게 되거든 나를 기억해 주십시오. 나에게 친절을 베푸시고, 파르오에게 나를 언급하셔서, 당신이 나를 이 감옥에서 꺼내 주십시오.

15 나는 정말로 히브리인의 땅에서 정녕 납치되었으며, 여기서도 나를 지하 감옥¹에 집어넣을 만한 어떤 일도 행하지 않았습니다.”

16 빵을 굽는 관원이 요세프의 꿈 해석이 좋음을 보고 요세프에게 말하였다. “나도 나의 꿈에서 세 개의 흰 빵 바구니가 나의 머리 위에 있는 것을 보았다.

---

1. בַּבּוֹר(바보르): ‘구덩이에’라는 뜻인데, 여기서 בּוֹר(보르)는 ‘지하 감옥’을 의미하기도 한다. 출애굽기 12장 29절에서는 감옥을 בֵּית הַבּוֹר(베이트 하보르, ‘구덩이의 집’)라고 표현한다. 그런데 창세기 40장에서는 감옥을 그냥 בֵּית(베이트, ‘집’)라고만 표현하기도 하고(14절), בּוֹר(보르, ‘구덩이’)라고만 표현하기도 한다(15절).

17 그리고 가장 높이 있는 바구니에는 빵 굽는 자가 만든 파르오의 온갖 음식이 있었는데, 새가 내 머리 위의 바구니에서 그것들을 먹어버렸다."

18 요세프가 대답하여 말하였다. "이것이 그 해석입니다. 세 개의 바구니는 삼 일입니다.

19 삼 일 후에 파르오가 당신의 머리를 당신으로부터 들어낼 것입니다. 그는 당신을 나무에 매달고, 새가 당신 위에서 당신의 살을 먹을 것입니다."

20 삼 일 후, 파르오의 생일이 되었고, 그가 그의 모든 종들을 위해서 잔치를 벌렸다. 그리고 그는 모든 종들 가운데서 술 관원의 머리와, 빵 굽는 관원의 머리를 들었다.

21 술 관원은 그의 전직으로 회복시키고 그는 파르오의 손에 잔을 드렸으나,

22 빵 굽는 관원은 매달았으니 요세프가 그들에게 해석한 대로였다.

23 그러나 술 관원은 요세프를 기억하지 못하였고 그를 잊어버렸다.

창세기 41장

1 이 년 후, 파르오는 꿈을 꾸었는데, 보니, 그가 나일강 가에 서 있었다.

2 보라, 나일강에서부터 일곱 마리의 준수하고 살찐 암소가 올라왔고, 갈대밭에서 풀을 뜯고 있었다.

3 그리고 또 보니, 그 뒤에 일곱 마리의 다른 암소들이 나일강에서 올라오는데 그것들은 보기가 흉했고 바싹 마른 것들이었다. 그 암소들이 나일강 옆 다른 암소들 옆에 서 있었다.

4 그런데 그 흉하고 바싹 마른 암소들이 준수하고 살찐 암소들을 먹어버렸다. 그리고 바로는 깨어났다.

5 그가 두 번째 꿈을 꾸었는데, 보라, 건강하고 좋은 일곱 이삭이 줄기 하나에서 올라왔다.

6 또 보니, 바싹 마르고 동풍에 시든 일곱 이삭이 그 후에 나오고 있었다.

7 그런데 바싹 마른 일곱 이삭이 건강하고 토실한 이삭을 삼켜버렸다. 파르오는 잠에서 깨었는데, 보라, 꿈이었다.

8 아침이 되었을 때에 그의 영혼은 불안하였고, 그래서 그는 사람을 보내어 이집트의 모든 주술사들과 지혜로운 자들을 불렀고, 파르오는 그의 꿈을 이야기하였다. 그런데 아무도 그것들을 파르오에게 해석해 주는 사람이 없었다.

9 그때, 술 관원이 파르오에게 이야기하였다. "오늘날 나의 죄를 기억합니다.

10 파르오께서 그의 종들에게 분노하시고 나를¹ 경비대장의 집에 구금
하셨습니다. 나와 빵을 굽는 관리였습니다.

11 우리, 곧 나와 그가 같은 밤에 꿈을 꾸었는데, 우리는 각자에게 해석
이 있는 꿈을 꾸었습니다.

12 거기에 우리와 함께 히브리 소년이 있었는데 경비대장의 종이었습
니다. 우리는 그에게 이야기하였고 그는 우리를 위해서 우리의 꿈들
을 해석해 주었는데, 곧 각자의 꿈대로 해석하였습니다.

13 그리고 그가 우리에게 해석해 준 대로 그대로 되었으니, (파르오께서)²
나는 나의 자리로 돌려주었고 그는 매달았습니다."

14 그래서 파르오는 사람을 보내어 요셉을 불러서 그가 감옥에서 급
히 오게 하였다. 수염을 깎고 그의 옷을 갈아 입히고, 파르오에게 들
어오게 하였다.

15 파르오가 요셉에게 말하였다. "내가 꿈을 꾸었는데 아무도 내게 해
석하는 자가 없다. 그런데 내가 너에 대해서 말하는 것을 들었는데,
네가 꿈을 들으면 그것을 해석한다고 한다."

16 요셉가 파르오에게 대답하여 말하였다. "내가 아닙니다. 하나님께
서 파르오의 평안을 대답하실 것입니다."

17 파르오는 요셉에게 말하였다. "나의 꿈에, 보니, 내가 나일강 가

---

1. 사마리아 오경(SP)과 팔레스틴 타르굼(Tᴾ)은 '그들을'로 읽는다.
2. 히브리 본문의 '나는 나의 자리로 돌려주었고'에서 הֵשִׁיב(헤쉬브, '그가 돌려주었
다')는 שׁוּב(슈브, '돌아오다')의 *Hifil* 형 3인칭 단수동사이다. 그러므로 이 구절
은 문맥상 파르오가 주어가 된다. 내용을 분명하게 하기 위해서 본문에는 없으나
괄호 안에 주어를 명기하였다.

에 있는데

18 보라, 일곱 마리의 살찌고 준수한 암소가 올라왔고 갈대밭에서 풀을 뜯고 있었다.

19 또 보니, 그들 뒤에 다른 일곱 마리의 암소가 올라오는데, 약하고 매우 흉하고 바싹 마른 것들이었다. 그렇게 흉한 것들은 온 이집트 땅에서 내가 보지 못하였다.

20 그런데 바싹 마르고 흉한 암소들이 처음의 준수한 일곱 마리 암소들을 먹어버렸다.

21 살찐 암소들이 흉한 암소들 속으로 들어갔는데, 그들 속으로 들어간 것은 전혀 모르겠고 그것들의 외모는 처음과 같이 흉하였다. 그리고 나는 깼다.

22 또 내가 꿈에 보니, 보라, 토실하고 좋은 일곱 이삭이 한 줄기에서 올라오는데,

23 보라, 바싹 마르고, 가늘고, 동풍에 누렇게 시든 일곱 이삭이 그 뒤에 올라오고 있었다.

24 그런데 가는 이삭들이 좋은 일곱 이삭을 삼켜버렸다. 내가 주술사들에게 말하였는데, 나에게 그 뜻을 알려주는 사람이 없다."

25 요세프가 파르오에게 말하였다. "파르오의 꿈은 하나입니다. 하나님께서 행하시는 일을 파르오에게 알려주신 것입니다.

26 좋은 일곱 암소는 칠 년을 말하는 것이고 좋은 일곱 이삭도 칠 년을 말하는 것이니 하나의 꿈인 것입니다.

27 그리고 그 뒤에 올라오는 바싹 마르고 흉한 일곱 암소와 바싹 마르고 동풍에 시들어버린 일곱 이삭도 칠 년을 말합니다. 칠 년간 기근

이 있을 것입니다.

28 내가 파르오에게 말씀드린 이 일은 바로 하나님께서 그 행하시는 바를 파르오에게 보여주신 것입니다.

29 보십시오, 이집트 모든 땅에 칠 년 동안 엄청난 풍년이 있을 것입니다.

30 그리고 그 뒤에 칠 년의 기근이 일어서게 될 것이고, 이집트 모든 땅의 풍년은 잊혀질 것이며 그 기근은 이집트를 다 끝장낼 것입니다.

31 이 땅의 풍년은 알려지지 않을 것입니다, 왜냐하면 그 뒤에 오는 기근이 너무 심하기 때문입니다.

32 그 바뀐 꿈이 파르오에게 두 번이나 있었던 것은 하나님께서 그 일을 굳게 세운 것이며 하나님께서 그것을 행하시기를 서두르신다는 것입니다.

33 이제, 파르오께서는 지혜롭고 명철한 사람을 선택하여³ 이집트 땅 위에 세우시고

34 파르오께서는 이 땅 위에 여러 관리들을 두어서, 칠 년 풍년 기간 동안 오분의 일을 거두십시오.

35 앞으로 올 이러한 풍년의 기간 동안의 모든 양식을 모으십시오. 파르오의 권한 아래 두고 곡식 무더기를 각 성에 쌓고 지키십시오.

36 그러면 그 양식은 이 땅에 닥칠 칠 년 기근을 대비한 저축이 될 것이고, 이 땅이 기근에 끝장나지 않게 될 것입니다."

37 이 말에 파르오와 그의 모든 종들이 기뻐하였다.⁴

---

3. רָאָה(라아)가 목적격과 전치사 לְ(레)와 함께 올 때는 '선택하다(to choose, select)'의 뜻을 가진다. 창세기 22장의 노트 3을 참고하라.

4. וַיִּיטַב בְּעֵינֵי פַרְעֹה(봐이타브 베에이네이 파르오): 직역하면, '파르오의 눈에 선하

38 파르오가 그의 모든 종들에게 말하였다. "이 사람처럼 하나님의 영이 그 안에 있는 이가 과연 있겠는가?"

39 파르오가 또 요세프에게 말하였다. "하나님께서 너에게 이 모든 것을 알려주셨으니, 너와 같이 지혜롭고 명철한 자는 없다.

40 너는 나의 집에 있으라. 너의 말에 내 모든 백성이 복종할[5] 것이며, 다만 왕좌만이 너보다 클 것이다."

41 파르오가 요세프에게 말하였다. "보라, 내가 너를 온 이집트 땅 위에 세웠다."

42 파르오가 자기 손에서 그의 인장반지를 빼 요세프의 손에 끼워주고, 그에게 린넨 옷을 입히고 그의 목에 금사슬을 걸었다.

43 그리고 그에게 있는 버금 수레에 그를 태웠다. 그러자 사람들은 그 앞에서 "아브레크"[6]라고 외쳤다. 그리하여 그를 온 이집트 땅 위에 세웠다.

44 파르오가 요세프에게 말하였다. "나는 파르오다. 이집트 모든 땅에서는 너 없이는[7] 아무도 손과 발을 들지 못할 것이다.

였다'라는 뜻인데, 관용어구로 사용되어 '기뻐하였다'라는 의미가 된다.

5. יִשַּׁק(이쇄크): נָשַׁק(나쇄크)의 미완료 3인칭 동사이다. 원래의 의미는 '키스하다, 입맞추다'인데, 여기서는 '복종하다'라는 의미를 지닌다.

6. 이 낱말은 히브리어가 아니며 그 뜻 또한 불분명하다. 콥틱어로는 '너희는 엎드리라'라는 뜻을 지니는데, 이를 풀어보면, '당신의 명령은 우리의 소원입니다. 그러므로 우리가 복종하겠습니다'라고 할 수 있다. 또한 아카드어로는 '고관, 수상' 등의 뜻을 지니기도 한다.

7. 즉, '너의 허락 없이는'이라는 뜻이다.

45 파르오는 요세프의 이름을 '짜프나트 파네이아흐'로 불렀고 그에게 '온' 지방[8] 제사장인 포티페라의 딸 아스나트를 아내로 주었다. 그래서 요세프는 이집트 땅 위에 나서게 되었다.

46 요세프가 이집트 왕 파르오의 앞에 선 것은 삼십 세 때였다. 요세프는 파르오 왕 앞에서 나와 온 이집트 땅을 살폈다.

47 과연 그 땅은 칠 년 동안 감당 못할 정도로 풍년이 들었다.[9]

48 요세프는 칠 년 동안 애굽 땅에 있는 곡식을 거두어 각 성에 곡식을 두되, 그 성읍 주변의 들판에서 난 곡식을 각 성 안에 두었다.

49 요세프가 곡식을 바다의 모래와 같이 쌓았으니 너무 많아서, 수가 없으므로[10] 세기를 멈추었다.

50 흉년이 오기 전에 요세프에게 두 아들이 태어났는데, 이는 '온' 지방 제사장 포티페라의 딸 아스나트가 그에게 낳은 아들들이다.

51 요세프가 그 장남의 이름을 '메나쉐'라고 불렀다. 이는 (그가 말하기를) "하나님께서 나의 모든 고통과 나의 아버지의 집의 모든 것을 잊게 하셨음이다."라고 하였기 때문이다.

---

8. אֹן, אֹן(온): 고유명사로 '온'이라는 지방의 이름이다. 칠십인역(LXX)은 Ἡλίου πόλεως(헬리우 폴레오스, '헬리오 폴리스의')라고 지명을 현대화하여 번역한다. 이는 소유격으로서, '태양의 도시의'라는 뜻인데, 칠십인역 번역 시기인 BC 3~2세기에 통용되던 지명을 딴 것이다.

9. לִקְמָצִים(리크마찜): קֹמֶץ(코메츠)는 '주먹, 한 움큼'을 뜻한다. 직역하면, '움켜쥐기에는' 너무 풍년이 든 것이다. 칠십인역(LXX)은 δράγματα(드라그마타)로 번역하는데, 이는 '펼치다(spread out)'라는 뜻이다.

10. כִּי־אֵין מִסְפָּר(키 에인 미스파르): 직역하면, '왜냐하면 숫자가 없었다'라는 뜻이다. 고대 이집트에는 너무 큰 수를 셀 수 있는 숫자가 없었음을 말한다.

52 그리고 두 번째의 이름은 '에프라임'이라고 불렀다. 이는 (그가 말하기를) "하나님께서 이 땅에서의 나의 고통을 열매 맺게 하셨다."라고 하였기 때문이다.

53 이집트 땅에 있었던 일곱 해 동안의 풍년이 끝났다.

54 그리고 칠 년 동안의 기근이 오기 시작했으니 요세프가 말한 것과 같았다. 그 기근은 온 세상 땅에 미쳤으나 이집트 모든 땅에는 양식이 있었다.

55 온 이집트 땅이 굶주리고 백성은 양식을 위해서 파르오에게 부르짖었다. 파르오는 온 이집트에 말하기를 "요세프에게 가서 그가 너희에게 말하는 바를 행하라."고 하였다.

56 온 세상의 땅 위에 기근이 있었으므로 요세프는 그들에게 있는 것을 열어, 이집트 사람들에게 양식을 팔았다. 그러나 그 기근은 이집트 땅에 여전히 심하였다.

57 온 세상 사람들이 곡식을 사러 이집트에 요세프에게 왔다. 기근이 온 세상에 너무 심하였기 때문이다.

창세기 42장

1 야아콥이 이집트에 양식이 있음을 알고 그의 아들들에게 말하였다. "왜 너희는 서로 보고만 있느냐?"

2 그가 말하기를 "보라, 이집트에 양식이 있음을 내가 들었는데, 너희는 그곳으로 내려가 우리를 위해서 거기에서 곡식을 사오도록 하라, 그리하면 우리가 살고 죽지 아니할 것이다."라고 하였다.

3 그래서 열 명의 요세프의 형들은 이집트에서 곡식을 사러 내려갔다.

4 그러나 요세프의 동생 빈야민은 야아콥이 보내지 않았는데, 왜냐하면 그의 생각에 '혹시 무슨 재앙이라고 그에게 일어날까' 함이었다.

5 이스라엘의 아들들이 와서 양식을 사러 온 사람들 사이에 있으니, 이는 크나안 땅에 기근이 심하였기 때문이다.

6 요세프는 그 땅의 통치자였는데, 그가 바로 땅의 모든 백성들에게 곡식을 파는 자였다. 그래서 요세프의 형들이 와서 그에게 얼굴을 땅에 대고 절하였다.

7 요세프가 그의 형제들을 보았을 때 그들을 알아보았다. 그러나 그는 아직 그들에게 낯선 체하고 그들에게 엄하게 말하여 이르기를 "너희는 어디서 왔느냐?"라고 하니, 그들이 대답하기를 "크나안 땅에서부터 곡식을 사러 (왔습니다)."라고 하였다.

8 요세프는 그의 형들을 알아보았으나, 그들은 그를 알아보지 못하였다.

9 요세프는 그가 형제들에 관하여 꾼 꿈들을 기억하였다. 그래서 그들

에게 말하였다. "너희는 정탐꾼들이요 이 땅의 방어되지 못한 부분[1]을 알려고 왔다."

10 그들이 요세프에게 말하였다. "내 주여 아닙니다. 당신의 종들은 양식을 사러 왔습니다.

11 우리[2] 모두는 한 사람의 아들들입니다. 우리는 정직한 사람들이요, 당신의 종들은 정탐꾼들이 아닙니다."

12 그러나 요세프는 그들에게 말하기를 "아니다, 너희는 이 땅의 방어되지 못한 부분을 알려고 왔다."라고 하였다.

13 그러자 그들이 말하였다. "당신의 종들은 열 두 형제이고 우리는 크나안 땅에 있는 한 사람의 아들들입니다. 보십시오, 막내는 지금 우리 아버지와 함께 있고, 하나는 없습니다."

14 그러나 요세프는 그들에게 말하였다. "이것이 바로 내가 너희에게 너희가 정탐꾼이라고 말하는 것이다.

15 너희는 이렇게 하여 증명하라, 파르오의 생명으로, 너희의 막내가 여기에 오지 않으면[3] 너희는 여기서 나가지 못한다.

16 너희 중 한 명을 보내어 너희의 형제를 데려오라, 그리고 너희는 갇

---

1. **אֶת־עֶרְוַת הָאָרֶץ**(에트 에르바트 하아레츠): **עֶרְוָה**(에르바)의 기본적인 의미는 '벌거벗음(nakedness)'을 나타낸다. 그러나 이것은 사물, 땅과 연계될 때에는 '(방어물 없이) 노출된 헛점' 혹은 '방어되지 못한 부분'을 의미한다(KB).

2. **נָחְנוּ**(나흐누): **אֲנַחְנוּ**(아나흐누, '우리')는 고대 형태의 대명사로, 흔하지 않은 폼이다. 출애굽기 16장 7, 8절, 민수기 32장 32절에서도 같은 형태로 사용된다(참고. Tov, 2012: 84).

3. **כִּי אִם**(키 임): '~하지 않는다면'이라는 뜻이다.

혀 있으라, 그러면 너희의 말이 진실인지 밝혀질 것이요, 그렇게 하지 않으면 파르오의 목숨을 걸고 맹세하는데 너희는 정탐꾼들이다."

17 그래서 그들을 다 같이 삼 일간 감옥에 가두었다.

18 세 번째 날에 요세프가 그들에게 말하기를 "너희가 이것을 행하면 살리라, 나는 하나님을 경외한다.

19 너희가 정직한 형제들이면, 한 명만 너희의 구금된 감옥에 있고, 너희는 가서 너희 집의 기근을 위해서 곡식을 사 가라.

20 그리고 너희 형제 막내를 내게 데리고 오라, 그러면 너희의 말이 진실할 것이요 너희는 죽지 않을 것이다."라고 하니, 그들이 그대로 하였다.

21 그 형제들은 서로에게 말하기를 "진정, 우리 형제로 인하여 우리가 죄를 짓지 않았느냐? 그의 생명이 고통 중에 있을 때에 그가 우리에게 자비를 구하는 것을 보았으나 우리가 듣지 않았다. 그러므로 우리에게 이 고통이 오게 된 것이다."라고 하자,

22 르우벤이 그들에게 대답하여 말하였다. "내가 너희에게 말하기를 '그 아이에게 죄를 짓지 말라'고 하지 않았느냐? 그런데 너희가 듣지 않았다. 그래서 지금까지도[4] 그의 피 값이 요구되는 것이다."

23 그들은 요세프가 이것을 듣는 줄을 알지 못했는데, 왜냐하면 그들 사이에는 통역자가 있었기 때문이다.

24 요세프는 그들에게서 나와 울었다. 그리고 그들에게 다시 돌아가서

---

4. וְגַם־דָּמֹו הִנֵּה(붸감 다모 히네): '그리고 그의 피값이 아직'이라는 뜻이다. 이와 유사한 표현으로 וְגַם עַתָּה(붸감 아타, '그리고 아직까지도[and yet even now]', 욜 2:12)가 있다.

명하였고, 그들 중 쉬므온을 취하여 그들의 보는 앞에서 그를 묶었다.

25 요세프가 또 명령하여 그들의 그릇들에 곡식을 채우고[5] 그들의 돈은 돌려주어서 각 사람의 자루에 넣게 하고 그들에게 길에서 먹을 음식을 주게 하였으니, 그들에게 그대로 행하여졌다.[6]

26 그들은 곡물을 그들의 나귀들 위에 지우고 거기서 떠났다.

27 숙소에서 한 사람이 자기의 나귀에게 여물을 주려고 자루를 열어보았다. 그리고 그는 자기의 돈을 보았으니, 보라, 그 돈은 그의 자루 주둥이에 있었다.

28 그가 자기 형제들에게 이야기하기를 나의 돈이 돌려졌으니, 보라, 여기 자루 주둥이에 있었다. 그들은 정신이 나가서 두려워하고 그들이 서로 말하기를 "하나님께서 우리에게 이 일을 행하심은 어찌된 일인가?"라고 하였다.

29 그들은 그들의 아버지 야아콥에게 크나안 땅으로 왔다. 그리고 그에게 그들에게 일어난 모든 일을 말하였다. 이르기를

30 "우리와 말한 그 땅의 주는 엄한 사람이었고, 우리를 그 땅의 정탐

---

5. וַיְמַלְאוּ(봐예말우): מָלֵא(말레, '채우다')의 3인칭 복수형으로, '그들이 채우다'라는 뜻이다. BHS 비평장치에는 문장구조상 לְמַלֵּא(레말레)라는 부정사형이 더 적합하다고 제시한다. 칠십인역(LXX)도 ἐμπλῆσαι(엠플레사이)라고 부정사로 번역한다.

6. וַיַּעַשׂ(봐야아스): 3인칭 남성 단수가 주어이므로 요셉이 이렇게 행한 것임을 암시한다. 그러나 BHS 편집자는 페쉬타(S)와 벌게이트역(V)을 따라 וַיַּעֲשׂוּ(봐야아수), 즉 남성 복수형으로 읽어 '그들'이 주어임을 암시하도록 제안한다. 이럴 경우에는 요셉의 종들이 주어가 된다.

꾼으로 여겼습니다.

31 그래서 우리는 그에게 말하기를 '우리는 정직한 사람들이요, 정탐꾼이 아닙니다

32 우리는 열 두 명의 형제들이요 우리 아버지의 아들들이고 하나는 없어졌고 막내는 지금 크나안 땅에서 우리 아버지와 함께 있습니다' 라고 하였더니,

33 그 땅의 주인 그 사람이 우리에게 말하기를 '이것으로 내가 너희가 정직한 사람인지 알리라, 한 사람을 나와 함께 남겨두고 너희 집의 기근을 (돌보기) 위해 (곡식을) 가지고 가라,

34 그리고 너희 막내 동생을 나에게 데리고 오라. 그러면 너희가 정탐꾼들이 아니고 정직한 사람들인 줄 내가 알 것이요, 내가 너희 형제를 돌려줄 것이요, 이 땅에서 너희가 무역할 것이다'라고 하였습니다."라고 하였다.

35 그리고 그들은 자기들의 자루들을 비우니, 보라, 각자의 돈 뭉치가 그 자루에 있었다. 그들과 그들의 아버지는 자기들의 돈 뭉치들을 보고, 두려워하였다.

36 그들의 아버지 야아콥이 그들에게 말하기를 "너희는 내 자식들을 강탈하였도다. 요세프는 없고, 쉬므온도 없고, 그리고 또 너희가 빈야민을 취하려 하니, 이 모든 일들이 나에게 일어났도다."라고 하였다.

37 르우벤이 그의 아버지에게 말하였다. "내가 만일 그를 아버지께 데려오지 않는다면 나의 두 아들을 죽이십시오. 그러니 그 아이를 내 손에 맡겨 주십시오. 내가 그를 아버지께 되돌리겠습니다."

38 그에게 말하기를 "내 아들은 너희와 함께 내려가지 않을 것이다. 그

의 형은 죽었고 그 혼자만 남았는데 만일 너희들이 가는 그 길에서 그가 재앙을 만나면 너희는 나의 노년을 슬픔 가운데 스올로 끌어내는 것이다."라고 하였다.

창세기 43장

1 기근이 그 땅에 막심하고

2 그들이 이집트에서 가져온 곡식 먹기를 다 끝냈을 때, 그들의 아버지는 그들에게 말하기를 "돌아가서 우리를 위해 조금의 곡식을 사오라."고 하자,

3 예후다가 그에게 말하였다. "그 사람이 우리에게 엄히 경고하여[1] 말하기를 '너희의 (막내) 동생이 너희와 함께하지 아니하면 너희는 나의 얼굴을 보지 못할 것이다'라고 하였습니다.

4 만일 아버지께서 우리 동생을 우리와 함께 보내시면 우리가 내려가 아버지에게 양식을 사오겠습니다.

5 그러나 아버지께서 보내지 않으시면 우리는 내려가지 않겠습니다. 왜냐하면 그 사람이 우리에게 말하기를 '너희 동생이 너희와 함께 아니하면 내 얼굴을 볼 수 없다'라고 하였기 때문입니다."

6 이스라엘이 말하기를 "너희는 왜 그 사람에게 너희에게 동생이 있다고 말함으로 내게 죄를 짓느냐?"라고 하였다.

7 그들이 대답하기를 "그 사람이 우리에게 우리의 가족에 관해서 특별히 묻기를 '너희들의 아버지께서 아직 살아 계시느냐, 너희에게 동생

---

1. הָעֵד הֵעִד (하에드 헤이드): 두 단어는 같은 어근(עוד[우드])의 동사로서 부정사 절대형(הָעֵד) + 부정사 완료형(הֵעִד)의 구이다. 이는 '진정', '참으로' 등의 뜻으로 강조하는 역할을 한다.

이 있느냐?'라고 하기에, 이 질문들에 따라 우리가 그에게 이야기하였습니다. 우리가 어떻게 그가 '너희 동생을 데리고 내려오라'고 말할 줄 알기나 했겠습니까?"라고 말하였다.

8 예후다가 그의 아버지 이스라엘에게 말하기를 "그 아이를 나와 함께 보내 주십시오, 그러면 우리가 일어나 가겠습니다. 그러면 우리가 살고 죽지 않을 것이니, 아버지와 우리 자녀들도 말입니다.

9 내가 그를 대신하겠으니 내 손에서 그를 요구하십시오. 그렇지 않으면 내가 그를 아버지께 데려와 아버지의 앞에 세우겠습니다. 내가 아버지께 평생토록 죄짐을 지겠습니다.

10 우리가 지체하지 않았다면 지금 우리는 두 번이나 다녀왔을 것입니다."라고 하였다.

11 그들의 아버지 이스라엘이 그들에게 말하기를 "그렇다면, 너희는 이렇게 하라, 이 땅의 가장 좋은 것들을 너희의 짐에 넣어가고, 그 사람에게 가져가 선물로 주라. 식초 조금, 꿀 조금, 향신료와 몰약, 피스타치오와 아몬드이다.

12 그리고 두 번째 돈을 너희 손에 가져가라. 그리고 너희의 자루 주둥이에 넣어진 돈은 너희 손으로 돌려주어라. 혹시 그것은 실수였을지 모른다.

13 그리고 너희의 동생을 데려가라. 그리고 일어나 그 사람에게 돌아가라.

14 전능하신 하나님께서 그 사람 앞에서 너희에게 긍휼을 주셔서, 그가

너희에게 너희 다른 형제와² 빈야민도 너희에게 보내리라. 내가 자식을 빼앗기면 빼앗기리라."³고 하였다.

15 그래서 그 사람들은 그 예물과 두 번째 돈을 그들의 손에 가지고, 또 빈야민도 데리고 일어나 이집트로 내려가 요세프 앞에 섰다.

16 요세프는 빈야민이 그들과 함께 있는 것을 보고, 그의 집 총관리자에게 말하기를 "이 사람들을 집안으로 들이라, 짐승을 잡고, 준비하라. 왜냐하면 이 사람들은 정오에 나와 함께 먹을 것이기 때문이다." 라고 하자

17 그 사람은 요세프가 말한 바와 같이 하고 그 사람들을 요세프의 집으로 들였다.

18 그 사람들은 두려워하였는데 그들이 요세프의 집안으로 들어가게 되었기 때문이다. 그들이 말하기를 "처음에 우리 자루에 돌려진 돈 때문에 우리가 집 안으로 불려왔으니, 이는 우리를 꼼짝 못하게 하고⁴ 우리를 넘어지게 하고, 우리를 잡아 종으로 삼고, 우리의 나귀들

---

2. אֲחִיכֶם אַחֵר(아히켐 아헤르, '너희의 다른 형제'): 사마리아 오경(SP)과 칠십인 역(LXX)은 τὸν ἀδελφὸν ὑμῶν τὸν ἕνα(톤 아델폰 휘몬 톤 헤나, '너희 형제 중 하나')로 읽는다(= אֲחִיכֶם אֶחָד[아히켐 에하드]). '다른(אַחֵר[아헤르])'과 '하나(אֶחָד[에하드])'는 히브리어로 '달렛(ד)'과 '레이쉬(ר)'의 혼동현상일 수 있다.

3. שְׁכֹלְתִּי שָׁכָלְתִּי(쇼콜티 쇼칼티): 이 두 동사는 שָׁכֹל(쇼콜)의 완료형(perfect)들로서 직역하면, '내가 빼앗겼고 또 빼앗겼도다'가 되지만, 여기서는 완료형으로 미래를 표현하는 특수용법으로 쓰였다(past future). 그러므로 여기서의 뜻은 '내가 빼앗기면 빼앗기리라'가 된다(Joüon, 1996: 363~364).

4. לְהִתְגֹּלֵל(레히트골렐): גָּלַל(갈랄)의 *Hithpolel* 형이며 부정사형이다. '무엇으로 감아서 꼼짝 못하게 하다'라는 뜻이다.

을 취하려 하는 것이다."라고 하였다.

19 그들은 그 집 입구에 있는 요세프의 집 총관리자에게 가까이 나아가 서 그에게 말하여

20 이르기를 "오, 주여, 우리가 처음에 양식을 사러 내려왔을 때에,

21 우리가 숙소에 가서 우리의 자루들을 열었더니, 각 사람의 돈이 그 자루의 주둥이에 그 무게를 따라 있었습니다. 그래서 우리는 그것을 우리 손에 다시 가지고 왔습니다.

22 그리고 우리는 곡식을 사려고 다른 돈을 우리 손에 가지고 내려왔 습니다. 우리는 누가 우리 돈을 우리의 자루에 넣었는지 모릅니다." 라고 하였다.

23 그가 말하였다. "너희에게 평안이 있을지어다. 두려워하지 말라. 너 희들의 하나님, 너희들의 아버지의 하나님께서 너희들의 자루에 보 물을 주셨다. 너희의 돈은 내가 받았다." 그리고 그들에게 쉬므온을 꺼내 왔다.

24 그리고 그들을 요세프의 집으로 데리고 들어갔다. 그가 물을 주어서 그들이 발을 씻고, 그들의 나귀들에게는 여물을 주었다.

25 그리고 요세프의 형제들은 정오에 요세프가 나오기까지 예물을 준 비하였는데, 거기서 식사를 할 것이라고 들었기 때문이다.

26 요세프가 그 집에 들어오자, 그의 형제들은 집으로 가져온 예물을 요 세프에게 주고 그에게 땅에 엎드려 절하였다.

27 요세프는 그들에게 평안을 묻고 말하기를 "당신들이 말하던 당신 들의 늙은 아버지는 평안하십니까? 그가 아직 살아 계십니까?"라 고 하자

28 그들이 대답하되 "당신의 종, 곧 우리 아버지는 평안하시며 아직 살아 계십니다."라고 하고[5] 다시 절을 하였다.

29 요세프가 눈을 들어 그의 동생 빈야민, 곧 그의 어머니의 아들을 보고, 말하였다. "이 사람이 당신들이 내게 말하던 당신들의 막내 동생입니까?" 그리고 말하기를 "하나님께서 너를 긍휼히 여기시기를, 내 아들아." 하고

30 요세프는 그 아우에 대한 격정이 끓어올라서 서둘러 울 자리를 찾아 나갔다. 그리고 그가 방으로 들어가서 거기서 울었다.

31 그는 얼굴을 씻고 나갔다. 그리고 자신을 억누르고 말하기를 "음식을 차리라."고 하였다.

32 그들은 요세프에게는 따로 차리고, 그들에게 따로 하였다. 또 그와 함께 먹는 이집트 사람들도 따로 하였다. 왜냐하면 이집트 사람들은 히브리인들과 같이 먹을 수 없기 때문이니, 이것은 이집트 사람에게 부정한 일이기 때문이다.

33 그들은 요세프의 앞에 앉게 되었는데, 장자는 그 장자권을 따라, 그리고 젊은 사람은 그 젊은 순서대로였으니 그 사람들은 서로서로 놀랐다.

34 요세프가 그의 앞에서부터 각각 몫을 나누었는데 빈야민의 몫은 다른 모든 사람의 몫보다 다섯 배나 많았다. 그들은 요세프와 함께 마

---

5. 칠십인역(LXX)은 καὶ εἶπεν εὐλογητὸς ὁ ἄνθρωπος ἐκεῖνος τῷ θεῷ(카이 에이펜 율로게토스 호 안쓰로포스 에케이노스 토 쎄오, "그리고 그가 말하기를 '그 사람은 하나님에게 복 되도다'라고 하였다.")를 더하여 읽는다(=사마리아 오경 [SP]).

시고 취하였다. [6]

6. וַיִּשְׁכְּרוּ עִמּוֹ(봐이스케루 이모): 직역하면, '그와 함께 취하였다'이다. BDB는 본
   문의 '취하고'를 'social drinking(사교상의 음주)'으로 번역한다.

창세기 43장 *227*

창세기 44장

1 요세프는 그의 집 총관리자에게 명하여 "이 사람들의 자루를 그들이 실을 수 있을 만큼 양식을 가득 채우고 각 사람의 돈은 각자의 자루 주둥이에 넣어라.

2 그리고 내 잔, 곧 은잔을 막내의 자루의 주둥이에 넣고 그의 양식 사는 돈도 넣어라."고 말하였다. 그러자 그는 요세프의 말한 대로 행하였다.

3 아침이 되었을 때에 그 사람들은 보내졌으니, 곧 그 사람들과 그들의 나귀들이었다.

4 그들이 그 도시에서 나갔고 아직 멀리 가지 못하였을 때에, 요세프는 그의 집 총관리자에게 말하기를 "일어나 그 사람들을 따라가라, 그들에게 이르러 너는 그들에게 말하기를 '왜 너희는 선을 악으로 갚느냐?

5 이것은 나의 주인이 마실 때 쓰는 바로 그것이 아니냐, 그리고 그가 이것으로 진정 점을 치는 것¹이 아니냐, 너희의 행한 것은 악하지 아

---

1. נַחֵשׁ יְנַחֵשׁ(나헤쉬 예나헤쉬): נָחַשׁ(나하쉬)의 부정사 절대형(נַחֵשׁ[나헤쉬]) + 미완료형(יְנַחֵשׁ[예나헤쉬])으로 강조용법 구조이다. 즉, (요세프가 이것으로) '진정 점을 치는 것'이라는 뜻이 된다. 그런데 요세프는 하나님을 믿는 자로서, 어떻게 점을 칠 수 있겠는가에 대해서는 신득일, 2019: 139~141를 보라.

니하냐?'라고 말하라."고 하였다.²

6 그가 그들을 따라잡아 그들에게 이러한 것들을 말하였다.

7 요세프의 형제들은 그에게 말하기를 "왜 우리 주께서 이런 것들을 말씀하십니까? 당신의 종들에게 이런 일들은 결코³ 없습니다.

8 보십시오, 우리의 자루의 주둥이에서 우리가 은을 발견한 것도 우리가 크나안 땅에서 당신에게 도로 가져왔는데 우리가 어떻게 당신의 주인⁴의 집에서 은이나 금을 훔치겠습니까?

9 누구든지 당신의 종들 가운데서 발견되면 그는 죽을 것입니다. 그리고 우리도 역시 주인께 종들이 되겠습니다."라고 하였다.

10 그가 말하기를 "그러면 지금, 너희의 말과 같이, 누구에게든 발견되면 그는 내게 종이 될 것이다. 그러나 다른 사람들은 결백할 것이다."라고 하였다.

11 그러자 그들은 서둘러 각자의 자루를 땅으로 내려서 각자 자기의 자루를 열었다.

12 그 사람은 장자부터 시작하여 막내까지 찾기를 끝냈는데, 그 잔이 빈야민의 자루에서 발견되었다.

13 그러자 그들은 자기들의 옷을 찢고, 각자의 나귀 안장을 지워서 성읍으로 돌아왔다.

---

2. '"~라고 말하라."고 하였다'로 번역된 본문은 앞의 구절에 있으나, 한글의 어법상 5절 끝에 두었다.

3. חָלִילָה(할릴라): 강한 부정을 나타내는 표현이다.

4. אֲדֹנֶיךָ(아도네카): 히브리어에서는 본문에 절대복수를 사용하여 극존칭을 나타낸다. 절대복수형을 쓰지만, 동사는 단수의 주어를 서술한다.

14 예후다와 그의 형제들이 들어와 요세프의 집으로 갔는데 요세프는 아직 거기에 있었다. 그들은 그 앞에서 땅에 엎드렸다.

15 요세프가 그들에게 말하기를 "너희들의 행한 이 행위는 무엇이냐? 나와 같은 사람이 정녕 점을 치는 줄 몰랐더냐?"라고 하니,

16 예후다가 말하였다. "우리가 내 주께 무슨 말을 하겠습니까? 우리가 무슨 답변을 하겠으며, 어떻게 우리를 정당화 하겠습니까? 하나님께서 당신의 종들의 죄를 찾으셨으니 이제 우리는 내 주인께 종입니다, 우리뿐 아니라 그의 손에서 잔이 발견된 사람도 역시 그렇습니다."

17 그가 말하기를 "나는 결코 그렇게 할 수 없다. 잔이 그 손에서 발견되는 그 사람만 내게 종이 될 것이고, 너희는 너희의 아버지에게 평안히 올라가라."라고 하자,

18 예후다가 그에게 가까이 나아가 말하였다. "나의 주시여 당신의 종이 감히 주께, 주의 귀에 말하겠으니 당신의 종에게 분노하지 마십시오. 당신은 파르오와 같으십니다.

19 내 주께서 그 종들에게 물으시기를 '너희에게 아버지나 형제가 있느냐?'라고 물으셔서

20 우리가 내 주께 대답하기를 '우리에게 늙은 아버지가 있고 노년을 위한 막내 아들[5]이 있습니다. 그의 형은 죽었고 그의 어머니에 속한 자로는 그가 혼자 남았는데 그의 아버지가 그를 사랑합니다'라고 하니,

---

5. 창세기 37장의 노트 1을 참고하라. 요세프의 실종 이후 빈야민이 요세프를 대신해서 '벤 즈쿠님'의 역할을 하고 있었다.

21 당신께서 당신의 종들에게 말씀하시기를 '그를 내게 데려오라, 내가 그를 보리라'고 하심으로,

22 우리가 나의 주께 말하기를 '그 아이는 자기 아버지를 떠날 수 없습니다, 그가 아버지를 떠나면 그^{아버지}가 죽습니다'라고 하자

23 당신께서 당신의 종들에게 말씀하시기를 '너희 막내 동생이 내려오지 않으면 나를 더 이상 보지 못하리라'고 하시기에

24 우리가 당신의 종 나의 아버지에게⁶ 올라가서 내 주의 말씀을 알리자,

25 우리 아버지가 말하기를 '돌아가서 우리를 위하여 양식을 조금 사오라'고 하여서

26 우리가 대답하여 '우리가 내려갈 수 없습니다, 우리 막내 동생이 우리와 함께하면 우리가 내려가겠습니다. 왜냐하면 막내 동생이 우리와 함께하지 않으면 우리가 그 사람의 얼굴을 볼 수 없기 때문입니다'라고 하자,

27 당신의 종 나의 아버지가 우리에게 말하기를 '너희도 알고 있듯이 나의 아내가 나에게 두 명의 아이를 낳아주었는데,

28 하나는 나로부터 떠났고, 그때 내가 말하기를 진정 찢겼구나 하였고 오늘까지 그를 보지 못하였으니,

29 너희가 이 아이마저 내 앞에서 데려가서, 만일 그에게 재앙이 일어나면, 너희는 나를 노년에 슬프게 스올로 가게 하는 것이다'라고 하였습니다.

---

6. 일부 히브리어 사본, 사마리아 오경(SP), 칠십인역(LXX)은 πατέρα δὲ ἡμῶν(파테라 데 헤몬, '그리고 우리 아버지에게')이라고 읽는다(=אָבִינוּ[아비누]).

30 그런데 지금 내가 당신의 종 나의 아버지에게 갈 때, 그 아이가 우리와 함께 있지 않으면, 그의 영혼은 그 아이의 영혼과 연결되었으니,

31 아이가 우리와 함께 있지 않은 것을 보면 그는 죽을 것입니다. 그러면 당신의 종들은 당신의 늙은 종 우리 아버지를 고통 가운데 스올로 내려가게 하는 것입니다.

32 왜냐하면 당신의 종은 내 아버지에게 그 아이를 보증하여 말하기를 '내가 만일 그 아이를 당신께 돌리지 않으면 내 아버지께 나의 평생에 죄를 짓는 것입니다'라고 하였기 때문입니다.

33 그러므로 지금 당신의 종이 그 아이를 대신해서 내 주의 종으로 머물게 해주십시오. 그리고 그 아이는 그의 형제들과 함께 올라가게 해 주십시오.

34 제가 어떻게 그 아이가 나와 함께함이 없이 나의 아버지에게 올라가겠습니까? 내가 내 아버지의 고통 가운데 처해 있는 것을 보지 않도록 해 주십시오."

창세기 45장

1 요세프가 그의 옆에서 시종드는 모든 자들 앞에서 더 이상 참을 수 없어서 소리쳤다. "모든 사람은 물러가 있으라."고 하니, 요세프가 그의 형제들에게 알려질 때에 아무도 그와 함께하는 시종들이 없었다.

2 그가 그의 목소리를 높여 우니 이집트 사람들이 들었고 파르오의 집도 들었다.

3 요세프가 그의 형들에게 말하였다. "나는 요세프입니다. 아직 내 아버지께서 살아 계십니까?" 그러자 그의 형들은 그에게 대답하지 못하였으니, 그 앞에 대경실색하였기[1] 때문이다.

4 요세프가 그 형들에게 말하기를 "나에게 가까이 오십시오."라고 하니, 그들이 가까이 갔다. 그러자 요세프가 말하였다. "나는 당신들이 이집트로 팔아버린 당신들의 동생 요세프입니다.

5 지금 나를 여기에 판 것에 대하여 괴로워하거나 스스로 책망하지 마십시오, 왜냐하면 생명을 살리기 위해 하나님께서 당신들 앞서 나를 보내셨기 때문입니다.

6 이 기근이 땅에 이 년이 되었으니, 오 년은 더 경작하거나 추수할 수 없습니다.

7 하나님께서 당신들 앞서 나를 보내셔서, 당신들에게 속한 자들을 땅

---

1. נִבְהֲלוּ(니브할루): בָּהַל(바할, '놀라다')의 *Nifal* 형으로, '대경실색하다(몹시 놀라 얼굴이 하얗게 질림)'라는 뜻이다.

에 남겨두게 하고, 큰 구원으로 당신들의 생명을 구하게 하셨습니다.

8 그러므로 나를 이곳으로 보낸 것은 당신들이 아니고 하나님이십니다. 주께서 나를 파르오에게 아버지로, 그의 온 집에 주인으로, 그리고 모든 이집트 땅에 통치자로 삼으셨습니다.

9 지금 서둘러 내 아버지께 올라가십시오. 그리고 그에게 당신의 아들 요세프가 이렇게 말하였다고 하십시오. '하나님께서 나를 온 이집트의 주인으로 삼으셨으니, 나에게 내려오시고, 지체하지 마십시오.

10 그리고 당신께서는 고센² 땅에 거주하십시오. 그러면 당신과 당신의 아들들과 손주들과 당신의 양떼와 소떼와 그리고 당신의 모든 소유가 나에게 가깝게 됩니다.

11 아직 기근이 오 년이 더 남았으니, 내가 거기서 아버지를 지원하여, 아버지와 아버지의 집과 모든 소유가 빈곤해지지 않도록 하겠습니다',

12 보십시오, 당신들의 눈으로 보고, 나의 동생 빈야민이 보거니와, 내 입으로³ 당신들에게 말하고 있습니다.

13 그러니 당신들은 이집트에서의 나의 모든 영광과 당신들이 본 모든 것을 내 아버지께 알리시고, 서두르십시오. 그리고 내 아버지를 여기로 모시고 오십시오."

14 요세프는 그의 아우 빈야민의 목을 껴안고 울었다. 빈야민도 그의 목

---

2. 칠십인역(LXX)은 Γεσεμ Ἀραβίας(게셈 아라비아스, '아라비아 게셈')이라고 읽는다.

3. פִּי הַמְדַבֵּר(피 하메다베르): '화자의 입'이라는 뜻이다. 여기서 מְדַבֵּר(메다베르)는 '말하는 자'라는 뜻으로 1인칭을 지칭한다. 따라서 '(말하는 자인) 내 입으로'라는 뜻이 된다.

을 안고 울었다.

15 그리고 그의 모든 형들과 입맞추고 울었다. 그 후에 그의 형들은 그와 이야기를 나누었다.

16 요세프의 형제들이 왔다는 소리가 파르오의 집에 들리니 파르오와 그의 신하들이 기뻐하였다.[4]

17 파르오가 요세프에게 말하였다. "너의 형제들에게 이렇게 행하도록 말하라 '너희 짐승들에게 짐을 실어 크나안 땅으로 가서,

18 너희 아버지와 너희 집안을 데리고 나에게 오라, 그러면 내가 너희에게 이집트의 좋은 것을 주겠고, 그들은 이 땅의 기름진 것을 먹을 것이다'

19 너희가 이것을 행하도록 명령을 받았으니, 너희 자녀들과 너희 아내들을 위하여 이집트에서 수레들을 가지고 가라. 그리고 너희의 아버지를 데리고 오라.

20 너희는 너희의 물건들을 아까워하지 말라, 온 이집트의 좋은 것들이 다 너희 것이다."

21 이스라엘의 아들들이 그대로 행하였다. 요세프는 파르오의 말을 따라 그들에게 수레들을 주었고 길에서 먹을 양식을 주고,

22 그들 모두에게 각자에게 옷 한 벌씩 주고, 빈야민에게는 은 삼백과 옷 다섯 벌을 주었다.

23 그리고 요세프는 그의 아버지에게 이집트의 좋은 것을 실은 나귀 열

---

4. וַיִּיטַב בְּעֵינֵי פַרְעֹה(봐이타브 베에이네이 파르오): 직역하면, '파르오의 눈에 선하였다'라는 뜻인데, 관용어구로 사용되어 '기뻐하였다'라는 뜻을 지닌다.

마리와 그 아버지의 여행길을 위해 곡식과 빵과 식량을 실은 암나귀 열 마리를 보냈다.

24 요세프가 그의 형제들을 보냈고 그들은 갔다. 그들에게 말하기를 "길에서 다투지 마십시오."라고 하였다.

25 그들은 이집트에서 올라와 크나안 땅, 그들의 아버지 야아콥에게 갔다.

26 그들은 야아콥에게 알려 "요세프가 아직 살아 있습니다, 더구나 그는 온 이집트 땅의 통치자입니다."라고 하니, 그는 그들을 믿지 않음으로 망연자실하였다.

27 그래서 그들은 그에게 요세프가 그들에게 말한 모든 것을 말해주었고, 요세프가 그를 태우러 보낸 수레를 보고서야, 그들의 아버지 야아콥의 정신이 소생하였다.

28 이스라엘이 말하였다. "흡족하다, 내 아들 요세프가 아직 살아있도다. 내가 죽기 전에 가서 그를 보리라."

창세기 46장

1 이스라엘은 그에게 속한 소유와 함께 떠나서 브에르 쉐바에 들어갔고, 그의 아버지 이츠하크의 하나님께 희생제물을 드렸다.

2 하나님께서 꿈에 이스라엘에게 나타나 말씀하시기를 "야아콥아, 야아콥아"라고 하시니, 그가 대답하여 말하기를 "내가 여기 있습니다."라고 하였다.

3 말씀하시기를 "나는 너의 아버지의 하나님이다, 너는 이집트로 내려가기를 두려워하지 말라, 왜냐하면 내가 너를 거기서 큰 민족이 되게 할 것이기 때문이다.

4 내가 너와 함께 이집트로 내려갈 것이며, 내가 너를 반드시 올라오게 할 것이다. 그리고 요세프가 그의 손으로 네 눈을 덮을 것이다."라고 하였다.

5 야아콥은 브에르 쉐바에서 일어났고, 이스라엘의 아들들은 그들의 아버지 야아콥과 그들의 자녀들과 그들의 아내들을 파르오가 보내어 그를 싣게 한 수레들에 실었다.

6 그들은 그들의 짐승 떼들과 그들이 크나안 땅에서 소유하게 된 그들의 소유를 취하여 이집트로 들어갔으니, 곧 야아콥과 그의 모든 자손이 그와 함께하였다.

7 그의 아들들과 손자들이며 그의 딸들과 손녀들과 모든 후손들이 그와 함께하였으며, 야아콥은 그들을 이집트로 데리고 갔다.

8 이것은 이집트로 간 이스라엘의 아들들의 이름들이니 곧 야아콥과 그의 아들들이다. 야아콥의 장자는 르우벤이요,

9 르우벤의 아들들은 하노크, 팔루, 헤쯔론과 카르미

10 쉬므온의 아들들은 예무엘, 야민, 오하드, 야킨, 쪼하르, 크나안 여자의 아들 샤울

11 레위의 아들들은 게르손, 크하트 그리고 므라리

12 예후다의 아들들은 에르, 오난, 쉘라, 페레츠, 자라흐인데, 에르와 오난은 크나안 땅에서 죽었다. 페레츠의 아들들은 헤쯔론, 하물

13 이사카르의 아들들은 톨라, 푸아,[1] 야슈브,[2] 쉬므론

14 즈불론의 아들들은 세레드, 엘론, 야흐레엘인데

15 이들은 레아가 파단 아람에서 야아콥에게 낳아준 레아의 아들들이고 그의 딸 디나가 있었으니, 그의 아들들과 딸들은 모두 삼십 삼 명이었다.

16 가드의 아들들은 찌프욘, 하기, 수니, 애쯔본, 애리, 아로디, 아르엘리

17 아쉐르의 아들들은 임나, 이쉬봐, 이쉬뷔, 브리아, 그들의 누이 세라흐, 그리고 브리아의 아들들은 헤브르, 말키엘인데

18 이들은 라반이 그의 딸 레아에게 준 질파의 아들들이다. 그녀는 이들

---

1. 사마리아 오경(SP) 창세기 46장 13절과 마소라 본문(MT) 역대상 7장 1절에서는 פוּאָה(푸아)로 읽는다.

2. 마소라 본문(MT)은 יוֹב(욥)이라고 읽으나, 칠십인역(LXX)은 Ιασουβ(이아수브), 사마리아 오경(SP)은 ישוב(야슈브)로 읽는다. 마소라 본문(MT)에서도 병행구인 민수기 26장 24절에서는 동일인을 יָשׁוּב(야슈브)로 읽는다. 참고로, 영어번역성경 중에서 JPS, ESV, RSV, NASB 등은 'Iob'으로, NIV는 'Jashub'로 번역한다.

을 야아콥에게 낳았으니 십 육 명이었다.

19 야아콥의 아내 라헬의 아들들은 요세프와 빈야민이다.

20 이집트 땅에서 요세프에게 아이들이 태어났으니, 곧 '온' 지방의[3] 제 사장 포티페라의 딸 아스나트가 그에게 낳아준 자녀들인데, 메나쉐 와 에프라임이었다.

21 빈야민의 아들들은 벨라, 베케르, 아스벨, 게라, 나아만, 에히, 로쉬, 무핌, 후핌, 아르드[4]인데

22 이들은 라헬의 자녀들로 야아콥에게 태어난 사람들이다. 모두 십 사 명이다.

23 단의 자녀들은 후심[5]

24 나프탈리의 아들들은 야흐쩨엘, 구니, 예쩨르, 쉴렘[6]이니,

25 이들은 라반이 그의 딸 라헬에게 준 빌하의 아들들이다. 그녀가 야아 콥에게 이들을 낳아주었으니 모두 일곱 명이다.

26 야아콥에게 속하여 이집트로 내려간 사람들로, 야아콥의 허리에서 나 온 자들이며 야아콥의 며느리들을 제외하고 모두 육십 육 명이었다.

27 이집트에서 요세프에게 태어난 아들들은 두 사람인데, 이집트로 들 어간 야아콥 집안의 모든 사람은 칠십 명이었다.

---

3. 창세기 41장의 노트 7을 참조하라.

4. אַרְדְּ(아르드)라는 이름은 역대상 8장 3절에서는 אַדָּר(아다르), 민수기 26장 17절 에서는 אֲרוֹדִ(아로드) 등 다양하게 전승된다.

5. 칠십인역(LXX)은 Ασομ(아솜), 마소라 본문(TM) 민수기 26장 42절에서는 שׁוּחָם(슈함)으로 다양하게 전승된다.

6. 역대상 7장 13절에서는 שַׁלּוּם(솰룸)으로 불린다.

28 야아콥은 예후다를 그의 앞서 요세프에게 보냈는데, 그에 앞서 고센으로 가는 길을 보이기 위함이었다. 그리고 드디어 그들이 고센 땅으로 들어갔다.

29 요세프는 그의 마차를 준비하여 그의 아버지 이스라엘 쪽으로, 곧 고센으로 올라갔다. 그리고 그에게 나타나서 그의 목을 안고, 목을 안은 채 울었다.

30 이스라엘이 요세프에게 말하였다. "내가 너의 얼굴을 보았고 네가 살아 있으니 이제 내가 죽을 수 있다."

31 요세프는 그의 형제들에게와 그의 아버지의 온 집에 말하였다. "내가 올라가서 파르오에게 알리겠습니다. 내가 그에게 이야기하여 '나의 형제들과 크나안에 있던 내 아버지의 집안이 나에게 왔습니다.

32 이 사람들은 양떼의 목자들이요, 그들은 짐승들을 키우던 사람들이요, 그들의 양떼와 소떼와 그들에게 있는 모든 것을 가져왔습니다'라고 하겠습니다.

33 그러면 파르오가 당신들을 부를 것이요 그가 '너희들은 무엇을 하는 사람들이냐?'라고 말하면

34 당신들은 '당신의 종들은 어려서부터 지금까지 짐승을 키우는 사람들이니, 우리도 그러하고 우리의 조상들도 그렇습니다'라고 말하십시오. 그러면 당신들은 고센 땅에 정착할 것입니다. 왜냐하면 이집트 사람들은 양떼를 치는 사람을 부정하게7 여기기 때문입니다."

---

7. תּוֹעֵבָה(토에바): '싫어하는', '부정한' 등의 뜻이다.

창세기 47장

1 요셉가 들어가서 파르오에게 말하였다. "나의 아버지와 나의 형제들과 그들의 양떼와 소떼와 그들에게 있는 모든 것이 크나안 땅에서 와서 지금 고센 땅에 있습니다."

2 그의 형제 전체에서[1] 다섯 사람을 택하여 파르오 앞에 세웠다.

3 파르오가 요셉의 형제들에게[2] 말하기를 "너희는 무슨 일을 하느냐?"라고 하자, 그들이 파르오에게 대답하기를 "당신의 종들은 조상 때부터 양떼를 치는 목자입니다."라고 하였다.

4 그들이 파르오에게 말하였다. "우리는 이 땅에 살려고 왔습니다. 왜냐하면 크나안 땅에는 기근이 심해서 당신의 종에게 양떼를 위한 목초지가 없기 때문입니다. 당신의 종들이 고센 땅에 거주하도록 해 주십시오."

5 파르오가 요셉에게 말하였다. "너의 아버지와 형제들이 너에게 왔도다.

6 이집트 땅이 네 앞에 있으니, 그 땅의 가장 좋은 곳에 너의 아버지와 형제들을 살게 하라. 그들은 고센 땅에 살게 될 것이요, 네가 만일 그

---

1. מִקְצֵה(미크쩨): '전체에서'라는 뜻이다.
2. 마소라 본문(MT)은 אֶחָיו(에하브, '그의 형제')라고 읽는데, 칠십인역(LXX)과 사마리아 오경(SP)은 τοῖς ἀδελφοῖς Ιωσηφ(토이스 아델포이스 이오세프, '요셉의 형제들')'라고 읽는다.

들 중에 명철한 자를 발견하면 그들을 나의 짐승 떼를 관리하는 자로 삼으라."

7 요세프가 그의 아버지 야아콥을 데리고 그를 파르오 앞에 세우니, 야아콥이 파르오를 축복하였다.

8 파르오가 야아콥에게 말하기를 "너는 몇 년이나 살았느냐?"라고 하자,

9 야아콥이 파르오에게 말하기를 "나의 인생의 날은 일백 삼십 년입니다. 내 인생의 날들이 짧고 험하였습니다만 내 조상의 머물러 살던 인생의 날에 미치지는 못합니다."라고 하였다.

10 그리고 야아콥은 파르오를 축복하고 파르오의 앞에서 나왔다.

11 요세프는 파르오의 명령을 따라, 그의 아버지와 그의 형제들을 정착시켜 이집트 땅의 가장 좋은 곳, 라암세스 땅에 기업을 주었다.

12 요세프가 그의 아버지와 그의 형제들과 그의 아버지의 온 집안을 부양하되 그 자녀의 수대로 하였다.

13 그 땅에 양식이 없으니 기근이 매우 심하였기 때문이다. 이집트 땅과 크나안 땅은 그 기근으로 인해서 쇠약해졌다.

14 요세프는 곡식을 사러 온 사람들의 곡식 값으로 온 이집트 땅과 크나안 땅에 있는 모든 돈을 거두었고, 그 돈을 파르오의 집에 들여놓았다.

15 이집트 땅과 크나안 땅의 돈이 다 없어지자, 온 이집트 사람들이 요세프에게 와서 말하였다. "우리에게 양식을 주십시오,³ 왜 우리가 당

---

3. הָבָה(하바): 명령형이다. 아람어 יְהַב(예하브)에서 온 것으로, '주다'라는 뜻이다.

신 앞에서 죽겠습니까? 우리에게는 돈이 전혀 없습니다."4

16 요세프가 말하였다. "돈이 없으면 너희의 짐승들을 내라, 그리하면 내가 너희에게 짐승 값으로 (양식을)5 주겠다."

17 그래서 그들은 그들의 짐승들을 요세프에게 가져왔고 요세프는 그들에게 말과 양떼와 소떼와 나귀들의 값으로 양식을 주었다. 그해에 요세프는 음식과 짐승들을 맞바꾸는 경영을 하였다.

18 그 해도 끝나자, 다음 해에 사람들이 그에게 와서 말하였다. "우리가 나의 주 앞에 숨기지 않습니다. 돈도 떨어졌고 가축 떼도 내 주께 넘어갔기 때문에 우리 목숨과 땅 외에는 내 주 앞에 아무 것도 남아있지 않습니다.

19 어찌 우리가 우리 자신과 우리 땅이 함께 당신 앞에서 죽겠습니까? 우리와 우리의 땅을 양식으로 사십시오. 그러면 우리와 우리의 땅은 파르오의 종들이 되고, 우리에게 씨를 주시면 우리가 살고 죽지 않을 것이며 우리의 땅은 황폐하게 되지 않을 것입니다."

20 요세프가 파르오를 위해 이집트의 모든 땅을 샀으며 이집트 사람들은 각각 자기의 들판을 팔았으니 이는 기근이 그들에게 너무 심하였기 때문이다. 그리하여 그 땅은 파르오의 것이 되었다.

21 요세프는 이집트의 국경 이 끝에서 저 끝까지의 백성을 종으로 삼아 그를 섬기도록 하였다.6

---

4. אֶפֶס(아페스): '끝나다', '영'이라는 뜻이다.

5. 사마리아 오경(SP), 타르굼 요나탄(Tᴶ) 및 칠십인역(LXX)은 '양식을(ἄρτους[아르투스])'을 넣어서 읽는다.

6. 칠십인역(LXX)과 사마리아 오경(SP)은 각각 τὸν λαὸν κατεδουλώσατο(톤 라

22 다만 제사장들의 땅은 사지 않았으니, 제사장들을 위해서는 파르오로부터 식량공급이[7] 있으니 그들은 파르오가 그들에게 주는 식량공급을 먹었으므로 그들의 땅을 팔지 않았다.

23 요세프가 그 백성에게 말하였다. "오늘날 내가 파르오를 위하여 너희와 너희의 땅을 샀다. 보라, 너희를 위해 씨앗이 있으니 너희는 땅에 뿌리라.

24 그리고 소출 중에 오분의 일을 파르오에게 바치라, 그리고 사분은 너희의 것이니, 들판의 씨앗과 너희 양식을 위한 것이요, 곧 너희의 집과 너희 자녀들의 먹을 것이다."

25 그들이 말하였다. "당신이 우리를 살리셨습니다. 우리가 내 주께 은총을 입게 하시면,[8] 우리는 파르오의 종이 되겠습니다."

26 요세프는 이것을 이집트 땅에 관한 법으로 삼았고 오늘날까지 유효하게 되었으니, 곧 오분의 일이 파르오에게 속한 것이다. 다만 제사장들의 땅은 파르오의 소유가 되지 않았다.

27 한편, 이스라엘은 이집트 고센 땅에 거주하였다. 그들은 그 안에서

온 카테둘로사토)와 הָעָם הֶעֱבִיד (하암 헤에비드)라고 해서 '그 백성을 종으로 삼아'로 읽는다. 따라서 마소라 본문(MT)의 הֶעֱבִיר (헤에비르, '옮기다')는 הֶעֱבִיד (헤에비드, '종으로 섬기게 하다')의 오기로 볼 수 있다. 만일 마소라 본문(MT)대로 읽는다면, 목적격인 אֹתוֹ(오토, '그것을, 그를')의 역할이 없어지게 된다. 마소라 본문(MT)의 오기는 히브리어의 '레이쉬(ר)'와 '달렛(ד)'의 혼동으로 생긴 결과이다. 19절과 23절의 문맥을 생각하면, 칠십인역(LXX)과 사마리아 오경(SP)의 읽기가 더 좋은 본문임을 알게 된다(참고. Tov, 2012: 86).

7. חֹק(호크): '식량공급', '할당량'을 뜻한다(BDB).

8. 창세기 6장의 노트 6을 참조하라.

소유를 얻고, 또 생육하고 매우 번성하였다.

28 야아콥은 이집트에서 십 칠 년을 살았다. 야아콥의 생명의 날은 일백 사십 칠 년이었다.

29 이스라엘의 죽을 날이 가까이 오자 그는 그의 아들 요세프를 불러 말하기를 "내가 너에게 은총을 입었거든 너의 손을 나의 넓적다리 아래에 놓아라. 너는 나에게 진실로 자비를 베풀어서 나를 이집트에 매장하지 말라.

30 나는 내 조상들과 함께 누울 것이니, 너는 나를 이집트에서 옮겨 그들의 매장지에 매장하라."고 하자, 요세프가 대답하여 "아버지의 말씀대로 내가 시행하겠습니다."라고 말하였다.

31 또 그가 말하기를 "내게 맹세하라."고 하여, 요세프가 맹세하니, 이스라엘은 침상⁹ 머리맡에서 경배하였다.

---

9. הַמִּטָּה(하미타): ה(관사) + מִטָּה(미타, '침상')로 '그 침상'을 뜻한다. 칠십인역 (LXX)은 τῆς ῥάβδου(테스 흐랍두, '그 지팡이')로 번역한다. 칠십인역(LXX) 은 히브리어 מִטָּה(미타)를 מַטֶּה(마테, '지팡이')로 잘못 읽은 것이다. 칠십인역 (LXX)에 의하면, 야곱은 침상머리가 아니라 지팡이 머리에 의지하여 경배한 결과가 된다. 칠십인역(LXX)의 영향으로 히브리서 11장 21절은 야곱이 '지팡이 머리에 의지하여' 경배하였다고 기록한다. 이는 칠십인역(LXX)이 히브리어를 잘못 읽은 대표적인 예이고, 또한 칠십인역(LXX)이 신약에 분명하게 영향을 미 쳤음을 보여주는 예가 된다(총회성경연구소, 2019: 54~57).

창세기 48장

1 이 일들 후에 누가 요세프에게 말하기를 "보시오, 당신의 아버지가 병들었습니다."라고 하니 그가 자기의 두 아들들, 메나쉐와 에프라임을 데리고 가서

2 야아콥에게 "여기 당신의 아들 요세프가 당신께 왔습니다."라고 하니, 이스라엘이 힘을 내어 침대 위에 앉았다.

3 야아콥이 요세프에게 말하였다. "전능하신 하나님께서 크나안 땅 루즈에서 내게 나타나 나를 축복하였다.

4 나에게 말씀하시기를 '내가 너를 생육하고 크게 증가하게 하고 너에게 백성의 총회를 주었고, 또 이 땅을 네 뒤에 오는 너의 후손에게 영원한 기업으로 주었다'라고 하셨다.

5 지금, 내가 너에게 이집트로 오기 전에, 이집트 땅에서 너에게 태어난 너의 두 아들들은 내 것이니, 에프라임과 메나쉐는 르우벤과 쉬므온과 같이 내 것이며,

6 그들 이후에 너에게 태어난 자들은 너의 자손이 될 것이다. 그들의 기업에서 그들의 형제의 이름으로 불려질 것이다.

7 내가 파단¹에서 올 때에 크나안 땅 에프라트 조금 떨어진 곳에서 여행 중 슬프게도² 라헬이 죽었다. 내가 그녀를 거기 에프라트, 곧 베이트

---

1. 사마리아 오경(SP)과 칠십인역(LXX)은 '아람'을 더하여 '파단 아람'으로 읽는다.
2. מֵתָה עָלַי רָחֵל (메타 알라이 라헬): 직역하면, '라헬이 나로 인해 죽었다'라는 뜻

레헴, 노중에 매장하였다."

8 이스라엘이 요세프의 아들들을 보고 말하기를 "이들은 누구냐?"라
고 하자,

9 요세프가 그의 아버지에게 말하여 "그들은 하나님께서 여기서 내게
주신 내 아들들입니다."라고 하니, 그가 말하기를 "나에게 데려오라,
내가 그들을 축복하리라."고 하였는데,

10 이는 이스라엘이 늙어서 눈이 어두워져 볼 수 없었기 때문이다. 그
래서 요세프는 그들을 그에게 가까이 이끌어가니 그가 그들에게 입
맞추고 그들을 안았다.

11 이스라엘이 요세프에게 말하였다. "내가 네 얼굴을 보리라 기대하지
못했는데, 하나님께서는 너의 자식들까지 보게 하셨구나."

12 요세프가 그들을 그의 무릎에서 빼내어, 그의 앞에 엎드리어

13 요세프는 그 둘을 취해, 에프라임을 그의 오른쪽에, 곧 이스라엘의
왼쪽에, 메나쉐를 그의 왼쪽, 곧 이스라엘의 오른쪽에 두고 그에게
가까이 가게 하였다.

14 그런데 이스라엘은 그의 오른손을 차남 에프라임의 머리에 놓고, 그
의 왼손을 메나쉐의 머리 위에 놓았다. 메나쉐가 장남이었음에도 불
구하고 그의 손을 어긋맞게 하였다.

15 그리고 요세프를 축복하여 말하였다. "나의 조상 아브라함과 이츠하
크가 그의 앞에서 행하였던 하나님, 오늘까지 항상[3] 나의 목자가 되

인데, 여기서 עָלַי(알라이)를 '나로 인해'가 아니라 '내가 슬프게도(또는 미안하게
도)'라는 의미로 번역함으로, 이 구절의 뜻은 '슬프게도 라헬이 죽었다'가 된다.

3. מֵעוֹדִי(메오디): '항상', 영어로는 'ever since I was'라는 뜻이다(BDB).

신 하나님,

16 모든 재앙으로부터 나를 구원하신 사자께서 이 아이들을 축복하시기를! 그래서 그들 안에서 내 이름과 내 조상 아브라함과 이츠하크의 이름이 불려지게 하소서, 그들이 땅 위에서 많아지고 매우 증가되게 하소서!"

17 요세프가 보니, 그의 아버지가 그의 오른손을 에프라임의 머리 위에 놓았는데, 요세프가 기쁘지 않게 여겼다. 그래서 에프라임의 머리에서 메나쉐의 머리에 옮겨 놓으려고 아버지의 손을 받쳐들었다.

18 그리고 요세프가 그의 아버지에게 말하였다. "내 아버지여, 그렇지 않습니다. 왜냐하면 이 아이가 장남이니 당신의 오른손을 그의 머리 위에 놓으십시오"

19 그러나 그의 아버지는 거부하며 말하였다. "내가 안다, 내 아들아 내가 안다. 그도 역시 백성을 이룰 것이요, 그도 크게 될 것이다. 그러나 그의 동생이 그보다 더 크게 될 것이요, 그의 후손은 여러 민족들이 될 것이다."

20 바로 그날, 그들을 축복하였다. "이스라엘이 너를 축복하여 말하기를, '하나님께서 에프라임 같고 메나쉐 같이 되게 하시기를'이라고 할 것이다." 그렇게 에프라임을 메나쉐 앞에 세웠다.

21 이스라엘이 요세프에게 말하였다. "보라, 나는 죽는다. 그러나 하나님께서는 너희와 함께하실 것이며 너희를 너희 조상들의 땅으로 돌아가게 하실 것이다.

22 내가 너에게 형제들보다 영광을[4] 더하여 주노니, 그것은 내가 내 칼과 내 활로 에모리 족의 손에서 취한 것이다."

---

4. שְׁכֶם(쉬켐): 이 단어는 지명으로 '쉬켐' 그리고 어원적으로 '어깨'라는 뜻이 있다. 그런데 여기 본문에서는 '쉬켐'이란 지명으로 이해하는 것이 적절하지 않다. 왜냐하면 אֶחָד(에하드, '하나')가 뒤따라오므로 שְׁכֶם אֶחָד(쉬켐 에하드)는 '쉬켐(지방) 하나' 또는 '하나의 쉬켐'이란 말이 되는데, 이는 매우 어색하지 않기 때문이다. 일부 영어번역에서는 '쉬켐'을 '몫(portion)'으로 번역하기도 한다(JPS, NASB). 그러나 '쉬켐'에는 그런 의미가 없다. '쉬켐'의 일차적인 의미는 '어깨'인데, 이는 곧 '영광/권세'를 상징한다. 예를 들면, 이사야 9장 5절에서 וַתְּהִי הַמִּשְׂרָה עַל־שִׁכְמוֹ(바테히 하미스라 알 쉬크모, '그 어깨는 통치/권세를 메었고')라고 읽는 부분이다. 따라서 본문에서는 '쉬켐'을 '영광'으로 번역하는 것이 좋다(Hirsch, 1959: 655; 참고. NIDOTTE, vol 4, 108).

창세기 49장

1 야아콥이 그의 아들들을 불러 말하였다. "모이라, 그러면 내가 미래에 [1] 너희가 맞이할 일들을 너희에게 말하리라.

2 야아콥의 아들들아 모여서 들으라, 너희의 아버지 이스라엘에게 들으라.

3 르우벤아, 너는 나의 장자요, 나의 능력이요, 나의 힘의 시작이다. 넘치는 위엄과 넘치는 힘이지만,

4 끓는 물같이 안정되지 못하고, 너는 탁월하지 못하게 되었으니 너는 네 아버지의 침상에 올라서 더럽혔고, 내 침대에 올라갔기 때문이다.

5 쉬므온과 레위는 형제요, 폭력의 무기가 그들의 모의[2]이다.

6 내 영혼아 그들의 비밀에 가지 말고, 내 영광아 그들의 모임에 연합하지 말라. 그들의 분노 가운데 사람을 죽였으며, 그들이 의도적으로 소의 뒷발 힘줄을 끊었다.

7 저주를 받을 것이니, 그들의 화가 맹렬하기 때문이요, 또한 그들의 분노가 완고하기 때문이다. 내가 그들을 야아콥에 나누고, 이스라엘에

---

1. בְּאַחֲרִית הַיָּמִים(베아하리트 하야밈): '말세에'라기보다는 '앞으로, 미래에'라는 의미이다.

2. מְכֵרֹתֵיהֶם(메케로테이헴): 난해한 낱말이다(BDB 468b, KB 523a). 이 단어는 에 디오피아어 'mkr'(충고[advise], 모의)와 동일어근을 가진다. 이에 근거하여 제임스 바(J. Barr)는 본 절을 'Weapons of violence are their counsels(폭력의 무기가 그들의 모의이다)'라는 뜻으로 번역한다(Barr, 1987: 57).

흩어버리겠다.

8 예후다야 너의 형제들은 너를 칭송할 것이니, 너는 너의 손으로 원수의 목을 잡을 것이요, 네 아버지의 아들들이 네게 절할 것이다.

9 예후다는 사자 새끼이니, 내 아들아 너는 사냥물로 올라갔도다. 수사자같이 그리고 암사자같이 웅크렸으니 누가 그를 일으켜 세우겠는가?

10 홀이 유다를 떠나지 않으며 통치자의 홀이 그의 다리 사이에서 떠나지 않을 것이다. 실로[3]가 오시기까지, 백성들이 그에게 순종할 것이다.

11 그의 숫나귀를 포도나무에 매고, 내 아들아, 암나귀를 멋진 포도나무에 맬 것이다. 그의 옷을 포도주에 빨고, 포도의 피에[4] 그 의복을 빨 것이다.

12 그의 눈은 포도주로 인해 더 진하고, 그의 이는 우유보다 더 희게 될 것이다.

----

3. שִׁילֹה(쉴로): 성경에서 가장 난해한 단어 중의 하나이다. 칠십인역(LXX)은 τὰ ἀποκείμενα αὐτῷ(타 아포케이메나 아우토, '그를 위해 저장된 것들[the things stored up for him]' ≒ שְׁלָה(쉴라), שֶׁלּוֹ(쉘로, '그의 것')으로 번역한다. 전통적인 기독교의 견해는 '실로'를 메시아의 이름으로 여겨왔다. 학자들 가운데는 이 단어가 아카드어의 '쉴루(šilu= ruler, '통치자')'에서 왔다고 주장하는 사람도 있다(Movinckel). 그래서 RSV 등 현대의 영어번역들은 'ruler(통치자)'로 번역한다. 그러나 현대학자들에 의해 아카드어의 '쉴루'는 '구멍, 틈'을 의미하는 것으로 밝혀졌다(Barr, 1987: 120~21).

4. וּבְדַם־עֲנָבִים(우베담 아나빔): 포도즙에 관한 시적인 표현이다. 신명기 32장 14절을 참조하라.

13 즈불룬은 바다의 해변에 거하리니, 그 해변으로 배들이 몰려올 것이고,[5] 그의 경계는 찌돈에 이를 것이다.

14 이사카르는 강한 나귀요, 잿더미 사이에 엎드릴 것이다.

15 그가 쉴 곳을 보니 좋았고, 땅을 보고 즐거워하며, 짐을 지기 위해서 어깨를 펴고, 강제노동자가 될 것이다.

16 단은 이스라엘 지파 중 하나로서 그의 백성을 심판할 것이요.

17 단은 길 옆의 뱀이 될 것이요, 작은 길 옆의 독사이다. 말의 발굽을 물고 그 탄 자는 뒤로 넘어지리라.

18 주여, 내가 당신의 구원을 기다립니다.

19 가드는 군대가 그를 공격하나, 그는 그들의 발꿈치를 공격하리라.[6]

20 아쉐르의 양식은 기름진 것이니, 그는 왕의 진미를 제공할 것이다.

21 나프탈리는 풀어놓은 암사슴이니, 아름다운 소리를 내는구나.

22 요세프는 열매 맺는 가지이니, 샘물 옆에서 열매 맺는 가지이다. 그 곁가지들이[7] 담을 넘는도다.[8]

———

5. לְחוֹף אֳנִיּוֹת (레호프 오니요트): 시적인 표현으로 '그 해변으로 배들이 올 것이요'라는 뜻이다(BDB, 'the shore of ships, i.e. to which ships come.').

6. 19~20절에 있는 절의 분리 문제: 칠십인역(LXX)과 벌게이트역(V) 등은 19절의 끝과 20절의 시작을 מֵאָשֵׁר/עָקֵב(아케브/메아쉐르)로 보지 않고, אשר/עקבם(아크밤/아쉐르)로 본다. 즉, '그들(군대)의 발꿈치를 공격하리라, 아쉐르는'으로 읽는다(참고. Tov, 2012: 234).

7. בָּנוֹת צָעֲדָה (바노트 짜아다): 난해구절이다(Skinner, 1930: 529~530). בָּנוֹת(바노트, '딸들, 즉 곁가지들')이라는 여성복수형 주어에 צָעֲדָה(짜아다)라는 단수형 동사가 연결된 것은 설명하기 힘든 부분이다(Barr, 1987: 30~31).

8. 여기의 히브리어 본문은 문법적으로 문제가 있다. פרת פָּרָת(파리트)가 פרה פֹּרֶה(포레, '열

23 사람들이 그를 괴롭혔으며, 공격하고, 활 쏘는 자들이 그를 미워하였어도

24 야아콥의 강한 자의 손에 의해서 그의 활은 견고하게 남고, 그의 팔은 민첩하여졌으며, 거기로부터 이스라엘의 반석, 목자가 나도다.

25 네 아버지의 하나님께서 너를 도우시고, 전능자께서 위로 하늘의 복과 아래로 깊음에 웅크리고 있는 복을, 그리고 젖먹이는 복과 태의 복으로[9] 너에게 축복하실 것이다.

26 네 아버지의 복은 내 부모의 복보다 더할 것이며, 태고의 언덕의 소망에까지 이르겠으니, 이 복이 요세프의 머리에 있을 것이며, 그의 형제 가운데 성별된 자의 정수리에 임할 것이다.

27 빈야민은 찢는 늑대라, 그가 아침에 노획한 것을 먹고, 저녁을 위해서 약탈한 것을 나누는도다."

28 이들은 이스라엘의 지파들이요, 열 둘이라. 그리고 이것은 그들의 아버지가 그들에게 말하여 그들 각자를 축복한 것이니, 그들을 각자의 복을 따라 축복하였다.

29 그리고 그들을 명하여 그들에게 말하였다. "나는 내 백성에게 연합된다, 나를 나의 조상들과 함께 매장하라. 헤트 족 에프론의 들에 있는 동굴이니,

---

매 맺다')의 여성수식 동사이면 בֵּן(벤, '아들')이라는 남성 명사와 어울릴 수 없다. 위의 노트에서 설명한 בְּנוֹת צָעֲדָה(바노트 짜아다) 역시 בְּנוֹת(바노트)가 여성복수인데, צָעֲדָה(짜아다)라는 단수 동사가 이를 수식할 수는 없는 것이다. 이는 시적인 표현으로 이해해야 한다.

9. שָׁדַיִם וָרָחַם(솨다임 봐라함): 직역하면, '젖가슴과 자궁'이란 뜻이다.

30 그 동굴은 크나안 땅 마므레 옆의 마크펠라 들판에 있는 것이니, 이는 아브라함이 헤트 족속 에프론에게서 매장지로 그 들판을 산 것이다.

31 거기에 아브라함과 그의 아내 사라를 매장하였으며, 거기에 이츠하크와 그의 아내 리브카를 매장하였으며 그리고 거기에 내가 레아를 매장하였다.

32 (아브라함이) 그 들의 땅과 그 안에 있는 동굴은 헤트 족에게 (산 것이다)."

33 야아콥이 그의 아들들에게 명령하기를 마치고 그의 발을 침상에 모으니, 그의 호흡이 끝나고, 그의 백성에게 연합되었다.

창세기 50장

1 요세프가 그의 아버지 위에 엎드려 그를 인하여 슬퍼하고 울고 그에게 입맞춤하였다.

2 그리고 요세프는 그의 종들, 곧 의사들에게 방부처리하기를 명령하니, 의사들이 그의 아버지에게 방부처리를 하였다.

3 사십 일이 걸렸으니 방부처리에 그렇게 걸리기 때문이다. 이집트 사람들이 칠십 일간 그를 애곡하였다.

4 그를 애곡하는 기간이 지나자, 요세프는 파르오의 집에 말하였다. "내가 당신들께 은총을 입었거든[1] 파르오의 귀에 말씀하여 주십시오." 이르기를

5 "나의 아버지가 나를 맹세하게 하여 말하기를 '보라, 내가 곧 죽을 것이니, 크나안 땅에 파 놓은 나의 무덤에 나를 매장하라'고 하였으니, 이제 내가 올라가 내 아버지를 매장하고 돌아오겠습니다."라고 하였다.

6 파르오가 말하기를, "올라가서 그가 너에게 맹세하게 한 대로 너의 아버지를 장사하라."고 하였다.

7 요세프가 그의 아버지를 장사하러 올라갈 때, 파르오의 모든 신하들, 그의 집의 장로들과 이집트의 장로들이 그와 함께 올라갔다.

8 그리고 요세프의 온 집과 그의 형제들과 그 아버지의 집이 (그와 함께

---

1. מָצָאתִי חֵן בְּעֵינֵיכֶם(마짜티 헨 베에이네켐): 창세기 6장의 노트 6을 참조하라.

올라갔으며) 다만 그들의 어린 자녀들과 양떼와 소떼는 고셴 땅에 남겨두었다.

9 또한 그와 함께 마차와 기병들도 올라갔으니 그것은 정말 대단한 진영이었다.

10 그들이 요단강 건너편 아타드 타작마당에 왔을 때에 사람들이 매우 심하게 애곡으로 슬퍼하였고, 그는 그의 아버지를 인하여 칠 일 동안 애곡하였다.

11 그 땅에 거주하는 크나안 사람이 아타드 타작마당에서 그 애곡을 보고 말하기를 "이 큰 애곡은 이집트를 위한 것이다."라고 하였으므로, 그 이름을 '아벨 미츠라임'²이라 불렀으니, 이는 요단강 건너편에 있었다.

12 야아콥의 아들들은 그들에게 명한 대로 그에게 행하였다.

13 그의 아들들은 그를 크나안 땅으로 옮겨 마크펠라 들판의 동굴에 그를 매장하였는데, 그곳은 아브라함이 헤트 족속 에프론에게서 마므레 옆 들판을 매장지로 샀던 것이다.

14 요세프가 그의 아버지를 장사한 후에 이집트로 돌아왔으니, 곧 그와 그의 형제들과 그와 함께 그의 아버지를 장사하러 올라갔던 모든 사람들이었다.

15 요세프의 형들이 그들의 아버지의 죽었음을 보고 말하였다. "요세프가 우리에게 적개심을 가지고 우리가 그에게 행한 악한 모든 것을 우리에게 보복할지 모른다."

---

2. אֵבֶל מִצְרַיִם(아벨 미츠라임): '이집트의 애곡'이란 뜻이다.

16 그래서 요세프에게 가까이 가서³ 말하기를 "당신의 아버지가 죽기 전에 명령하여 말씀하시기를

17 '너희들은 요세프에게 이렇게 말하라, 부디 네 형제의 과실과 그들의 죄를 꼭 용서해주어라. 그들이 너에게 죄를 지었으나, 지금 너의 아버지의 하나님의 종들의 죄악을 꼭 용서해주어라'⁴고 하였습니다." 라고 하자, 요세프는 그들이 그에게 말할 때에 울었다.

18 그의 형들도 가서 그 앞에 엎드려 말하였다. "보십시오, 우리는 당신의 종입니다."

19 요세프가 그들에게 말하기를 "두려워하지 마십시오, 내가 하나님을 대신하겠습니까?

20 당신들은 나에게 대하여 악을 모의했으나, 하나님께서는 그것을 선으로 만드셨으니, 이는 오늘날 많은 백성을 살리시려고 하신 것입니다.

21 그러므로 지금 두려워하지 마십시오, 내가 당신들과 당신들의 자녀들을 부양하겠습니다."라고 하여 그들을 위로하였다.⁵

22 요세프는 이집트에 거주하였으니, 그와 그의 아버지의 온 집안이 (그

---

3. וַיְצַוּוּ(봐예짜부): 직역하면, '그들이 명령하여'라는 뜻인데, 이는 문법상으로나 내용상으로 맞지 않는다. '명령하다'라는 말은 목적격 전치사 אֵת(에트)를 취한다 (여기서는 אֶל[엘, '~에게']). 그리고 내용상으로 요세프의 형들이 요세프를 명령할 수 없다. 이에 칠십인역(LXX)은 παρεγένοντο(파레게논토, '가까이 가서')로 번역한다.

4. נָשָׂא(나사): '들다', '치워버리다'(BDB)라는 뜻이다.

5. 참고. Babut, 1999: 75~83. 창세기 34장의 노트 4를 참조하라.

러하였다). 그리고 요세프는 일백 십 년을 살았다.

23 요세프는 에프라임의 자손 삼 대를 보았고 메나쉐의 아들 마키르의 아들들도 요세프의 무릎에 태어났다.

24 요세프가 그의 형제들에게 말하였다. "나는 죽습니다. 하나님께서는 반드시 당신들을 돌보시고 또 당신들을 이 땅으로부터 하나님께서 아브라함과 이츠하크와 야아콥에게 맹세하신 그 땅으로 올리실 것입니다."

25 그리고 요세프는 이스라엘의 아들들을 맹세하게 하여 말하기를 "하나님께서 반드시 당신들을 돌보시리니, 당신들은 나의 뼈를 이곳에서 가지고 올라 가십시오."라고 하였다.

26 요세프가 일백 십 세에 죽었다. 그들은 그를 방부처리하였고, 그는 이집트에서 관에 넣어졌다.[6]

---

6. 마소라 본문(MT)의 동사(*Qal*, 수동형) וַיִּישֶׂם(봐이셈)의 주어는 '요세프'밖에 없다. 그러므로 요세프는 여기서 '관에 넣어졌다(수동태)'가 되어야 한다. וַיִּישֶׂם(봐이셈)은 창세기 24장 33절의 *Q^ere*(커리)에서 וַיּוּשַׂם(봐유삼=사마리아 오경, *Hofal*, '넣어졌다')으로 고쳐 읽도록 하고 있다. BHS는 사마리아 오경(SP)을 따라서 수동형으로 읽으라고 한다(참고. Tov, 2012: 57).

참고문헌

Aadler, G. C., *The Book of Genesis.* vol. 1, in: translated by W. Heynen. *Bible student's Commentary*. Grand Rapids: Zondervan, 1981.

Babut, J.M., *Idiomatic Expressions of the Hebrew Bible-Their Meaning and Translation through Componential Analysis*, BIBAL Dissertation Series 5. U.S.A.: D.&F. Scott Publishing and The United Bible Societies, 1999.

Barr, J., *Comparative Philology and the Text of the Old Testament*. Winona Lake: Eisenbrauns, 1987.

Bendavid, A. *Parallels in the Bible*. Jerusalem: Carta, 1972.

Cassuto, U. *A Commentary on the Book of Genesis, part one, From Adam To Noah*. Jerusalem: Magnes Press, 1989.

Davison, A.B., *Introductory Hebrew Grammar-Syntax*. Edinburg: T&T Clark, 1985.

Gesenius, H.F.W., Kautzch, E(ed.), Cowley, A.E.(ed). Gesenius' *Hebrew Grammar*. Oxford: Clarendon Press, 1910.

Greenspahn, F.E., *Hapax Legomena in Biblical Hebrew- A Study of the Phenomenon and Its Treatment Since Antiquity with Special Reference to Verbal Forms*, Chico: Scholars Press, 1984.

Hareuveni, N., *Tree and Shrub in Our Biblical Heritage*. Israel: Neot Kedumim, 1984.

Hirsch, S.R., *The Pentateuch*, vol. 1, Genesis. London: Isaac Levy, 1959.

Jordan. J.B., 안정진 역. 『창세기의 족장이야기』. 서울: CLC, 2009.

Joüon, P.-Muraoka, T., *A Grammar of Biblical Hebrew*. Rome: Editrice Pontificio Istituto Biblico, 1996.

Kail, Y. ed., *Sefer Bereishit*(ספר בראשית). Jerusalem: Mossad Harav Kook, 1997.
 [히브리어]

Kutscher, E.Y., *The Language and Linguistic Background of the Isaiah Scroll [IQ Isᵃ]*.
 Leiden: Brill, 1974.

Qimron, E., *Bereishit*. Olam HaTanach(Hebrew). Tel Aviv: Davidson-ittay, 1993.

Silva, M., *Biblical Words and Their Meaning: An Introduction to Lexical Semantics*.
 Grand Rapids: Zondervan Publishing House, 1983.

Skinner, J., *Geness*, 2nd ed. ICC. Edinburgh: T.&T. Clark Ltd, 1930.

Tov, E., *Textual Criticism of the Hebrew Bible*, 3rd ed. Minneapolis: Fortress Press,
 2012.

Waltke, B. K., and O'Connor, M., *An Introduction to Biblical Hebrew Syntax*.
Winona Lake: Eisenbrauns, 1990.

Wenham, G. J., *Genesis*, WBC. 박영호 역. 서울: 솔로몬, 2006.

Wevers, J.W., *Notes on the Greek Text of Genesis*, Septuagint and Cognate Studies
 35. Atlanta: Scholars Press, 1993.

김경래. 『사본들을 통해 보는 성경』. 전주: 전주대학교 출판부, 1997.

김하연. 『유대배경을 알면 성경이 보인다』. 서울: SFC, 2016.

신득일, 「창세기 난제와 논쟁」, 『성경연구』 3호(2019), 총회성경연구소, 114~141.

총회성경연구소. 『다시보는 72구절』. 서울: 총회출판국, 2019.

부록: 히브리어 한글음역 기준

Alphabet & Transcription		한글음역	Notes
		자음	
א	ʾ	ㅇ	음가 없음, 항상 모음부호의 음가를 따라발음
בּ	b	ㅂ	한글 음역에서 b[b], ḇ[v]의 구별은 사실상 힘들기 때문에 동일하게 'ㅂ'으로 음역
ב	ḇ	ㅂ	
גּ	g	ㄱ	한글 음역에서 동일하게 'ㄱ'으로 음역
ג	ḡ	ㄱ	
דּ	d	ㄷ	한글 음역에서 동일하게 'ㄷ'으로 음역
ד	ḏ	ㄷ	
ה	h	ㅎ	히브리어에선 후두음이나 한글에서는 단순 'ㅎ'으로
ו	w	ㅂ/ㅇ	전통적인 'ㅇ(웨, 와)'로의 한글음역과, 학계에서와 오늘날 유대인들의 읽기의 'ㅂ(붸, 봐)'는 모두 통용된다. 이는 'W'의 영어식 발음 '와/워'와 독일어식 발음 '바/부'의 차이와 같다. במפ 앞에서는 '우'로 읽고 그 외에는 현대 히브리학자들의 관습을 따라 '붸/봐' 등으로 읽는다.
ז	z	ㅈ	
ח	ḥ	ㅎ	한글/훈민정음 표기에는 정확히 ḥ에 해당하는 것이 없다. 'ㅋㅎ(ch, kh)'의 붙임소리가 적당하나, 그런 표기가 없으므로 가능한 가까운 소리로 'ㅎ'으로 한다.
ט	ṭ	ㅌ	
י	y	이	
כּ	k	ㅋ	한글 음역에서 동일하게 'ㅋ'으로 음역
כ, ך	ḵ	ㅋ	
ל	l	ㄹ	음절의 시작에 쓰일 때는 'ㄹ'로 표기한다. 그러나 음절의 끝에 올 때는 종성(받침) 'ㄹ'로 표기되어야 한다. 라멕, 톨돗

מ, ם	m	ㅁ	
נ, ן	n	ㄴ	
ס	s	ㅆ	단자음 'ㅅ'으로 표기도 가능하나, שׁ의 한글표기 'ㅅ'과 구별하기 위해 'ㅆ'이 적당하다.
ע	ʿ	ㅇ	음가 없음
פ	p	ㅍ	한글 음역에서 동일하게 'ㅍ'으로 음역
פ, ף	p̄ p	ㅍ	
צ, ץ	ṣ	ㅉ	츠, 쯔의 중간 발음이나, 'ㅉ'에 더 가깝다.
ק	q	ㅋ	
ר	r	ㄹ	항상 'ㄹ'이고 종성(받침) 'ㄹ'는 소리나지 않는다. זָכַר, 자카르 (이것을 '자칼'로 읽면 안된다.)
שׂ	ś	ㅅ	
שׁ	š	슈/쉬	
תּ	t	ㅌ	한글 음역에서 동일하게 'ㅌ'으로 음역
ת	t	ㅌ	

모음부호			
◌ָ הָ◌	ā, ŏ â	ㅏ/ㅗ ㅏ	모음부호 '카마츠' 또는 '카마츠 헤' 는 긴 'ㅏ' 소리가 난다. 그러나 엑센트 없는 닫힌 음절에서는 짧은 'ㅗ'이다. וַיָּקָם(Gen25:34, 봐야콤), לְאָכְלָה(Gen1:29, 레오클라), חָכְמָה(Pro1:2, 호크마)
◌ֶ	ẹ	ㅔ	세골 짧은 'ㅔ'로 표기
הֶ◌	ẹ̄	ㅔ	세골-헤, 긴 'ㅔ'
◌ֵ	e, ē	ㅔ	긴 'ㅔ'
◌ֵי	ê	ㅔ	쩨레이-요드, 긴 '에'로 발음한다.
◌ִ	i, ī	ㅣ	히렉 'ㅣ'
◌ִי	î	ㅣ	히렉-요드, 긴 'ㅣ'

ֹ	o, ō	ㅗ	홀렘과 홀렘바브는 긴 'ㅗ'소리이다.
וֹ	ô	ㅗ	
ֻ	u, ū	ㅜ	키부츠, 긴 'ㅗ'
וּ	û	ㅜ	슈렉, 긴 'ㅜ'
ְ	e	ㅔ/—/ㅕ	유성셔바(sᵉwa)는 다음 글자의 공명도에 따라서 '—/ㅔ' 정도의 소리가 나고(דְּבָרִים[드바림], מְאֹד[메오드], בְּרֵאשִׁית[베레이쉿트]), 요드와 함께 올때는 'ㅕ/ㅖ'소리가 난다 (יְרוּשָׁלַם[예루샬라임]). 무성셔바(sᵉwa)는 단순한 음절분리의 기능이므로 어떤 소리도 나지 않는다. 구지 한글로 표기할 때는 '—'로 하면 된다(דִּבַּרְתִּי[디바르티]).
ֲ	a	ㅏ	하텝 파타크, 짧은 'ㅏ'
ֱ	ę	ㅐ	하텝 세골, 짧은 'ㅐ'
ֳ	o	ㅗ	하텝 카마츠, 짧은 'ㅗ'
ַ	a	ㅏ	파타크, 짧은 'ㅏ'

중복점을 자음의 이중발음으로 하지 않는다. 대부분 내용이나 action의 중복적 의미이다.

הַמַּטֶּה(Jos14:3) 하마테 (o), 함마테 (x)

אַבָּא(사8:4, 막14:36 등) 아바 (o), 아빠 (x)

<총회성경연구소 소개>

총회성경연구소Kosin Bible Institute는 총회 직속 기구로서 성경원문의 번역, 본문비평, 본문연구, 배경연구 등을 통해서 목회자들과 성도들이 성경에 대하여 가진 의문사항들을 풀어주는 것을 목적으로 설립되었다. 총회성경연구소는 이러한 목적을 수행하기 위해서 저널 성경연구BiblicalStudies를 발간하며, 홈페이지를 운영하고, 다양한 세미나를 개최할 것이다. 총회성경연구소를 통하여 교단 내외의 목회자들과 신학생들과 성경연구자들이 큰 도움을 얻기를 기대한다.

<총회성경연구소 조직>

소장: 김하연

부소장: 김성수

서기: 감기탁

회계: 조인제

연구위원: 황원하연구위원장 권기현 기동연 김성수 김재수 문장환 박우택 변종길
　　　　　송영목편집위원장 송재영 신득일 이기업 주기철 최만수 최승락 최윤갑
　　　　　김성진 김창훈 강화구 김명일

교육위원: 권기현교육위원장 신민범 김홍석 박신웅 조인제

운영위원: 김하연 김성수 송영목 황원하 권기현 김세중총회신학위원장, 당연직
　　　　　감기탁 조인제

자문위원: 장희종 박영호

<총회성경연구소 후원교회 및 개인>

경신교회, 관악교회, 부산남산교회, 서울시민교회, 용호중앙교회, 안양일심교회, 은성교회, 삼승교회, 창원새순교회, 달성교회, 차태범, 조영주